岩波現代文庫／学術 340

マルク・ブロックを読む

二宮宏之

岩波書店

目　次

第一講　時代に立ち向かうブロック

このセミナーでは、古今の名著を新たな眼で読みかえし、隠されていた意味の再発見を試みるのが本来のあり方だと思うのですが、今回はやや例外ということになりますけれども、特定の書物を一冊とりあげるのではなく、マルク・ブロックという人そのものを読むという趣旨で五回のお話しをさせていただきます。

マルク・ブロックの名は、歴史家仲間では広く知られており、ブロックを知らねばもぐりだと言ってもよいほどなのですが、論壇の常連として活躍したり、ジャーナリズムに華々しく登場したりしていたというのではありませんから、専門外の方にはそう知られている名前ではないかもしれません。

事典風にひとことで申すならば、ブロックは二〇世紀のフランス歴史学を代表する歴史家であって、近代歴史学とは区別された意味での現代歴史学の誕生に大きく貢献し、世界的に影響を及ぼした歴史家と言うことができるでしょう。ただここで気をつけておきたいのは、一般の歴史家であれば、人名事典の記載でも、まず研究者としての経歴や主要業績が紹介され、偉い学者だったということが書かれてお終いになるのがふつうなのですが、ブロックの場合には、研究上の業績はもちろん大きなものとして記されますけれども、同時に、現代という激動の時代を誠実に生きたその生涯の軌跡が記されるのがならわしとなっていることです。

なにが特記されるのかということについては、のちにかれの生涯をやや詳しくお話しする予定ですのでここでは触れませんが、マルク・ブロックという人は傑出した歴史家であると同時に、単にすぐれた学者というだけではなくて、時代と正面から向かいあい真摯に生きたひとりの知識人――というかむしろひとりの市民――としてのその生涯が、人びとの心を打ったのでした。

一　ブロックとの出会い

今日は第一回ですから、全体に大きくかかわるところから入りたいと思いますが、まず最初に、ブロックと日本との出会いを振り返ってみることにしましょう。

ぼくは、戦争の最後の年に旧制中学に入学して程なく敗戦を迎え、途中で新制高校に切り替わり中高あわせて計六年、戦後の混乱をもろに経験した世代に属するのですが、どういうきっかけからだったかフランス史の勉強をしたいと思い立つなかで、最初に眼にとびこんできたのが実はマルク・ブロックという名前でありました。当時、フランス歴史学を代表する存在としてぼくらの前に聳え立っていたのが、マルク・ブロックであり、またもうひとり、フランス革命史研究の第一人者であったジョルジュ・ルフェーヴルであったからです。現在のように書物が世に溢れている時代ではありませんでしたから、外貨規制の厳しいなかやっとのことでフランスから届いたブロックの原著は、ほんとうに掌中の珠のように想えたものでした。

　ブロックは日本でどのように受けとめられたのか。実はブロックの受容にはいろいろと紆余曲折があったのですが、それは戦後日本の学問にみられる問題関心の変化と深くかかわってもいたので、若干の思い出もこめてその足取りを辿ってみることにします。

　ブロックと日本との出会いは、すでに戦前から始まっていました。ブロックの研究領域には実はさまざまな側面があります。主要著作のリストをお配りしてありますが（巻末参照）、日本で最初に注目を牽いたのは『フランス農村史の基本性格』、つまり、土地制度史の分野でのブロックの仕事です。この書物についてはのちに詳しく検討しますが、初期中世から一九世紀にいたるまで千年以上にわたるフランス農村社会の変容を、発展段階と地域類型とを組み合わせ構造論的に解明した名著で、いまだにそれに代わるものがありません。

　この研究に注目し、深い共感をもって受けとめたのが、西洋史出身で戦後は東大の社会科学研究所を拠点にして活躍された高橋幸八郎氏でありました。高橋さんは、先に紹介したジョルジュ・ルフェーヴル先生のお弟子で、日本におけるフランス革命史研究、フランス農村社会史研究の中心的担い手でしたから、当然のことながら、ブロックの書物とは親密な関係にあったのです。ブロックの原著は一九三一年に出たのですが、一九四〇年に『史学雑誌』(第五一編第一一・一二号)に掲載された高橋さんの処女論文「所謂農奴解放に就いて」では、すでに自家薬籠中のものとされ随所に援用されています。戦後公刊された『近代社会成立史論』(一九四七年)に収録されている諸論文や続いて出ました『市民革命の構造』(一九五〇年)を見ましても、ブロックのこの研究から多くの示唆をえていたことが判ります。高橋さんとブロックとの関係は、影響というよりはむしろ共鳴関係と言ったほうがあたっているでしょう。ブロックの構造分析を支えている論理や類型的把握の方法は、高橋さんの歴史の捉え方と符合するところがあったからです。そういうわけで、ぼくらの世代は、まずは高橋さんの論文を通じてブロックの世界へと導かれていたのでした。他方、関西のフランス史研究者のあいだでも、戦後の研究動向のなかで『フランス農村史の基本性格』に強い関心が抱かれ、京大人文科学研究所の河野健二氏が、そのかなり詳しい要約を雑誌『サンス』第四冊(一九四八年)に発表しました。それは論文集『絶対主義の構造』(一九五〇年)にも収録されています。このように、日本におけるブロック受容の第一段階は、農業史・土地制度史・社会構成史の領域においてであり、経済史に軸足を置いていた戦後歴史学とのあいだには親和力が働いてもいたのでした。

ブロックには、しかし、まだいろいろと異なった側面があります。『フランス農村史の基本性格』からはやや遅れて日本の歴史学界に知られるところとなったのが、ブロックのもうひとつの主著『封建社会』全二巻でした。これは原著そのものが、第二次大戦下の一九三九―四〇年の刊行ですから、当然のことながら日本には、戦後になって知られることになります。この『封建社会』との出会いは、ちょうど日本の歴史学が、戦後の経済決定論的な傾向から進路を変えはじめる時期に、中世史研究の新たな動向のなかでおこりますが、その中心になったのが堀米庸三氏でした。

従来、日本の中世史研究は、ドイツの歴史学の強い影響下に進められてきました。堀米さん自身も、その出発点はドイツ史学でしたが、第二次大戦後、フランス中世史学の独自性に強く牽かれるようになる。その大きなきっかけになったのが、ブロックの『封建社会』だったのです。堀米さんは、戦後若い助教授として北海道大学に赴任するのですが、ブロックのこの大著を北大西洋史の演習で何年もかけて読み継いでいきました。ブロックのフランス語はなかなかにむずかしいので、学部の学生は難行苦行だったに違いないのですが、堀米さんはひるむところがなかったようです。一九五六年東大に移ってからも演習での取り組みは続きます。そして、その延長上に『封建社会』の翻訳計画が立てられたのでした。翻訳作業の進行中に、新村猛さんを中心とした文学関係者によるみすず書房版の訳が刊行されましたものの、一九九五年中世史研究の最先端の知識のうえに立った新しい訳が堀米さんの遺志を継いで完成し、岩波書店版として刊行されるにいたったのです。

ブロックのこの研究は、封建社会と題されていますが、社会構成史学でいうような領主＝農民関係を基軸とした生産様式としての封建制を意味してはいませんし、またドイツ法制史家のいうような主君＝家臣関係を基軸とした法制度としての封建制でもない。ここに見られるのは中世社会の成り立ちを根源的な人間関係のところでおさえなおし、その上に立って政治支配のあり方までも解きあかそうとする全体史の試みであり、また、中世の人びとのからだとこころのありようを通じて共同性の成立根拠をさまざまなレベルで検証する社会史の試みでもあります。その意味で、『封建社会』の発見は、ブロックと日本の出会いの第二段階であり、一九六〇年代から次第に顕著になる歴史学の新しい潮流への呼び水ともなったのでした。

このように、マルク・ブロックは、高橋さん、河野さん、堀米さんらのお仕事を通じて日本の学界の共有財産となったのですが、これに先立って、早くよりブロックと直接の交流があった日本人の歴史家がおいででした。それは、日本中世史の専門家のあいだではよく知られている朝河《あさかわ》貫一氏(一八七三―一九四八)であります。朝河はブロックより一三歳年上ですからやや前の世代に属するのですが、東京専門学校(のちの早稲田大学)に学んだのち、二一歳でアメリカにわたり、まずダートマス・カレッジで学部を終え、さらにエール大学の大学院へと進みました。かれの日本中世史研究、また日欧封建社会の比較研究は高い評価を受け、母校のダートマス・カレッジの講師として迎えられますが、程なく名門エール大学に移り、講師、教授として、永年にわたり日本文化史・比較法制史の講義を担当しました。

日本中世史に関する朝河の英文の論文は多数ありますが、専門家としての最大の業績はといえば、薩摩国入来村に由来する荘園文書『入来文書《いりきもんじょ》』を世に出したことにあるでしょう。朝河は、この文書が日欧封建制の比較研究にとってきわめて重要な内容を含むことを確信し、文書本文の英訳をおこなうと同時に、比較史の視点からする詳細な注釈を付して、英語版として刊行したのでした。それは一九二九年のことで、エール大学出版部とオクスフォード大学出版部の双方から刊行され、アメリカやヨーロッパの学界の注目を集めたのです。

この一九二九年は、のちに見ますように、マルク・ブロックとリュシアン・フェーヴルが『社会経済史年報(アナール)』を創刊した年でもあります。ブロックはつねづね比較史の方法の重要性を強調していましたが、日本の封建制を考えるための貴重な手掛りとして朝河論文にかねてより強い関心を抱いていたようです。創刊したばかりの『アナール』に、短評ながら三度にわたり朝河の論文に対する書評を掲載しました。第三編(一九三一年)では、刊行間もない『入来文書』をとりあげています。ブロックはさらに、日本史の研究動向について『アナール』への寄稿を朝河に求め、それは第五編(一九三三年)で実現しました。この年には、戦前の高い学問的水準を示しているセリグマン編の『社会科学事典』が刊行されますが、その「封建制」Feudalism の項では、ヨーロッパをブロック、日本をアサカワがそれぞれ執筆しています。ブロックの朝河にたいする高い評価は、先に述べました主著のひとつ『封建社会』を刊行した際、日本の封建制に関する参考文献として、福田徳三、上原専禄のいずれもドイツ語の論文と並び、朝河の英語の論文三点を挙げていることからも判ります。

他方、朝河も、ブロックの仕事に深い敬意を抱き『フランス農村史の基本性格』の書評を、創刊されて間もない日本の『社会経済史学』(一九三五年一二月号)に載せました。これが日本における最初のブロック紹介だと思います。この書評は「マルク・ブロッシ教授の「仏国田園史特徴論」」と題されており、これから見ますと、ブロックと朝河は手紙のやりとりはしていたけれども直接の面識はありませんでしたから、朝河はブロックBloch という綴字をブロッシと読むのだと思っていたようです。実は、同じようなことは日本の歴史家の名前についてもままあって、『アナール』に寄稿した日本史の研究動向でとりあげた黒正巌《こくしょういわお》のことを、朝河はローマ字で I. Kuromasa と表記しています。

若くしてアメリカに渡り向こうでの暮らしが長かった朝河のお愛嬌というべきでしょうか。

朝河は、日本中世史の着実な研究者であると同時に、日米の狭間にあって日本の現状・将来に深い憂慮を抱くスケールの大きい人物でもありました。かれの生涯の全貌については、阿部善雄氏による『最後の「日本人」――朝河貫一の生涯』(岩波書店、一九八三年。現在は岩波現代文庫に収録)と題する克明な伝記があるので、ご参照いただければと思います。ブロックとの関係についても綿密に跡づけられています。

さて、話を少し前に戻しますと、ブロックはまずフランス農村社会史の研究者として、次いではヨーロッパ封建社会の専門家として、日本の学界に知られるところとなったわけですが、ブロックの仕事には、実はもうひとつ大切な領域がありました。それは今日の言葉でいえば、「心性史」と呼ばれる分野で、フランス語では Histoire des mentalités と言います。マンタリテとは、「ひとの感じ考える、その仕方」を指す用語ですが、過去の人びとの感覚や感性、発想法や世界像をしっかり捉えるところから歴史を考えなおそうというのが、マンタリテの歴史学の主張でありました。ブロックは、実は、『フランス農村史の基本性格』を著わすだいぶ前の一九二四年に、この分野の先駆的な研究とされる『奇跡をなす国王』(邦訳名『王の奇跡』)を公刊していたのでした。戦後日本の歴史学界では経済構造や権力秩序に関心が集中していましたから、ブロックにこういう書物があることは心得ていたものの、それが持っている衝迫力には思い至らなかったといってよいでしょう。一九六〇年代の終わりごろから、日本でも歴史学の問題意識に大きな転換が生じますが、その過程でブロックの再発見がおこなわれることとなりました。ブロック受容の第三段階、心性史家ブロックとの出会いがそれです。

この書物についてものちに立ち入って検討しますが、ここで奇跡といいますのは、フランスの国王が成聖式のあと瘰癧《るいれき》を病む患者に手を触れるとただちに病いが癒えるという、民衆のあいだに広く受け入れられていた国王の聖性への信仰のことですが、ブロックはこの著作のなかで、中世の民衆が国王をどのような存在として受けとめていたのかを鮮やかに描き出したのでした。当時の人びとの心性が、王権の成り立ちといかに深く結びついていたかを解明したこの作品は、心性史研究の先駆的業績として、今日ではブロックのもっとも重要な著作のひとつと見なされています。日本史における天皇や将軍の捉え方ともかかわりが深いだけに邦訳の完成が待たれていましたが、一九九八年ついに刊行されるにいたったのは、たいへん嬉しいことです。

ブロックとの出会いの三つの段階について以上に見てきたのですが、ブロックの著作も、単にすぐれているから研究者のあいだに受け入れられ翻訳もされるというのではなく、日本の学問の問題意識の変化のなかで、ブロックの研究のさまざまな側面が段階をおって読み込まれ取り込まれてきたのだということがお判りいただけたかと思います。

THE BOOK REVIEW PRESS
圖書新聞
西と東を結ぶもの
G・ルフェーヴル教授へ
世界史の試錬に直面する日本
高橋幸八郎
高橋幸八郎氏へ
固く誓わん歴史家の友情
G・ルフェーヴル
讀書
中村研一
秀英出版
西洋史提要
たしかな教育の方法

図1 「西と東を結ぶもの――ジョルジュ・ルフェーヴル／高橋幸八郎往復書簡」(『図書新聞』26号，1950年1月1日)

冒頭で、マルク・ブロックはすぐれた研究者であると同時に、時代を真摯に生きたひとりの市民であったと申しましたが、この市民としてのブロックにぼくらはどのように出会ったのでしょうか。

ここで御紹介したいのは、昭和二五年一月一日付の『図書新聞』です。戦後の仙花紙なのですっかり焼けて真茶色になってしまいましたが、その第一面に「西と東を結ぶもの」と題する特集が組まれており、高橋幸八郎氏とジョルジュ・ルフェーヴル先生の往復書簡が掲載されています。高橋さんは戦前からルフェーヴルに手紙を通じて頻繁に教えを請い、意見を交換し、著書を贈られるなど師弟関係にあったのですが、戦争がはじまってそれも途絶えたままになっていました。敗戦とともに高橋さんは京城帝国大学から日本に引き揚げてはきたもののすぐには連絡もとれず、戦後五年を経てやっと文通が可能となった、その最初の往復書簡がこれだったのです。

「尊敬する先生」という言葉ではじまっている高橋さんの手紙は、戦後の日本がどのような歴史的状況にさしかかっていると考えるかを率直に語るとともに、戦争前交流のあったフランスの歴史家たちの消息を訊ねています。「先生が御紹介下さったパリ大学の経済史学の教授、とくに親しく農業＝土地制度史研究について幾度も貴重な数多くの示唆を与えられたマルク・ブロック先生は、如何お暮しでしょうか。」「一九三九年フランダー(ス)戦線からのお手紙のうちに、高い人類愛と世界の進歩及び平和とのためにナチズムと戦っている」と書かれていましたがと、その安否を訊ねたのでした。それに対してルフェーヴル先生が返事を下さいます。「親愛なる友よ！　私は、君がいま無事で東京大学にいられることを知り、何にもまして嬉しく思います。私たちは再び同僚となったわけだ」とはじまる手紙は、次のように続きます。「然し、嗚呼、私は、私の多くの同僚、とくにあなたと識り合いの幾人かの同僚について、何と書いたらよいでしょうか。マルク・ブロックはリヨンでレジスタンス(抗独運動)の指導者の一人であったが、一九四三年〔実際は一九四四年三月〕彼の同志の大部分の者と共に逮捕され、翌年〔一九四四年六月〕ドイツ軍に銃殺されてしまいました。彼の死は我々にとって、又全歴史家にとっても、かけがえのない大きな損失と云わねばなりません。彼がルシヤン・フェヴルと共に創めた社会経済史学評論は、フェヴルの監修の下につづいてアルマン・コーラン書店から「年報」(アンナール)という表題の下に出版されています」(以上の引用は高橋訳による。〔　〕内は二宮の補足または注記)。

こうしてぼくらは、高橋さんの書物を通じて親しんでいたあのマルク・ブロックが、ドイツ軍による占領下に地下活動に入り、ついには逮捕され銃殺されてしまっていたことを、この書簡で初めて知ったのでした。当時ぼくは新制高校の二年でしたが、この事実を知ったときの衝撃はいまだ忘れがたいものがあります。

ブロックのドイツ軍占領下での地下活動、そしてその衝撃的な死については、河野健二氏も、のちに述べるブロックの遺著『奇妙な敗北』などを手がかりに「一科学者のレジスタンス――マルク・ブロック教授のこと」と題する文章を『思想』三一一号(一九五〇年五月)に寄稿され、さらに広く知られるところとなりました。このブロックの遺著は、戦後間もない日本ではまだ普通の形では入手できず、ハーバート・ノーマン氏所蔵の英訳版を桑原武夫氏をつうじて拝借したものだと河野さんは記しています。ブロックについての強い関心はフランス史研究者のあいだにとどまらず、日本古代・中世史研究の石母田正氏も、ブロックの行動をわがこととして受けとめ、「マルク・ブロックの死」という感動的な短文のうちにその切実な想いを託しています。この文章は、当時若い世代に絶大な影響を及ぼした石母田さんの論集『歴史と民族の発見』(一九五二年。現在は平凡社ライブラリーに収録)のうちに発表されました。敗戦後間もないこの時代の雰囲気を象徴している文章というべきでしょう。

戦前戦中の軍国主義体制のもとで有効な抵抗を果たしえなかった日本の知識人にとって、ナチス・ドイツの支配下にあったフランスでの対独抵抗運動(レジスタンス)は、まことに輝かしい栄光にみちたものと映っていたのでした。すでに齢五〇歳を超えるフランス中世史学を代表する碩学で、ソルボンヌの教授でもあったマルク・ブロックが、とりたてて緊張する風もなく微笑を浮かべながら、地下の非合法活動に加わるべく家族とも別れ若い仲間とともにリヨンまでやってきたという事実は、それだけで有無を言わせぬ重みのあるものだったのです。今日では、レジスタンス運動の内実、とりわけその祖国愛の意味するものや、ユダヤ系の人びとに対するフランス人自身の態度について、より立ち入った検討が必要でしょう。そのことは、本セミナーの最後にあらためてとりあげる予定です。

ここに見ましたように、マルク・ブロックと日本との出会いは、新しい歴史学の担い手としてつぎつぎと画期的な作品を世に問うた歴史家ブロックとの出会いであると同時に、現代を真摯に生きた良心の象徴としてのブロックとの出会いでもあったのでした。そして、これらの出会いが、それぞれの時点において、それを受けとめる日本側の固有の文脈のなかでおこなわれていたことが判っていただけたかと思います(1)。

二　過去の重荷

以上、日本との出会いについて簡略にお話ししてきたわけですが、個々の作品をとりあげる前に、まずブロックの生涯の大筋を辿りなおしておくことにしましょう。

ブロックの死が衝撃的なものであったことから、戦後も時をおかずに『アナール』やブロックに縁の深いストラスブール大学文学部の刊行物などで追悼の特集号が組まれかつての同僚や教え子たちの回想や記録が発表されたり、遺稿や論文集が相次いで編まれたりしましたけれども、本格的な伝記というものは書かれぬままにきました。これにはいくつかの理由があるのですが、そのひとつが遺された手紙の問題です。生涯の表層にはあらわれない面を知るのに、書簡は非常に重要な手がかりを与えてくれます。これは作家研究の場合にはよく知られていることで、大作家の全集には書簡集が含まれているのが通例といってよいでしょう。それにまた、ブロックの世代の人たちは、今日では想像しがたいほど沢山の手紙を書いたのです。とりわけ、歴史学の革新を進めるうえでの密接な協力者であったリュシアン・フェーヴルとのあいだには、厖大な手紙のやりとりがありました。これらの書簡は、それぞれの遺族の手に遺されたのですが、この両者の関係がかならずしも良好とはいえず、双方の手紙を併せ参照することがむずかしい状況が続いていたのです。現在は幸いに事情が若干変化して、往復書簡全三巻がついに完結いたしました(2)。

もうひとつの問題は、ブロックがつけていたノートやメモの類が行方不明になっていたという事情です。第二次大戦下ブロックのパリのアパルトマンはユダヤ人資産ということでドイツ軍に接収されてしまうのですが、そこに残されていた史料は、蔵書とともにナチス親衛隊によって持ち去られ、以後ながらく永遠に失われたものと考えられていたのでした。これもまた、ブロックの伝記の細部を詰めるのに大きな障害となったのです。ところが驚くべきことに、これらの文書はドイツからさらにチェコに移され、さらに進駐してきたソヴィエト軍によって押収されていたのでした。そして、戦後半世紀を経た一九九四年になって、なんとモスクワの旧ソヴィエト秘密警察(KGB)の文書庫で発見されるという思いがけぬ結末となりました。これらは、紆余曲折の末遺族に返還され、現在は大部分がパリのアルシーヴ・ナシオナル(国立中央文書館)に寄託されて利用が可能となっています(3)。

このような新たな状況のなかで、初めての本格的な評伝が書かれることになります。

それは、アメリカの現代史家キャロル・フィンクの手になるものでした。彼女は現代の国際関係史が専門ですから、中世史や農村史といったブロックの専門領域とは直接のかかわりはないのですが、それだけにむしろブロックを現代というこの過酷な時代を生きたひとりの学者・知識人・市民として捉えることに成功しています。フィンクは、外国人という立場をプラスに用いて、フェーヴル家の史料にもブロック家の史料にも接近することができたのでした。また、たいへんエネルギッシュに関係者にインタヴューをおこない新事実を発掘しています。モスクワから戻ったばかりのナチス押収文書にも辛うじて眼を通すことができました。こうして『マルク・ブロック――歴史のなかの生涯』*Marc Bloch. A Life in History* と題するブロックの初めての評伝が一九八九年完成したのです。この書物は幸い河原温さんの手で邦訳され刊行されています。

やや遅れて今度も外国人ですが、ドイツのウールリッヒ・ラウルフが新しい評伝に取り組みます。この著者は大学では哲学と歴史を専攻した人で、職業的歴史家ではありませんが『フランクフルター・アルゲマイネ・ツァイトゥンク』*Frankfurter Allgemeine Zeitung* の書評欄を担当するなど、現代の思想・学問の動向にたいへん詳しい人物です。このラウルフが一九九五年、『二〇世紀の歴史家マルク・ブロック』*Ein Historiker im 20. Jahrhundert: Marc Bloch* を刊行しました。序章が「政治文化史としての学問史」と題されているように、キャロル・フィンクの書物が、どちらかといえば社会的・政治的状況のなかでのブロックの生涯に力点を置いていたのにたいし、ラウルフの新著は、ハイデッガーやカントロヴィッチとの関係に注意を払うなど、二〇世紀ヨーロッパの思想的・学問的動向のなかでのブロックに焦点を定めており、両者は相補う関係にあるといってよいでしょう。

そして、ついに、二〇〇〇年になって、フランスの歴史家による本格的なブロック論が出現します。著者は一九五三年生まれのオリヴィエ・デュムーラン。その年齢からいってブロックとは個人的な関係を持っておらず、『アナール』への直接の加担経験もなく、レジスタンス神話にも距離を持つことができる新しい世代の歴史家です。簡単明瞭に『マルク・ブロック』*Marc Bloch* と題されているこの書物は、ブロックの死から半世紀以上を経て、フランスの歴史家が、聖者伝風讃美の域を超え、また、単なる研究史上の位置づけをも超えて、ブロックと正面から向かい合う地点に達したことを示しています。

これらとは性格を異にしますが、もう一点だけ付け加えておきたいものがあります。ブロックには六人の子供がいたのですが、長男で裁判官だったエチエンヌ・ブロックは、父を敬愛し、自分の手で精力的に史料を蒐集してきました。退官後の一九九二年には、「アソシアシオン・マルク・ブロック」Association Marc Bloch という組織をつくって、論文や史料を掲載する『会報』*Cahiers Marc Bloch* を刊行したり、ブロックの遺著の厳密な校訂版を出版するなど、その貢献は大きなものがあります。このエチエンヌは、一九九四年「歴史家にして抵抗運動の実践者マルク・ブロック」Marc Bloch historien et résistant という展示会を組織してこれまで知られていなかった多くの史料を公開し、ブロックの生涯に新たな光をあてたのでした。これはのちに、ジャック・ルゴフの序文を付して書物のかたちでも刊行されています(*Marc Bloch, 1886–1944. Une biographie impossible*, Limoges, 1997)。エチエンヌは慎ましやかに「実現しがたい伝記」という副題を付けていますが、こうした持続的な努力のおかげで、ブロックの生涯は、以下に見るとおりその大筋を辿ることができるようになりました。

ブロックは一八八六年の生まれですが一九四四年誕生日前にナチスに銃殺されてしまいますから、五八年足らずという決して長いとは言えない生涯でありました。一八八六年は明治一九年にあたりますから、ずいぶん前の世代のように思われるかもしれません。ブロックの著作を繙いているとまさにいまこの時代を生きている人という感じがとても強いので、こうして明治もだいぶ前の生まれと知ると、一瞬とまどいを感じるほどです。しかし、日本にひきうつしてみれば、柳田国男は一一歳も年上ですし折口信夫はひとつ年下なだけです。柳田にしても折口にしても、ぼくらは大昔の人として読んでいるわけではない。同じことがブロックについても言えるでしょう。

巻末の略年譜では、ブロックが八六年にリヨンで生まれたというところから始めていますが、実は、歴史を身をもって生きるにあたってブロックは大きな条件を背負っていました。そのことを考えるためには、ブロック家の系譜を辿っておく必要があります。いたずらにルーツ探しをするつもりはないのですが、この系譜には非常に大きな意味があります。といいますのは、ブロックの一家は実はアルザス地方に定着していたユダヤ系の家族だったからです。二重の意味での両義性、二重のアンビヴァレンスが、そこにはつきまとうことになるでしょう(4)。

第一にはアルザスですが、アルザス地方は御存知のとおりフランスとドイツの国境地域にあり、独仏のあいだで五回もその政治的帰属を変えました。中世には神聖ローマ帝国(ドイツ)に属していましたが、一七世紀ルイ一四世の時代に、複雑な経過を辿ってフランス王権の下に服します。そして革命を経て一九世紀までフランス領として続くのですが、アルザス地方の地域語はといえば、それはゲルマン語の系統に属し南ドイツの言葉と近しい関係にあります。都市は次第にフランス語化していきますが、農村ではながらくアルザス語が話し言葉として使われてきました。フランス領にはなりましたが、文化的には両義的性格を色濃く保っていたのです。このアルザスは、一九世紀後半、フランスとドイツが激突した普仏戦争でフランスが敗れると、一八七一年ドイツに併合されてしまいました。マルク・ブロックはまだ生まれていませんが、このことはブロック家の歴史に、のちに見るように、大きな亀裂をもたらします。二〇世紀に入ってまたまた大戦争――第一次大戦――が起こります。そして一九一八年、かろうじて戦勝国となったフランスはアルザスを取り戻します。マルク・ブロックの大学教師としての経歴は、ドイツの都市シュトラスブルクから再びフランスの都市ストラスブールとなったこのアルザスの首邑の大学から始まるでしょう。アルザスはさらにこのあとも、第二次大戦で一時ナチス・ドイツに併合され、一九四五年ドイツの敗戦で再度フランスに帰属します。この複雑きわまりないアルザスとのかかわりが第一の条件ということになります。

より重い意味をもつのは、第二のユダヤ系という条件です。アルザスは、ユダヤ人がかなり多数定着していた地方でした。革命前夜、フランス全体で約四万人いたユダヤ人のうち二万人ほどがアルザス地方に居住していたと推定されています。フランスのユダヤ人には、東方出自のユダヤ(アシュケナージ)と地中海地域出身のユダヤ(セファラーディ)の二系統があり、アルザスのユダヤ人は大別すれば前者に属しますが、永らくアルザスの地に定着していたことから、のちに亡命者ないし移住者として入ってきたユダヤ人とはものの考え方や行動様式にいろいろ違いがあります。また、ユダヤの家系であることとユダヤ教徒であることとは必ずしも一致しておらず、マルク・ブロックも、ユダヤの家系であることを隠したことはありませんが、ユダヤ教の信徒ではないことを明言しています。問題は複雑ですが、いずれにしても、ユダヤ系であることが、ブロックの生涯にどんなに大きな影を落とすことになるかは、のちに詳しく見ることになるでしょう。

エチエンヌ・ブロックやキャロル・フィンクの努力で明らかとなった系図は次頁のようなものです。

歴史家ブロックの男系の祖先をさかのぼりますと、ゆきつくのが高祖父にあたるバンジャマン＝マルク・ブロックで、それ以前についてははっきりしたことが判りません。この高祖父は一八世紀半ばコルマールの少し南にあるヴィンツェンハイム(ヴィンゼネム)[5]という町で生まれています。その息子のガブリエルもヴィンツェンハイムで生まれ死んでいて、遡れるかぎりではこの村がブロック家の故郷ということになります。バンジャマンもガブリエルも職業としては商業を営んでいました。史料によってはガブリエルを行商人としているものがありますから、商人といっても荷車をひき、あるいは荷物をかついで村から村へ売って歩く、そういう規模の商人であったかと思われます。

二人はともにユダヤ教の信徒でありました。ユダヤ人はアンシアン・レジーム下には排除され差別される存在でしたが、革命期における一連の変革のなかで、一七九一年九月二七日「ユダヤ人解放令」が立憲議会で採択されルイ一六世が批准して、少なくとも法的にはフランスの市民権が公式に認められることになります。ガブリエルは、市民権をえたことの証しとしてか、あるいはより内的な動機から応募したのか、その心理的な

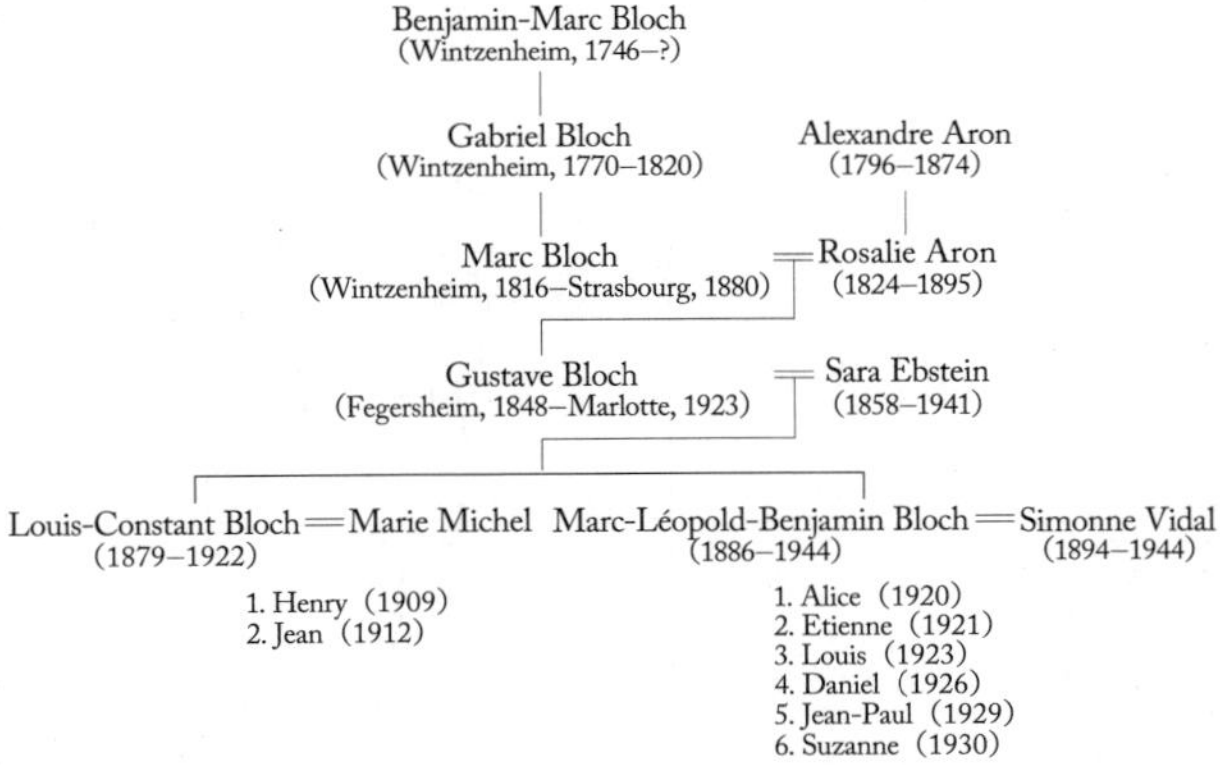

図 2　ブロック家の系図(著者作成)

屈折は測りがたいところがありますが、一七九三年革命義勇軍に加わってドイツに進撃しマインツの戦線に赴きました。前線から送られた手紙がのこされているのですが、それはヘブライ語で書かれており、ブロック家ではユダヤ教徒の伝統を守りヘブライ語が使われていたことが判ります。

さて、次の代はわれわれの歴史家の祖父にあたりますが、その名も同名のマルク・ブロックです。出生は依然ヴィンツェンハイム。マルクは、四歳で父、一一歳で母を失い孤児となってしまいます。幸い後見人のはからいでマルクは小学校の教員を養成するため革命期に創設されたナンシーのエコール・ノルマル(師範学校)に送られるのですが、たいへん成績がよく、卒業してフェゲルスハイム(フエゲルセム)という町の小学校の先生になり

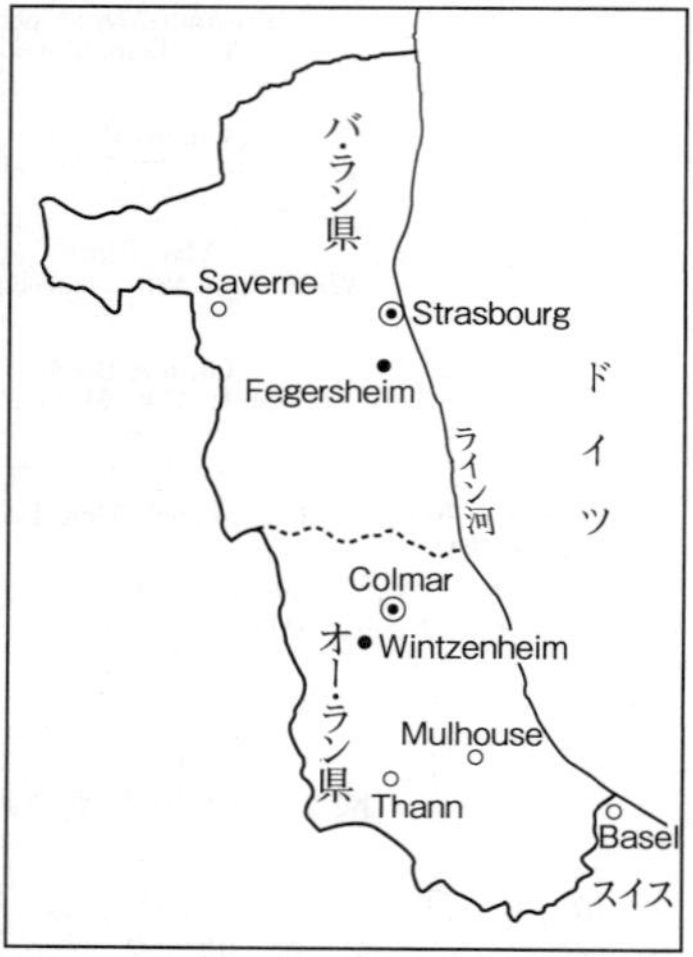

図3　ブロック家の出自．アルザス地方概略図(著者作成)

ました。この町はストラスブールのちょっと南ですから、同じアルザス地方でも生まれ故郷のオー・ラン県から北のバ・ラン県に移ったかたちになります。マルク自身もユダヤ教の信仰あつく、この地でロザリ・アロンと結婚しますが、このアロン家は代々ユダヤ教会の指導者であるラビを生んだ家柄で、とりわけロザリの父親のアレクサンドル・アロンは、フェゲルスハイムのラビであると同時にタルムード学者としても知られていた人でした。のちにマルクはストラスブールのユダヤ人学校の校長に選任されていますが、それほどにアルザスのユダヤ人共同体のなかで重きをなしていたのだと思います。

ここで付け加えておけば、アルザス地方は先述のとおり、普仏戦争敗北の結果ドイツに併合されてしまいます。その際、希望する者はフランス国籍を維持することができたのですが、そのためにはアルザスを去らねばなりませんでした。こうして、アルザス北部では約一〇パーセント、南部では二〇パーセントほどがアルザスを離れます。しかし、祖父のマルクはその道を選ばず、アルザスのユダヤ人共同体のなかに留まって、先述のとおり、ストラスブール(ドイツ領となりましたからシュトラスブルクと書くのが正しいのですが)のユダヤ人学校の校長職を続けたのでした。ユダヤとアルザスの二重の運命がここに作用していることを、見てとることができるでしょう。

マルクとロザリには三人の男の子がおりました。その長男がギュスターヴ・ブロックということになります。ギュスターヴはいっそうのこと学問の道へと深入りしていくことになります。父のマルクはエコール・ノルマル(師範学校)を出て小学校の先生になったのですが、今度は息子のギュスターヴをエコール・ノルマル・シュペリウール(高等師範学校)へ入れようと考えたのです。このエコール・ノルマル・シュペリウールは、フランスの高等教育機関のなかでもエリート中のエリートを養成する学校です。一般にはソルボンヌ(パリ大学)のような大学(ユニヴェルシテ)が最高学府だと思われているところがありますが、実は大学を出ただけでは最高レベルの学校を了えたとはいえないので、このエコール・ノルマル・シュペリウールの出身者の方がはるかに高い評価を受ける。そういうやや特殊な制度をフランスは持っているのです。一般の大学の方は高等学校(リセ)の修了資格試験(バカロレア)に合格していれば登録できますが、高等師範学校のようないわゆるグランド・ゼコールにはむずかしい入学試験があります。ギュスターヴはそれをもパスして、一八六八年、エコール・ノルマル・シュペリウールに入学しました。将来、高校さらには大学の教師となる道を歩みはじめたことになります。社会学的にみますと、農民や商人の階層から、教育を通じて次の代にはまず小学校の先生となり、次いでは大学の教師となるというのは、革命以後出自による身分差別のなくなったフランスでの典型的な社会的上昇のコースなのですが、ブロック家の辿った道はまさにこのモデル・ケースの感があります。

エコール・ノルマル・シュペリウールでギュスターヴは歴史学を専攻しますが、古代ローマ史の専門家として、まずはリヨン大学、ついで母校であるパリの高等師範学校、最後はソルボンヌの教授を歴任しています。エルネスト・ラヴィスやガブリエル・モノーとほとんど世代を同じくし、近代歴史学の最高峰をかたちづくった歴史家たちのひとりでありました。こうして、ブロック家は、二代か三代のあいだに、フランスのエリート知識人の一員となったのでした。ギュスターヴについては、二つの点に注意しておきたいと思います。第一には、アルザスとの関係ですが、かれが高等師範学校の在学中にフランスは普仏戦争に敗れアルザスはドイツ領となってしまいます。その際、両親はそのままアルザスに留まって国籍はドイツということになりました。ギュスターヴ自身も父祖の地に留まることを考えないではなかったようですが、ただちに職を見つけることもむずかしく、結局高等師範学校に復帰すべくパリに戻り、フランス国籍を維持することになります。親子のあいだで国籍がドイツとフランスに分かれるということですから、そこには複雑な思いがあったに違いありません。その後ギュスターヴは、フランス共和国のなかで職歴を重ねていきます。アルザスとの関係でいいますと、これがブロック家にとっての、ひとつの重要な転機となるでしょう。

もうひとつの問題は、ユダヤ教との関係です。ギュスターヴの母方の祖父アレクサンドル・アロンはラビでありタルムード学者でもあったことは先に述べましたが、ギュスターヴは幼いころこの祖父と身近に接し、人格的にも深い影響を受けたようです。晩年になってからの回想によれば、この敬愛の念は生涯変わらなかったとあります。しかし他面において、ギュスターヴはパリの高等師範学校に学び、第二帝政から第三共和政への転換期における思想的地殻変動を身をもって経験することになります。第三共和政初期の大きな特徴は、非宗教化・世俗化の急速な進展です。これは、政治面においては国家とカトリック教会の明確な分離、とりわけ教育にたいする教会の関与の排除というかたちであらわれましたが、思想的にも合理主義の立場からする宗教離れが進みます。熱烈な共和主義者であったギュスターヴは、こうして、家族の伝統であったユダヤ教の信仰に距離を持つようになったと思われます。たしかに、結婚した妻サラ・エープスタンの母親はユダヤ教の信徒でありましたが、ギュスターヴの家庭からはユダヤ教の色彩は消えていきます。ただ、死の近いことを悟ったとき、ギュスターヴが、幼時をともに過ごした母方の祖父アレクサンドルへの敬意から、ユダヤ教による葬儀を求めたことは注記しておくべきでしょう。そこにはなお、揺れ動くこころがあったともいえます。これはのちにみるマルク・ブロックの選択とも関連してきます。いずれにしても、このギュスターヴの代に、ブロック家の歴史は、アルザスとの関係においてもユダヤ教との関係においても、ひとつの転機を迎えたのでした。

三　歴史家ブロック

マルク・ブロックは、一八八六年、リヨンで生まれています。父親のギュスターヴ・ブロックがリヨン大学教授だったころの子供だからで、洗礼名は、マルク＝レオポル＝バンジャマンといいます。二年後の八八年には、父がユルム街のエコール・ノルマル・シュペリウールの教授となってパリに移りますから、リヨンにいたのはごく短い期間でしたが、ブロックはリヨンに格別の愛着を持っていたとみえ、リヨン生まれであることを強調する傾きがありました。生涯の最後近く、レジスタンスの組織に加わったのも生地リヨンにおいてです。ブロックには七つ年上の兄ルイ＝コンスタンがいて、医学を修め小児科の医師となりました。開業医として診療にあたると同時に、比較民族学や宗教心理学にも強い関心と見識を有していたようで、ブロックはのちに『王の奇跡』の序文で、「治癒者としての王」については兄から貴重な示唆を受けたと感謝しています。しかし、この兄は、一九二二年、四〇歳そこそこで早逝してしまいます。翌二三年には父ギュスターヴも亡くなりますので、以後マルク・ブロックは一人っ子のようなかたちとなり、母サラを引きとってブロック家を支える役割を果たしていくことになったのでした。話をすこし前に戻せば、父の転任でパリに移って以来マルク・ブロックは、幼児期から学生時代をずっとパリで過ごしたわけで、ドイツ領となったアルザスとは遠い関係になってしまいます。中学・高校はサン・ジャック街をはさんでソルボンヌと背中合わせの名門校リセ・ルイ＝ル＝グラン、ついで一九〇四年一八歳でユルム街のエコール・ノルマル・シュペリウール（以下では同窓生が愛着をこめ、また若干の特権意識を漂わせて用いるエコールという短縮形で表すことにします）へと進みます。赴任したばかりの校長は大歴史家のエルネスト・ラヴィス。同期生には将来の社会学者ジョルジュ・ダヴィや古代中国の専門家となるマルセル・グラネなどがいました。この時期のフランスは、なおドレフュス事件の余燼さめやらず、ブロックもその影響を強く受けます。ゾラが「われ弾劾す」を発表したのがブロック一二歳のとき、ドレフュスが最高裁判所で最終的に名誉を回復されフランス軍に復帰したのは二〇歳のときでした。エコールでも一九〇四年入学の同期生のあいだではドレフュス派が優勢で、急進的な共和主義と宗教的偏見を拒む自由思想の雰囲気のなかでブロックも自己形成を遂げていきます。エコールでもそのあとの世代になると、雰囲気は大きく変わり、ジョレス的社会主義よりはペギー的神秘主義へと旋回していくわけで、ブロックの世代はちょうど境目にあったといえるでしょう。

ドレフュス事件のあと兵役制度が変わるのですが、エコールに入って二年目にブロックは志願して歩兵連隊での一年間の兵役をすませます。終わったときには伍長でした。これがかれの最初の軍隊生活ですが、以後、第一次大戦、第二次大戦と数次にわたり軍務に服することになるでしょう。この軍隊での経験が、フランスの現状に対する深い危機感へとブロックを導くきっかけとなるのですが、その点についてはのちに立ち戻ります。

兵役を終え学校に戻ったブロックは、一九〇八年エコールを修了し、歴史と地理の「アグレガシオン」(高校・大学教授資格試験)にも合格しました。中世史家クリスチアン・プフィステール(一八五七―一九三三)の指導を受けたのも、このエコール時代です。

卒業してすぐブロックはフランス外務省の奨学金を得てドイツに留学することになりました。ブロック家はもともとアルザス出身でドイツとは近い関係にありましたし、古代ローマ史専門の父ギュスターヴはドイツの学問の高い水準を熟知していましたから、独仏の対立感情が激しかったこの時期にあっても、知的ドイツに対する許容性は高かったといってよいのです(6)。こうしてマルク・ブロックは一九〇八年から一九〇九年にかけてのアカデミック・イアーに、まず冬学期はベルリン大学、続く夏学期はライプチッヒ大学で学びました。一年間の留学ですからドイツの学問を十分身につけたとはもちろん言えませんが、ベルリンではカール・ビュッヒャー、ライプチッヒではグスターフ・シュモラーの経済史講義から強い印象を受けたとのちに回想しています。その他、中世教会史のアドルフ・フォン・ハルナック、さらにライプチッヒでは当時評判となっていたカール・ランプレヒトの新しい社会史の講筵にも列しています。ブロックはドイツの学者に見られるゲルマン民族主義の偏向や国家主義への傾斜に対しては批判的でしたが、ドイツの学問に深い敬意を失うことはありませんでした。のちにはフランスの代表的な歴史雑誌『史学雑誌』*Revue Historique* で、第一次大戦以来中断していた「ドイツ史研究の動向」を一九二八年から三八年まで継続的に担当していますし、自分たちで創刊した雑誌『アナール』でもしばしばドイツの研究をとりあげています。ナチス時代に入って事情は大きく変わるのですが、今度はフランツ・ボルケナウやその妻リュシー・ヴァルガのような反ナチの研究者の論文を『アナール』に掲載したりもしたのでした。ちなみに、仏独学術交流のため現在ドイツのベルリンに置かれているフランスの歴史学研究所は、マルク・ブロック・センターと称されています。

ドイツから帰国してすぐブロックは、チエール財団の研究員に採用されます。この財団は、七月王政から第三共和政にいたるまで重要な役割を演じ続けた政治家であり、フランス革命史や統領政府・ナポレオン帝政についての歴史家でもあったルイ＝アドルフ・チエール(一七九七―一八七七)にちなんで一八九一年その義妹により設立され、フランス学士院によって維持されてきた組織なのですが、若い研究者に三年間研究に専念できる条件を保証して学術支援に大きな役割を果たしてきました。パリの凱旋門に近い閑静なキャルチエにある邸宅に居室が準備されており、ここに受け入れられることは研究者としての評価の証しだったのです。この財団は第二次大戦後も引き継がれていましたが、残念ながら最近解散するにいたりました。ブロックはドイツに行く前にも一度志願しその時は受け入れられなかったのですが、今回は承認されて一九〇九―一二年の三年間研究員となります。前述のダヴィ、グラネ、さらに古代ギリシアが専門のルイ・ジェルネなどが、同じく研究員でありました。こうしてブロックは、心おきなく博士論文の準備に取りかかります。テーマは、中世イール＝ド＝フランス地方における農奴制の研究。普通アグレガシオンに合格しますと、リセの教員になって教えながら学位論文の準備に入るのですが、ブロックの場合は、チエール財団という恵まれた条件のもとに研究者としての第一歩を踏み出したことになります。

チエール財団の三年間の研究生活をおえたブロックは、一九一二年南仏モンプリエのリセに赴任し、翌一三年にはパリ北方のアミアンのリセに移ります。パリで育ちパリで学業をおえたブロックにとっては初めての地方生活であり、フランスの地方の多様性を確認する貴重な機会であったと思われます。このアミアンのリセ在職中の一九一四年、第一次大戦が勃発しブロックも再び召集されて以後ほぼ四年間、ドイツ軍と面と向かい合うベルギー戦線で従軍しました。今回は最初の兵役とは異なり、毒ガスの脅威にさらされた最前線での長期の軍隊生活であり、この経験はブロックの生きかたに大きな痕跡を留めることになります。歿後に発見され刊行された『戦中回顧』*Souvenirs de guerre, 1914-1915* のうちには、軍の実態を通じて眼の当たりにしたフランス社会への批判的省察が克明に記されており、ブロックの生涯を貫いている市民意識のありようを、そこに如実に窺うことができます[7]。大戦の末期には、敗走するドイツ軍を追ってブロックの属する連隊はアルザスに入りました。これはブロックにとって初めてのアルザス入りで、思いもかけぬかたちで父祖の地にまみえたことになります。そして、そのことが、大戦後新たに発足することとなったストラスブール大学の一員としてブロックが加わるきっかけともなったのでした。

ストラスブールの大学は、一七世紀アルザス地方が神聖ローマ帝国に属していた時代に創設された古い歴史を持つ大学です。フランス領となってからも、有数の大学のひとつとして知られていましたが、一八七一年普仏戦争でアルザスを獲得したドイツは、この大学をフランスに対抗するドイツの学術・文化の象徴とすべく、たいへんな力を注いで最高水準の大学につくり上げました。名称もなんとカイザー(皇帝)・ヴィルヘルム大学というわけで、その意図は明白です。こうした歴史を顧みるとき、アルザスを回復したフランスにとって、ストラスブール大学の再編が急務であったことは容易に理解できます。文学部再編の中心になったのは、ブロックがエコールで教わったアルザス出身の中世史家プフィステールでしたが、かれはたいへんな炯眼で将来のフランスの学問を背負って立つ中堅・若手の俊秀を集めることに成功したのでした。社会学のモーリス・アルブヴァクス、心理学のシャルル・ブロンデル。そして歴史学では、古代史のアンドレ・ピガニオル、近代史にはディジョン大学からリュシアン・フェーヴル、そして中世史はまだ三三歳のマルク・ブロックという顔ぶれです。これにやがて、革命史のジョルジュ・ルフェーヴル、中世史のシャルル・E・ペランが、そして法学部には宗教社会学のガブリエル・ルブラも加わることになるでしょう。こうした若々しい雰囲気のなかで新しい大学は発足したのでした。政治的にいえば、ドイツに対するフランスのショーウインドウということになりますが、学問史のうえで重要なのは、ここに集まった若手の研究者たちが、パリなにするものぞと、ソルボンヌに象徴されるアカデミズムに対抗し、新しいメッセージをストラスブールから発信しようとした点にあるでしょう。

その代表的な事例が、リュシアン・フェーヴルとマルク・ブロックが共同編集者となって一九二九年に創刊した『社会経済史年報』、いわゆる『アナール』です。のちに「フランス歴史学革命」(ピーター・バーク)とまで呼ばれることになる歴史学革新の運動が、まさにこのストラスブールを拠点にして展開されたのでした。この間の事情は、第二次大戦後リュシアン・フェーヴルがブロックの思い出に捧げた「マルク・ブロックとストラスブール――ある偉大な歴史の思い出」と題する美しい文章のうちに描かれています。(8) アカデミズムのしがらみからは自由で、しかもなお研究センターとして高い質的水準を維持するということは容易な業ではありませんが、この点ストラスブールは特権的な位置を占めていたのです。

ブロックが一九一九年にスタッフとして加わった時には、まだ学位論文を書いていませんでしたから正式の教授にはなれなかったのですが、大戦中軍役に服していた者には簡略化された論文の提出を認める特例措置が設けられたものですから、一九二〇年計画の一部を急遽『国王と農奴』と題する論文にまとめ、ソルボンヌに提出して博士の学位を取得しました。フランスのかつての文学系国家博士論文は、石畳の「舗石《パヴェ》」と渾名されるほどにずしりと重い大部のもので、学部卒業後二〇年ぐらいかけて完成するといった代物でしたから、その基準からいえば二〇〇ページそこそこのブロックの論文は薄手には違いありません。また、その後の中世史研究の進展のなかで、その「農奴解放」の概念はさまざまに批判を受けてもきました。しかし、この論文には、中世における農民の自由のあり方を領主＝農民関係のなかで追求するブロックの問題関心が明瞭に示されており、かれのその後の中世史研究・農村史研究の出発点となったことは疑いありません。高橋幸八郎氏が、冒頭に記した「所謂農奴解放に就いて」という先駆的な論文でブロックのこの研究を縦横に援用しておいでなので、そこから勉強を始めたぼくらにとっては、たいへんなつかしい論文でもあるのです。いずれにしましても、学位を取得したブロックは、こうして、ストラスブール大学文学部の正教授となり、以後本格的な研究活動に入ることになります。

学問史のなかでのブロックについては第二講であらためて言及しますが、一九二四年には、今日ますますその独自性・先駆性が注目されている『王の奇跡』を、そして二九年の『アナール』創刊をはさんで、三一年には『フランス農村史の基本性格』を公刊します。その間、二八年にはオスロでの国際歴史学会議において「ヨーロッパ諸社会の比較史のために」と題する重要な報告をおこない、現代歴史学の中心的な担い手としての声価は国際的にも定まったと言えるでしょう。

清新の気運に燃えて発足したストラスブール大学が、こうした研究活動を支える拠点の役割を果たしていたことは先述のとおりですが、発足後十数年をへた三〇年代にはいると、メンバーのなかから次第にストラスブールを離れるケースが目立ちはじめます。学生のレベル、研究費の不足、出版社との距離など、研究活動の面でさまざまな不都合が顕在化してきたということもありますが、むしろこれまで辺境ストラスブールから発してきたメッセージの影響力拡大を求めて、パリへと発信塔を移しはじめたというべきでしょう。実をいうとフェーヴルもブロックも、一九二八年、コレージュ・ド・フランスに欠員が生じた際すでに立候補を考えていたのです。その際フェーヴルが掲げた講座のテーマは「近代世界の歴史」で一国史的な視野を超えようとするものでしたし、ブロックが準備していたテーマは、国際歴史学会議での報告と同じ「ヨーロッパ諸社会の比較史」で、ブロックの関心のありかをよく示しています。この時はふたりの競合を避けるため、ブロックは立候補を断念します。フェーヴルの方もコレージュの正教授団による選考会議の投票で僅差ながら敗れてしまいました。その後もふたりは機会が巡ってくるたびに立候補を試みています。フェーヴルは、一九三三年になり、選考会議で近代文明史講座の担当者として選出され、パリへ移ることとなりました。ブロック自身も、その後いくたびかコレージュ・ド・フランスへの立候補を試みますが、ブロックの掲げたテーマとその趣意書がコレージュの伝統からすると過激にすぎて受け入れられなかったり、また、のちに第五講で触れますように、ユダヤ出自であることへの暗黙の反感が見え隠れするなどして、状況の不利を思い知らされることになります。(9) 結局ブロックはコレージュを断念し、三六年には、アンリ・オゼールによりソルボンヌに創設された全国の文学部でただひとつの経済史講座へ、オゼール自身の後継者として移ることを決意します。歴史学革新の潮流はついにソルボンヌというアカデミズムの本丸にまで達したというべきでしょうか。フランスの中央集権的な体制からいってパリに発信塔を持つという魅力には勝てなかったというべきでしょうか。いずれにしても、ストラスブールの英雄時代はここに幕を閉じることになります。

こうしてブロックは、一九三六年、人民戦線内閣の成立という政治的激動のさなかにパリに移り住むことになりました。ブロック五〇歳のときのことです。新しいアパルトマンは、パリの六区と七区の境目にあるセーヴル・バビローヌの交差点からは眼と鼻の先の、セーヴル街一七番地。一九三五年に新しく建て替えられたばかりの建物で、その最上階である六階と七階(日本流にいえば七階・八階)を占めていました。ソルボンヌまで歩いても一〇分少々という便利な場所にあります。左頁に示すのは残されていたブロック自身の手になるアパルトマンの略図ですが、広々とした書斎がテラスに面しており、母親と妻、それに一六歳の長女アリスから六歳の末娘シュザンヌまで六人の子供という大所帯のブロック一家にとっても、まずまずの広さを備えていたようです。暮らしぶりがわかるように日本語訳を添えた略図を併せ掲載しておきました。

少し先回りして記しておきますと、このアパルトマンでの生活は、長くは続きません。というのも、一九三九年第二次大戦が勃発し、翌四〇年にはドイツ軍が大挙してフランスに侵入するのですが、その時ブロックは軍務に服して前線にあり、留守宅の家族はユダヤ系のこともあってパリ占領をまえに南フランス中央山地にあったフージェール(クルーズ県ル・ブール・デム村)の質素な別荘へと避難せざるをえなかったからです。しかも、

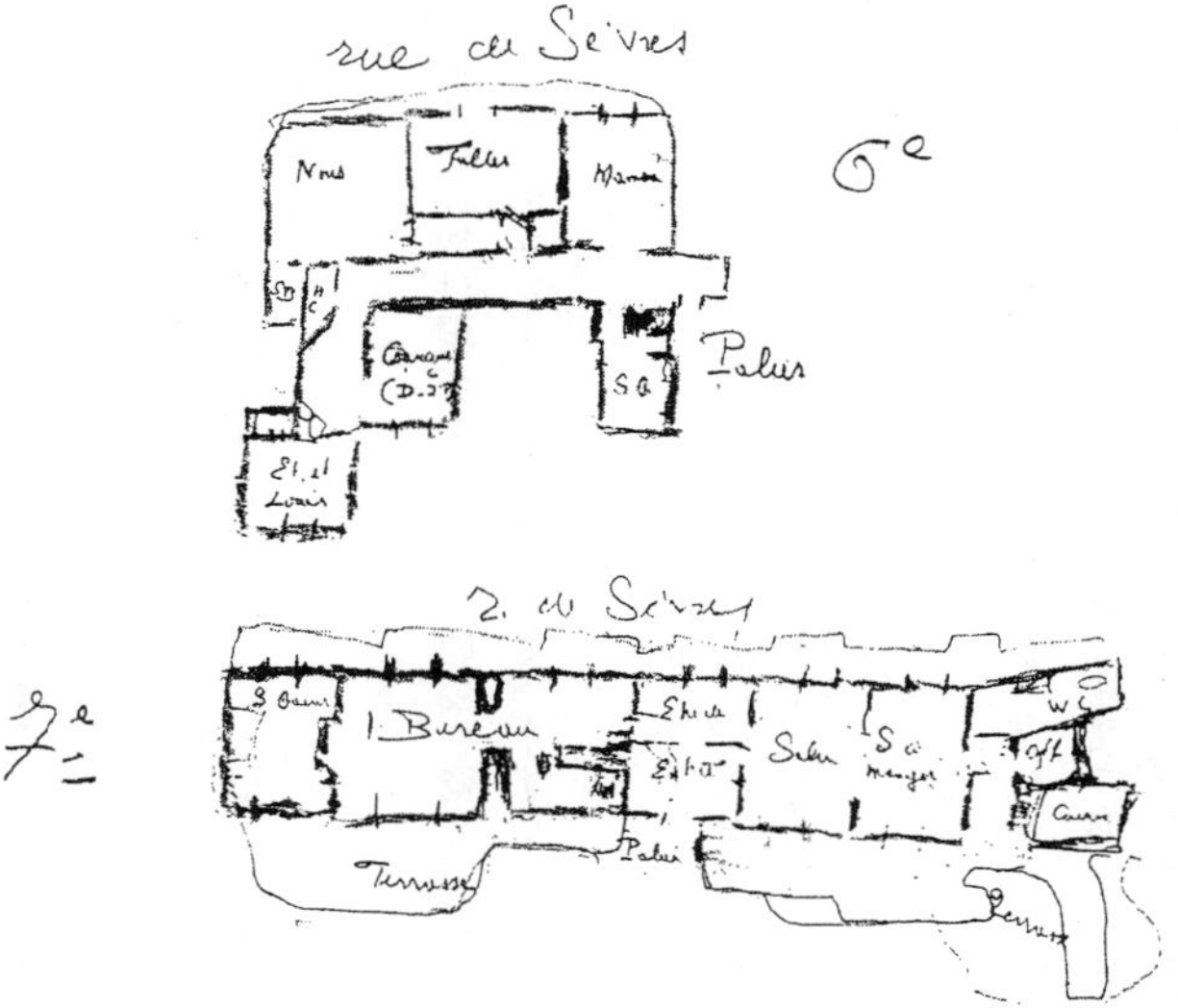

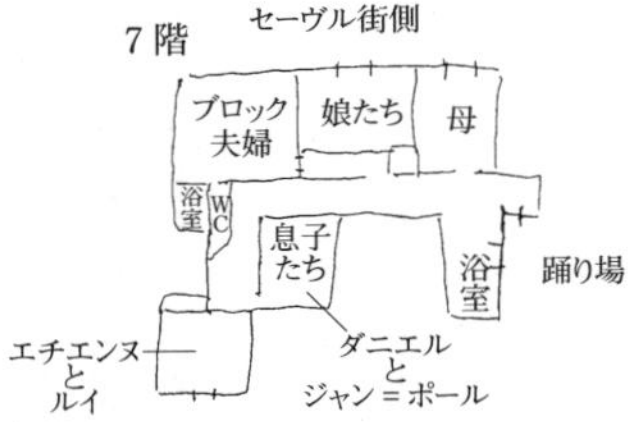

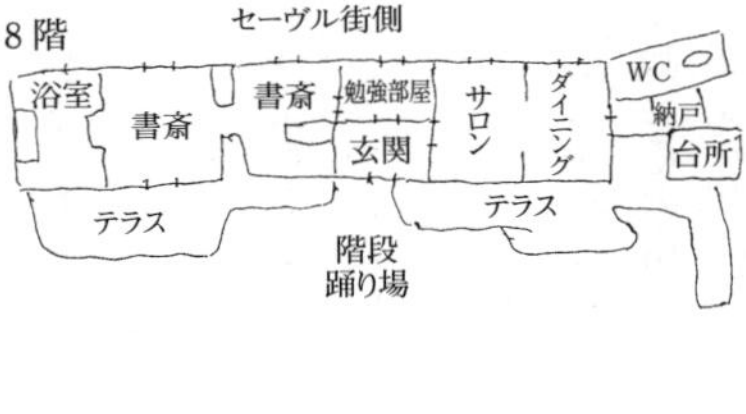

図 4　〔上〕パリのアパルトマン(ブロック自身が描いた見取図).〔下〕日本語訳(著者作成)

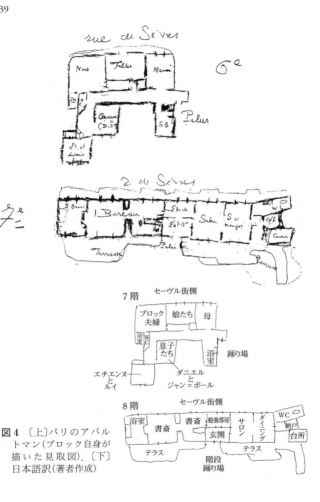

パリを占拠したドイツ国防軍の防諜部が置かれたのは、皮肉なことにブロックの家から二軒おいて眼と鼻の先のパリ有数のホテル、オテル・リュテシアだったのでした。こうして、一九四二年、ブロックのアパルトマンはユダヤ人の資産としてドイツ軍に接収されるところとなります。残されていた蔵書や史料も程なくナチス親衛隊によってドイツに持ち去られてしまいました。それらが辿った数奇な運命については上述したとおりです。ブロックは二度とこのアパルトマンに戻ることはありませんでした。セーヴル街一七番地の建物は現在もそのままの姿を留めており、道路に面したその壁面にはパリ市による記念のプレートが掲げられていますが、そこには次のように読むことができます。

この建物には、一九三六年より第二次大戦まで、フランスの歴史家マルク・ブロック(一八八六―一九四四)が居住していた。ブロックは『アナール(社会経済史年報)』の創始者であったが、抵抗運動の闘士としてナチスの手にかかり、フランスのために倒れた。

このような結末を知ってみると、ブロックのパリ生活は不吉の星のもとにおかれていたかに見えますが、そこにいたるまでブロックは、新しい環境のなかで果敢にその道をきりひらいて行ったのでした。コレージュ・ド・フランスを目指していたブロックにと

図 5　〔上〕パリ 6 区セーヴル街．右角の大きな建物が占領中ドイツ軍が防諜部を置いていたオテル・リュテシア．その左やや背の低い 2 軒をはさんで 3 軒目がブロックのアパルトマンの建物(著者撮影)
〔左〕セーヴル街 17 番地正面．ブロックのアパルトマンは 7 階と 8 階(二宮正之撮影)

図 6　〔下〕セーヴル街 17 番地の入口右上部に掲げられている記念のプレート(著者撮影)

っては自らがもっとも望んだポストではなかったものの、ソルボンヌの経済史講座を拠点として研究の面でも教育の面でも八面六臂の活動を開始します。就任早々の三六年度には、フランスの領主制とイギリスのそれとを大胆に比較する講義をおこなっているのですが、冒頭において現代における英仏両国農村の対比から始めるなど、比較史の方法と遡行的方法の結合という年来の主張を明確に打ち出したものでした。これは、ブロックが中心になってストラスブール時代から企画していた「大地と農民」という双書のなかで執筆予定であった巻のテーマそのものでもあります。同じく三六年度のもうひとつの講義では、専門の時代からはやや離れて「ルイ一四世時代の経済的様相」を扱っています。ここでは、フランス経済の停滞と絶対王政という政治体制とを関連させつつ論ずるなど、大摑みであるだけにブロックの見方がよく表れている講義で、ブロックが中世史という枠を超え、きわめて意欲的に自らの歴史の捉え方を提示しようとしていたことがよく判ります。

研究の面でも同様で、ストラスブール大学で同僚であった社会学者モーリス・アルブヴァクスは三五年からソルボンヌに移っていましたが、再会した二人は三八年共同でソルボンヌに「社会経済史研究室」Institut d'histoire économique et sociale を発足させ、ブロックはその責任者となります。その設立の趣旨は「経済的諸現象の歴史に関する研究を思想史や社会構造史との関連のもとに発展させること」におかれていました。

ソルボンヌのほかにブロックは、サン・クルーのエコール・ノルマル・シュペリウールとフォントネー・オー・ローズの女子のためのエコール・ノルマル・シュペリウールでも講義を担当しました。ピエール・グーベールは、この時サン・クルーでブロックの講義に列しその人柄に深く魅せられた若い学生のひとりでした。

一九三六年一〇月以来火曜日ごとに、ぼくらはその時代ものの車がやっとこせでサン・クルーの丘を登ってくるのを待ちかまえていた。車を止め足下のセーヌ川とパリに眼をやったのち、建物に入ってくる。……頑健とは言えそうもないし、質素な服装。ぼくらは一〇人ほどで起立して迎える。ちょっと会釈をしてからステッキと帽子を脇に寄せ、重そうな古びた革の鞄を置くと、静かに話し始めるのだった。確信にみちて虚飾なく、明晰にしてしかも厳密、広く深い、しかしけっして顕示されることのない教養、生の鼓動を如実に伝える語り方。雄弁とは無縁だが、ひとのこころを深く捉えるあの洞察力。かつて出会ったもっとも美しい眼差しのひとつを、ぼくらはそこに発見するのだった。輝き、閃き、深さ、厳しさ。

グーベールの回想は、教室でのブロックの姿を彷彿とさせるものがあります(10)。若い学生たちを魅惑したブロックの妥協のない自負心は、ときに同僚たちを辟易とさせることもあったかにみえます。すでに『アナール』誌上で厳しい批判の対象としてきたソルボンヌ中世史講座のルイ・アルファンと犬猿の仲であったことはやむをえぬことながら、近代史のジョルジュ・パジェスや農村史のガストン・ループネルもこうした想いを書簡のなかにしるしており、ブロックの別の側面を見ることができるでしょう。(11)大学教授の息子として生まれ、エリート校で学び、自分も大学教授という環境にあったブロックには、尊大とか傲慢というのではまったくありませんが、市井の生活人の持つ雰囲気からは遠いものがあったかと思われます。ブルゴーニュの村に根を下ろしたループネルのような人物とは、そりがあわなかったのかもしれません。

この時期ブロックは、新しい職場での重い負担に時間をとられながらも、かれの最後の大著となる『封建社会』の完成に力を尽くしていました。しかも、最終的な推敲がもう少しで終わるという三八年秋には、ヨーロッパ情勢の緊迫をうけて予備役の訓練が始まり、ブロックもストラスブールの連隊に短期入隊しています。こうした張り詰めた状況のなかで、ついに最終稿が完成し三九年初めには校正刷りが出はじめました。第一巻は七月六日に印刷が完了し発売の運びとなります。七月二六日付けのアンリ・ベール宛の手紙は、第二巻についても本文と索引の校正が済んだことを告げています。しかし、第二巻の刊行をみるよりも前の八月末、ブロックは召集令状を受け三度目の軍務に服することになりました。直後の九月一日ドイツ軍はポーランドに侵攻し、フランスも三日にはドイツに宣戦を布告して第二次大戦に突入します。『封建社会』第二巻は、年を越した四〇年一月一七日に印刷が完了しますが、こうして、戦争の渦中に出版されることになったのでした。[12] 献本にも著者の署名や献辞はなく「前線にある著者より」との栞が挿入されています。

四　試煉のとき

召集されたときブロックは五三歳、歩兵大尉として今回もまたアルザス駐留の部隊に配属されました。部隊の退嬰的な雰囲気に失望したブロックは、東部戦線のアルザスからベルギーに接する北部戦線への配属変更を申請し、一〇月より第一軍司令部付将校となってイギリス軍との連絡や機動部隊の燃料調達の責任を担うこととなりました。最初の一年ほど、ナチス・ドイツの矛先は東に向けられており、独仏国境ではなにごとも起こりません。ブロックも何度かは休暇でパリにもどり、志願看護婦として病院で働いていた妻シモーヌと会ったりもしています。いわゆる「奇妙な戦争」の時期です。

ところが、翌四〇年五月一〇日、ドイツ軍は突如その矛先を西に変え、ロンメルの率いる装甲師団はルクセンブルク、オランダ、ベルギーへと侵攻、同時に空軍によるフランス爆撃が始まりました。今度こそは本当の戦争の始まりです。ブロックが属していた英仏連合軍は開戦早々から退却を強いられ、五月末にはドーヴァ海峡に面した港町ダンケルクに追い詰められてしまいます。こうして五月末から六月初めにかけての八日間に、二〇万のイギリス軍と一三万のフランス軍がまさに命からがらドーヴァ海峡を渡りイギリスへと逃れたのでした。これは第二次大戦の名高い事件ですが、ブロックも身をもってこのダンケルクの悲劇を体験したのでした。五月三一日ドーヴァに辿り着くと、イギリス南部を一日がかりで汽車で横断し、プリマスからふたたび英仏海峡を渡ってフランスに復帰するという想像を絶するような強行軍です。六月二日コタンタン半島の突端にある港町シェルブールに戻ったブロックは、ノルマンディ地方にまで撤退していた第一軍の残存部隊に合流しました。しかし、ドイツ軍の進撃はとどまるところをしらず、ブロックの部隊がさらに撤退したブルターニュ地方も追いかけるように迫ってきたドイツ軍に占領されてしまいます。そして六月一四日、ついに首都パリ陥落。こうした状況のなかで、ブロックは軍服を平服に替えて軍を離脱し、占領地域から脱出したのでした。

六月二二日の休戦協定ののち、フランスはそのほぼ三分の二、北半分と西部の大西洋沿いをドイツの直接の管理下におかれ、南フランスを中心とした残りの三分の一ほどは、ヴィシーに移ったフランス政府の自治に委ねられることとなりました。少し先を見通しておけば、このいわゆる「自由地区」も、一九四二年一一月、ドイツとイタリアに分割占領されてしまうでしょう(巻末地図参照)。

敗戦をむかえドイツ占領下のパリでソルボンヌに復帰することもできなくなったブロックは、家族が疎開していた中央山地のフージェールの家に向かうのですが、そこで七月から九月にかけての短い期間に、敗戦の経験にもとづいて現代フランス社会の病根を鋭く抉った記録を執筆します。この書物は戦後『奇妙な敗北』と題して刊行されることになるのですが、フランスの敗北に関するもっとも透徹した分析と評されています。歴史家として過去に眼を向けるのみでなく現在に正面から対峙しようとするブロックの姿を、そこに認めることができるでしょう(13)。

さて、ブロックのその後ですが、かれがドイツ占領下のフランスでレジスタンスの運動に身を投じ、フランス解放の直前にドイツ軍により銃殺されるにいたったことは、冒頭ルフェーヴル・高橋往復書簡を紹介するなかですでに述べました。実をいうとブロックは、何がなんでもフランスに踏みとどまって抵抗運動に加わる決意をしていたわけではありません。そこに至るまでには多くの紆余曲折があり、ブロックの生涯を単なる聖者伝に終わらせないためにも、もう少しその経緯を述べておかねばなりません。

休戦協定のあと、ブロックはまずソルボンヌに復帰することを考えます。しかし、占領下においてユダヤ人を取り巻く状況はきわめて厳しく、結局断念せざるをえません。そのあとの選択肢として浮上したのが、三九年宣戦布告とともに中部オーヴェルニュ地方の首都クレルモン＝フェランに撤収していた、ブロックのかつての職場ストラスブール大学で教壇に立つことでした。配置がえの申請が認められ、大学側の同意もえて文学部教授として発令というときに、ここでもまたブロックは大きな壁にぶつかります。ドイツの直接占領地のみでなく、ヴィシー政府のいわゆる自由地区においても、四〇年一〇月三日「ユダヤ人公職追放令」が発布され、翌年一月一日以降ユダヤ人はすべての公職から排除されることとなったからです。ブロックは、周辺の勧めもあって、フランス国家への例外的な奉仕が考慮されるとの同法第八条の規定にもとづき適用免除の申請をおこないます。中世史家としてのブロックの業績や軍隊での経歴は異論の余地のないものでしたから、この申請は受理されるところとなるのですが、特例として免除措置の適用を受けた大学教授は、クロード・サンジェによれば一九四一年から四三年の間にわずか一五名にとどまり、ブロックは、苦悩の末の選択であったとはいえ、不当な運命を強要される多くの仲間たちのなかで少数の特権的な生き残りのひとりとなったことに、重い心の負担を負いつづけねばなりません。

フランスでの状況に絶望的となっていたブロックは、この時期に、並行してアメリカの大学に移る交渉も進めていました。ニューヨークの「ニュー・スクール・フォー・ソーシアル・リサーチ」New School for Social Research は戦前からすでに亡命知識人の受け入れに積極的だったのですが、この時にもブロックの要請に進んで応じています。危険なフランスからの脱出に希望が見えはじめたものの、ここでもまたブロックは、ヴイザの問題で壁にぶつかってしまいました。ブロックが一家揃っての移住を希っていたにもかかわらず、成人に達していた二人の子供と八二歳の母親の移住ヴィザは認められなかったからです。窮余の策としてマルチニック島経由での脱出まで考えたブロックでしたが、最終的にこの亡命計画は断念せざるをえませんでした。[14] 想いおこしておけば、ナチスを逃れフランスに亡命していたドイツのユダヤ系思想家ヴァルター・ベンヤミンが、ドイツ軍の手に落ちたフランスでの身に迫る危険を前にしてリスボン経由でアメリカに渡ることを計画したものの、ピレネ越えの際スペイン官憲に摘発され、絶望して自ら死を選んだのは一九四〇年九月二七日のことです。

公職追放を免除されたブロックは、四一年初め、クレルモン＝フェランのストラスブール大学で講義を始めますが、その年の四月には母サラが心臓発作をおこして歿し、妻も肋膜炎で倒れるなど身辺には不幸が続きます。このように年譜を辿っていきますと、ブロックが身も心もボロボロになっていたに違いないと考えても思い過ごしとはいえないでしょう。実際そのとおりだったのです。しかし、この苦境のなかでブロックは、その最後の、そしてついに未完におわった草稿『歴史のための弁明――歴史家の仕事』の執筆にとりかかっていたのです。それは歴史家のあるべき姿についての透徹した省察でありました。「パパ、歴史はいったい何の役にたつの、さあ、ぼくに説明してちょうだい」という少年の問いで始まるこの覚書はいかにもパテティークに響きますが、その書かれた状況を思うときブロックの強靱な意思には深く心打たれるものがあります。リュシアン・フェーヴルに宛てられた献辞には「一九四一年五月一〇日、フージェールにて」と記されていますが、これは母サラの歿後わずか二週間ほどのちのことです。

肋膜を病み山村の厳しい気候になじまない妻の健康を考えたブロックは、次の年度から地中海沿いのモンプリエ大学に移ることを考えます。文学部長だった中世カトリック教会史が専門のオーギュスタン・フリッシュをはじめ、学内にはあからさまに反ユダヤを標榜するメンバーもいてその雰囲気は気にそまぬものでしたが、これまた苦悩の末の選択でした。しかし、「自由地区」にあったこのモンプリエも、四二年一一月にはドイツの占領下に組み込まれることとなり、ブロックは三カ月の病気休職を命じられます。そしてその期限が切れた四三年二月一二日付でブロックは、教職資格を停止されてしまうのです。

このような状況のなかでブロックは、レジスタンスの地下組織に加わることを静かに決意したのでした。ブロックは決して、政治参加を信条とするアンガージュマンの知識人ではありませんでした。戦間期、とりわけ一九三〇年代には、ナチスの急速な台頭を前にして文明擁護のための知識人の行動が活発に展開されます。また、人民戦線政府の成立やスペイン内戦に際しても、知識人の発言は少なくありません。しかし、ブロックの態度はフェーヴルと較べてもむしろ控えめでした。研究者・教育者としての領分にこそ自分の役割があると考えていたといってもよいでしょう。しかし、他方で、第一次大戦の折の『戦中回顧』や第二次大戦下での『奇妙な敗北』に見られるように、フランスの現状についての批判には強烈なものがありました。ひとりの市民として、フランスの社会・フランスの国民に対する責務を、強く抱きつづけていたと思われます。その意味でブロックは、まさしく共和主義者でありました。しかもこのような感情は、ユダヤのゆえをもって排除されるなかでいっそうのこと強まり、自らがなににもましてフランスの市民であること、そして祖国への深い愛を抱きつづけてきたことを強調する傾向を強めたことに注意しておかねばなりません。この点については最後の第五講で、やや立ち入って考えてみたいと思います。

クレルモン゠フェラン時代からレジスタンスの運動と接触を始めていたブロックは、モンプリエに移ってのち、この地方の有力な抵抗組織であった「コンバ」Combat の活動に加わっていました。一九四三年春、モンプリエ大学からも退職を余儀なくされたブロックは、リヨンに拠点をおくレジスタンスの地下組織「自由射手」Franc-Tireur に加わる決意を固めます。これは完全な地下活動で、ブロックは家族とも離れ身許も隠してただひとりリヨンに移り住んだのでした。「コンバ」「リベラシオン」と並び南仏三大抵抗組織のひとつであった「自由射手」のなかで、ブロックは重要な役割を果たすことになります。しかし、四四年三月八日、地下活動中のブロックはゲシュタポによってついに逮捕されてしまいました。このときゲシュタポの指揮をとっていたのが、ナチス親衛隊中尉クラウス・バルビーでした。かれこそ、全国抵抗評議会議長であったジャン・ムーランを逮捕拷問し、死にいたらしめた張本人でもあります。付け加えておけば、「リヨンの虐殺者」として知られるこのバルビーは、戦後も半世紀近く経ってボリヴィアに潜伏中を発見され、フランスに引き渡され一九八七年リヨンでの裁判で「人道に反する罪」により終身刑が宣告されたのでした。死刑が廃止されたフランスでは、これが最高刑ということになります⑮。

六月六日、敗色が濃くなるなかでドイツ軍は、各地の収容所の捕虜を「始末」しはじめます。リヨン郊外のモンリュック監獄に収容されていたブロックたちのグループは、六月一六日夜、リヨンの北にある小村サン・ディディエ・ド・フォルマンで、ドイツ軍により銃殺されました。マルク・ブロックの生涯は、こうして幕を閉じます。妻のシモーヌはといえば、三月以来音信不通になった夫の消息をうるべくリヨンに来ていましたが、その体調は著しく悪化し、七月二日、ブロックの身許確認も果たせぬまま、リヨンの病院で胃がんのため亡くなりました。

第二講　学問史のなかのブロック

一　新しい学問の胎動

第一講では、時代と向かい合って生きたブロックの生涯を、かれの背負っていた「人間の条件」に焦点を合わせてお話ししてきましたが、今回は、これまで十分に触れることができなかった学問史のなかでのブロックの位置を考えてみたいと思います。ブロックの学問上の業績はもちろんかれ個人の頭脳に属するものでありますけれども、それはけっして孤立したものではなく、世紀の転換期から二〇世紀半ばにかけての新しい学問運動の大きなうねりのなかに位置するものであったからです。しかもそれは、フランスの学界という狭い枠組みを超え、少なくともヨーロッパ、アメリカの学問世界へと通じる運動でもありました。

ブロックの学問上の歩みを辿るためには、かれの密接な協働者であったリュシアン・フェーヴルの生涯と重ね合わせて見ていく必要があるのですが、ブロックと出会うまで

のフェーヴルの経歴をごく簡単に記してみますとこんな具合になります。(16)

一八七八年フランス東部ロレーヌ地方のナンシーで生まれていますから、ブロックより八つ年上ということになります。リセの最終学級までナンシーですませたのち、九六年パリに出てリセ・ルイ＝ル＝グランのグランド・ゼコール準備学級に学びます。九八年にはエコール・ノルマル・シュペリウールに合格。就学前に一年間の兵役をすませて入学し、一九〇二年卒業。同時に、アグレガシオンにも合格しました。翌年から三年間はチエール財団の研究員として過ごしています。こう見てきますと、八歳の年齢差はありますが、すでに述べましたブロックの経歴と、エコール・ノルマルにせよ、チエール財団にせよ、きわめて似通っていることが判ります。二人とも、一九世紀末から二〇世紀初めという時代の転換期に、その感性の溝を刻み、知的形成を果たした世代に属していたのです。その後、フェーヴルは、ブザンソンでまずリセの教師となり、ついでブザンソン大学の講師を務めました。一九一一年には『フェリペ二世とフランシュ＝コンテ』と題する浩瀚な博士論文を提出して学位を取得し、ディジョン大学に移ります。第一次大戦にはブロックと同様従軍していますが、戦争が終わると一九年新たに発足したストラスブール大学に赴任し、そこでブロックと同僚になるのです。二人がやがて、歴史学の革新のため密接な協力関係を築きあげるにいたったのには、このように時代と環境を共有していたという背景があることに注目しておくべきでしょう。

先に転換期と言いましたが、実際この時期は、ヨーロッパの学問世界が大きな曲がり角に差しかかった時代でした。(17) 近代の学問の形成史を辿るということになると長い話になってしまいますが、人文科学でも社会科学でも、その体系化が進み、とくにそれが大学における専門学科への分化・専門研究者の養成と結びつくようになるのは、一九世紀に入ってのことです。歴史学の場合もまさにそうで、歴史叙述そのものはギリシア・ローマ以来の長い伝統を持っていますけれども、それが固有の視点と方法を備えた「近代歴史学」として自己形成を遂げたのは、一九世紀、とくにドイツのレオポルト・フォン・ランケ(一七九五―一八八六)に端を発する実証主義歴史学の形成によってでした。フランスでも、ニュマ＝ドゥニ・フュステル＝ド＝クーランジュ(一八三〇―八九)とともに、史料の博捜と厳格な史料批判が、歴史学の基本的な方法として打ち出されることになります。実をいえば、明治の日本においても、帝国大学文科大学(東京大学文学部の前身)の史学科に一八八七年ドイツから教授として迎えられたルートヴィヒ・リースは、ランケの流れを汲む歴史家であり、実証的方法の基礎を教え、日本における近代歴史学の産みの親となったのでした。

実証主義はこのように、史料批判の方法を確立することによって、近代歴史学に確固とした基礎を与えるのに貢献しました。専門の学術雑誌も、ドイツの *Historische Zeitschrift* (一八五九年)、フランスの *Revue Historique* (一八七六年)、イギリスの *English*

Historical Review（一八八六年）、日本の『史学雑誌』（一八八八年）と相次いで創刊され、アカデミズムの中心機関となります。

しかし、この実証主義の歴史学も、史料批判の方法のみを金科玉条とする歴史家が、大学における史学科という史学科に君臨するようになりますと、かつての革新的な意味合いを失い、史料の蒐集だけが自己目的と化した趣がありました。「史料こそがアルファであり オメガである」というわけで史料万能主義に傾き、いかなる問いを抱いていかなる史料を探し求めるのかという初発の問題意識も、史料からなにを読みとるかという歴史家と史料との緊張関係も希薄化して、ただ考証に終始する傾向が顕著になってしまったのです。

その上、近代の学問の専門化の潮流のなかで、歴史学も、政治史・外交史・法制史・経済史・思想史・美術史といった細かい専門領域に分化してしまい、精度を高めようとすればするほどにタコツボ化して、相互の連関には眼が向かないという悪循環に陥ってしまいました。一九世紀末葉の歴史学の状況は、まさにこのようなものでした。しかもこれは、歴史学にとどまらず、近代の学問全体に共通に見られる傾向でもありました。

こうした状況にたいし、ニーチェが一八七四年に発表された「生に対する歴史の利害」（のち『反時代的考察』に収録）のなかで、「歴史の過剰は生を阻害する」と激しく批判したのはあまりにも名高いことですが、その隆盛と裏腹に形骸化がすすむ歴史学にたいしては、とくに哲学者や文学者のあいだからさまざまに批判の声が挙げられるようになります。フランスでも、たとえばシャルル・ペギーは、歴史家は現実をよみがえらせ、それに耳を傾け、その意味を解き、それを再現すべきなのに、逆にその現実をバラバラに解体してしまうと非難し、ポール・ヴァレリも、現代の歴史学には、不確かな未来を前にしての期待と不安、生きた人間が一瞬一瞬を選びとることによって創り出す歴史という感覚が欠けていると断じたのでした。

リュシアン・フェーヴルとマルク・ブロックがその知的青春を過ごしたのは、歴史学のあり方が正面から問いなおされるこの大いなる転換期においてだったのです。そして、批判に呼応するかのように、学問世界の内部からも新しい運動が始まりつつありました。フランスに生まれた新しい学問潮流としてフェーヴルやブロックに大きな影響を与えたものとしては、次の三つを挙げることができます。ヨーロッパの学問運動・芸術運動は、雑誌を旗印にして展開されることが多い。文学運動としての『新フランス評論』*Nouvelle Revue Française* などはその典型ですが、以下の例も同様で、いずれも自分たちの主張を展開するための場として創刊された新しい雑誌で、人文科学・社会科学に新たな方向を切り開こうとする学問運動の拠点となったものでした。創刊の順に記せば、こうなります。①『地理学年報』*Annales de géographie*（一八九一年）、②『社会学年報』*L'Année sociologique*（一八九八年）、③『歴史綜合評論』*Revue de synthèse historique*

(一九〇〇年)。

まず最初の『地理学年報』ですが、地理の雑誌が歴史の研究に大きな影響を及ぼしたというのは、不思議に思われるかもしれません。この雑誌は、当時エコール・ノルマル・シュペリウールで教えていたまだ四十代のポール・ヴィダル＝ド＝ラ＝ブラーシュ(一八四五―一九一八)が中心となり、若手の研究者を糾合して始めた雑誌なのですが、今からみてもきわめて斬新な主張を展開していたのでした。地理学には、自然地理学の長い伝統があって、いわば自然科学の一環をなしていたのですが、一九世紀の後半ごろから、単に地形や地質などの自然条件の研究にとどまらず、自然と人間との関係に眼を向けるようになります。ドイツの代表的な地理学者フリードリヒ・ラッツェルなどもそうで、かれはそれを人間地理学 Anthropogeographie と名付けたのです。ただラッツェルにあっては、人間生活がいかに自然に規定されていたかに関心があったのに対し、ヴィダルのいう人文地理学 la géographie humaine は、人間が自然条件に制約されるのは言うまでもないけれども、人間もまた自然に働きかけるのであり、その相互の関係のなかでひとつの風土が形成されると主張したのでした。人間と自然との交渉過程が重視されることから、当然のことながら歴史的アプローチが基本的な方法となるでしょう。このようなヴィダルの見解は、かれの遺著『人文地理学原理』のうちに明瞭にみてとることができますが、この書物は、フランスに学びヴィダル学派の影響を強く受けた飯塚浩二氏により邦訳されています(岩波文庫、上下二巻)。

一八九八年ソルボンヌの教授となったヴィダルの周辺には若手の俊秀が集い、相次いですぐれた地域研究を発表していきました。アルベール・ドマンジオンのピカルディ研究やジュール・シオンのノルマンディ研究はその代表的なものですが、いずれも現在の状況から出発しながらはるか歴史に遡って地域社会形成の道のりを探った作品でした。試みに、シオンの学位論文『東部ノルマンディ地方の農民たち』(一九〇九年)の構成を見てみましょう。その地域構成や気候・地形・地質といった自然地理的条件の現状分析から始まっているのは当然のことですが、次いで著者はこの地方の歴史的形成へと眼を向け、住民たちの起源を遠く先史時代に探り、村落の形成を中世にまで遡って検討したうえで、一八世紀を中心に農村社会史の分析へとすすみます。農村工業の展開から、入会地や共同放牧、農業技術、土地所有と経営、農村住民の階層構成にいたるまで、この地方の農村社会の原型が綿密に探られているのですが、その際に著者は、国立中央文書館や県文書館に所蔵されている農村史料を広く渉猟しており、それはほとんど歴史家の仕事といってもよいほどです。このような歴史的背景を押さえた上で、著者は、ふたたび一九世紀から二〇世紀初頭にいたるノルマンディ農村の現状分析に取り組むのです。ここにいたって歴史家の視点と地理学者の視点は総合されることになるでしょう。ヴィダルが提唱した自然と人間との交渉過程を時間的な奥行きをもって追求する人文地理学の研究は、フランスの地域社会を対象にこうしてみごとに開花したのでした。

古文書に執し、政治史・外交史に偏していた世紀転換期の歴史学の状況を想うとき、ヴィダル学派のこのような斬新な研究に接したフェーヴルやブロックの賛嘆の念は察するにあまりあります。かれらにとっては、まさにここにこそ「生きた歴史学」の模範があると思えたに違いありません。新しい歴史学の担い手となったブロックは、やがて『フランス農村史の基本性格』と題する名著を著わすことになるのですが、そこにはシオンやドマンジオンをはじめとする人文地理学の成果がふんだんに採り入れられるでしょう。この書物の冒頭には、「若干の方法的考察」と題する序がおかれているのですが、そこでブロックは、歴史研究者が心得るべき有効な方法として、のちにやや詳しく立ち戻る予定の「比較の方法」la méthode comparative と並び「遡行的方法」la méthode régressive を挙げています。「遡行的」とは現在の時点から遡るということですが、歴史家はたとえ中世の研究者であっても、まずは現場に足を運び、現在の状況をしっかりおさえたうえで過去に遡っていくべきだというのです。そして、フュステルのこんな逸話を紹介しています。一八八五年ごろのことですが、イギリスの農業史の泰斗であったフレデリック・シーボームがフュステルに、フランスにも開放長形耕地 open field が存在したかどうかと訊ねてきたのだそうです。それにたいし、史料に通暁しているフュステルは、中世史家として、フランスにはその痕跡すら認められないと答える。しかし実際には、当時の北部・東部のフランス農村を注意深く観察するならば、そこには開放長形耕地の痕跡はいくらでも見いだすことができたのだ、とブロックは言います。しかもまさにその同じ時期にフランスの議会では、開放耕地と密接に結びついた慣行である羊の共同放牧の存続をめぐって、激しい賛否の論争が繰り拡げられてもいたのだ、と。フュステルは、中世文書についてはあれほどに該博な知識を持っていたけれども、古文書の世界から眼を外に向けようとはしなかったのだと言うんですね。ブロックがこのように指摘するとき、先に挙げたシオンらの人文地理学研究を想起することがなかったでしょうか。地理学者が、現在を知るためには過去を振り向いてみなければならないのだとすれば、歴史家もまた、過去を知るためには現在に眼を向けなくてはならないからです。

ヴィダル学派の地理学に続く第二の衝撃は、社会学からのものでした。中心になったのは、のちにフランス社会学の第一人者となるエミール・デュルケム(一八五八―一九一七)ですが、かれもまたアルザスのユダヤ教徒の家系の出身でした。かれの名をデュルカイムと呼ぶひとがいるのはそのためです。当時はまだ四〇歳になるかならぬかのボルドー大学の教授でしたが、このデュルケムがリーダーとなりさらに若い世代の研究者の参加をえて一八九八年『社会学年報』を創刊したのです。デュルケム自身はすでに『社会学的方法の規準』(一八九五年)や『自殺論――社会学的研究』(一八九七年)の著者として知られてはいましたが、この雑誌を拠点として、のちにデュルケム学派と呼ばれるようになる強力な学問運動を展開していくことになります。その主張の根幹は、人間の営みをなによりも集合的な事象と捉え、人間社会を諸要素の密接な関連から生まれる全体構造と見るところにありました。このような志向は、歴史事象をその個別性のうちに捉え史実として確定することを至上命令とし、専門化を進めるために政治史・外交史・経済史・文化史といった個別分野に特化する道を歩んできた歴史学とは正面から衝突することになるでしょう。

デュルケムのもとでは、かれのボルドーでの教え子でありまた甥でもあって宗教社会学部門の中心となったマルセル・モースや経済社会学部門の中心的担い手となるフランソワ・シミアンなど、まだ二十代の若手が活発な議論を展開していきますが、かれらと世代をともにするリュシアン・フェーヴルやマルク・ブロックは、早くよりその熱心な読者でありました。集合的なものと個的なものの関係のとらえ方や、研究者と研究対象との関係という認識論上の問題について、デュルケム派の社会学者とは意見を異にし、末年にいたると共にその距離は広がる傾きが見られたものの、かれらはその知的形成にあたって、『社会学年報』が「自分たちの思考の最良の導き手」のひとつであったとくりかえし述べています。すべての人間事象を「全的社会事実」faits sociaux totaux として捉えようとするモースにフェーヴルは深い共感を隠しませんでしたし、社会人類学の古典と目されるその『呪術論』(H・ユベールとの共同執筆。『社会学年報』一九〇二―〇三年号)や『贈与論』(『社会学年報』一九二三―二四年号)は、ブロックの中世社会の理解に大きな影響を及ぼすことになるでしょう。他方、シミアンの物価史や経済変動局面の分析は、歴史の長期的波動のとらえ方において、ブロックの経済史理解に深い示唆を与えたのでした。ブロックには、物価史の国際的比較研究の一環としてアンリ・オゼールが中心となり刊行した『一五〇〇―一七〇〇年におけるフランス物価史研究』の方法的欠陥を完膚なきまでに批判した実に鋭い書評論文がありますが、これはブロックの数多い書評のなかでもその切れ味の鋭さにおいて筆頭に挙げるべきものです。[18]

『地理学年報』も『社会学年報』も、そのリーダーこそ四〇の声をきく世代であったものの、その周りに集まった者の多くは二十代・三十代の新進の研究者で、まことに若々しい学問運動でありました。制度化されることを拒み、学界のルーチンにはまっていないところに、その学問革新のエネルギーの源泉があったと言ってよいでしょう。境界領域に生まれたこれら人文地理学や社会学の呼びかけに応えるかたちで、批判の対象となった歴史学そのものの内部からの革新を目指し創刊されたのが、第三に挙げた『歴史綜合評論』でした。まさに世紀の分かれ目一九〇〇年のことです。その中心人物が、日本ではあまり知られていませんけれども、二〇世紀における人間科学の革新にとって触媒的な役割を果したアンリ・ベール(一八六三―一九五四)でした。[19]実を言いますと、大学はこのベールは、古文書相手に仕事をするようないわゆる歴史の専門家ではなく、大学は哲学科の出身で新カント派の潮流のなかで育った人なのですが、近代の学問の批判のうえに立って、歴史の視点を軸としつつ諸学の綜合にいたろうという構想を抱いていたのでした。すでに一八九三年には『哲学の将来——歴史認識綜合の試み』と題する、その後の活動を予見させるような論文を提出して学位を取得しています。

ベールの雑誌に対しては、歴史学界の長老であり、もっともアカデミックな『史学雑誌』の編集責任者でもあったガブリエル・モノーが、最近の若い歴史家には綜合の精神が欠けていると批判しつつ、ベールの志をよしとして新しい雑誌の創刊を慶賀するといった好意的な反応もありましたが、モノーはもともとミシュレに私淑しその浩瀚な評伝を書いたほどの人ですから単なる講壇歴史家とは違っていたわけで、一般の専門歴史家の反響はむしろ冷やかなものであったと言わねばならないでしょう。

ベールはこの雑誌を狭い意味での歴史家だけのものとせず、共通の発言の場としてさまざまな分野の研究者に提供していきます。その典型的な例が、デュルケム学派のシミアンが一九〇三年に発表した論文「歴史学の方法と社会科学」であり、この挑戦的な歴史学批判をめぐってセニョボス、オゼール、マントゥー、クセノポルらとのあいだで、激しい論争が展開されもしたのです。

『歴史綜合評論』を新たな問題提起と開かれた議論の場にしようというベールの企ては、アカデミーの伝統的歴史家からは無視されたものの、新しい学問状況に敏感に反応していた若い世代の研究者のあいだでは、大きな期待をもって受けとめられたのでした。フェーヴルもブロックもそのひとりであり、やがてベールの密接な協力者となります。そして、少なくとも一九二九年の『アナール』誌創刊にいたるまでは、このベールの雑誌を主要な活動拠点としていくことになるでしょう。

フェーヴルは、すでに一九〇五年、チエール財団の研究員だったころから恒常的な書評の寄稿者となり、この同じ年には、ベールが歴史的綜合のひとつの試みとして構想したフランス地域史シリーズの一環として「フランシュ＝コンテ」を連載しています。ブロックも、まだ二十代でチエール財団の研究員だった一九一一年からすでに書評を担当し始めますし、リセの教師であった一二―一三年には同じく地域史の一環として「イール＝ド＝フランス」を連載しました。この論文は単行本としても刊行され、ブロックの最初の著作となったものです。

ベールは、歴史に対する新たな理念の提唱者であると同時に、卓越した組織者でありました。『歴史綜合評論』に加え、新しい歴史学の実験場となるべき壮大な出版計画を温めていたのですが、一九一四年には、一〇〇巻にも及ぶ「人類の発展」双書 Collection "L'Evolution de l'Humanité" の原案ができあがります。[20] この企ては第一次大戦の勃発で発足が先送りされますが、一九二〇年その最初の巻が刊行されるにいたりました。一般の双書にみられる通史的構成を排し、歴史への問いかけを基本とする問題史的構成が鮮明に打ち出されている点において、まさに「新しい歴史学」の旗揚げと言ってよいものでした。フェーヴルは、二二年この双書のために『大地と人類の進化――歴史への地理学的序論』(岩波文庫、上下二巻)を書き下ろします。ここには、フェーヴルがヴィダル派人文地理学の風土論やデュルケム派社会学の社会形態学から受けとめた発想が全面的に生かされており、新しい角度からする人類史の巨視的把握の試みとして、ベールがこの双書に託した期待に意欲的に応えたものでした。この双書は長い時間をかけて実現されていくのですが、その過程ではフェーヴルもブロックもベールの密接な協力者として多くの重要なテーマの執筆を引き受けました。残念ながらそれらすべてが実現されるにはいたりませんでしたが、それでも、ブロックの『封建社会』全二巻(一九三九―四〇年)、フェーヴルの『ラブレーの宗教――一六世紀における不信仰の問題』(一九四二年)という現代歴史学を代表する名著が、この双書のために書かれたものであることを想起しておきたいと思います。

こうした出版企画と並んでベールのもうひとつ重要な貢献は、一九二五年、綜合研究国際センター Centre International de Synthèse を設立し、広くヨーロッパやアメリカの研究者に呼びかけて、定期的に「国際シンポジウム」を組織したことです。今日ではごく当たり前のことのように見えますが、研究体制が国別にがっしり固まっていたこの時代には画期的な企てで、これまたきわめて現代的な手法だったのです。ベールは専門化が進むばかりの近代の学問のありかたを批判すると同時に、学問世界においてすら暗黙の前提になっている国境というバリアーを乗り越えようとしたのでした。

このシンポジウムは一九二九年に第一回が開かれ、毎年テーマを変えて続けられました。第一回のテーマ「文明」はフェーヴルが肝いったのですが、フランスの文明概念とドイツの文化概念を対比させたうえで、同時にマルセル・モースによる民族学の文明観を交錯させるという刺激的な構成をとっています。第四回の「群衆」は、フランス革命史研究の泰斗ジョルジュ・ルフェーヴルが「革命的群衆」という研究史上劃期をなす報告をしたことでよく知られているのですが、そこでは同時に動物行動学や社会心理学、民族学や宗教学の立場からする報告がおこなわれており、ベールの意図は鮮明に生かされていたのです。フェーヴルやアンリ・ヴァロンが報告をした第一〇回のテーマ「感受性」も、

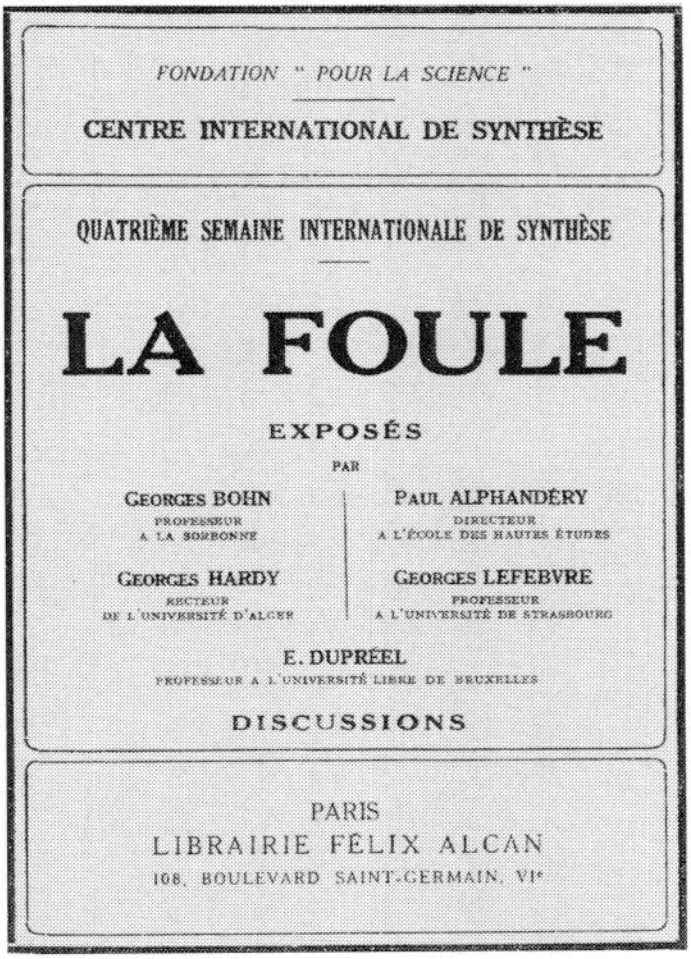
FONDATION " POUR LA SCIENCE "

CENTRE INTERNATIONAL DE SYNTHÈSE

QUATRIÈME SEMAINE INTERNATIONALE DE SYNTHÈSE

LA FOULE

EXPOSÉS

PAR

GEORGES BOHN
PROFESSEUR
A LA SORBONNE

PAUL ALPHANDÉRY
DIRECTEUR
A L'ÉCOLE DES HAUTES ÉTUDES

GEORGES HARDY
RECTEUR
DE L'UNIVERSITÉ D'ALGER

GEORGES LEFEBVRE
PROFESSEUR
A L'UNIVERSITÉ DE STRASBOURG

E. DUPRÉEL
PROFESSEUR A L'UNIVERSITÉ LIBRE DE BRUXELLES

DISCUSSIONS

PARIS
LIBRAIRIE FÉLIX ALCAN
108, BOULEVARD SAINT-GERMAIN, VIe

図7　ベールが主催していた「綜合研究国際センター」の「群衆」をテーマとする第4回国際シンポジウム(1932)の『報告集』表紙

今日脚光を浴びている「感性の歴史学」の原点ともいうべき興味深い試みでありました。ここに見られるように、ベールの、問題の核心をつかむ洞察力と仕掛け人としての才能は、たいへんなものだったと言うべきでしょう。

先にも述べたように、この時期における学問運動にとってアンリ・ベールが果たした役割の大きさは、今日あらためて見直されつつあり、それはフェーヴルやブロックを理解するためにも重要な意味を持っているのです。ベールはその多面的な活動のなかで、企画の過程でのメモや草案、さまざまな交渉や意見交換のための書簡などを多数遺しました。フランスには、著述家や出版・文化活動にかかわる資料を保存し、研究活動に提供するため、民間の主導権のもとに一九八八年に設立された「現代出版資料研究所」Institut Mémoires de l'Edition contemporaine (IMEC)という重要な施設があります。かつてはパリの第九区にありましたが、二〇〇一年以来拡大整備されて、ノルマンディのカン郊外にある旧アルデンヌ修道院の由緒ある一二世紀の建物に移されました。現代と歴史が結び合ったこのような計画が実現されうるところに、ヨーロッパの伝統のすぐれた一面をみる想いがいたします。近年では、ロラン・バルトやルイ・アルテュセル関係の文書が保管されていることで、現代思想の研究者のあいだでその存在が知られるようになりましたが、実はベールの文書もその主要部分はこの研究所に保管されており、閲覧に供されております。そこにはベールに宛てられたフェーヴルやブロックの書簡も

図8　現代出版資料研究所(IMEC)が置かれている，カン郊外の旧アルデンヌ修道院

多数含まれており、三者の関係が克明に示されていて興味深いのですが、これらの一部は書簡集のかたちで刊行もされています。

二　『アナール』誌創刊

その生涯を辿りつつすでに略述したように、ブロックは、二〇世紀初頭パリのエコール・ノルマル・シュペリウールに学び、ドイツに留学、さらにチエール財団の研究員という恵まれた環境のなかで専門の中世史研究へと向かいました。その間に、歴史学の厳格な史料批判の方法を身につけると同時に、上述のような世紀転換期の人間諸科学の新しい潮流に大きく眼をみひらいて、その知的形成を果たしていったのでした。第一次大戦後ストラスブール大学に赴任してからは、一方では、学位論文『国王と農奴』(一九二〇年)に続き、斬新な問題の設定で注目された『王の奇跡』(一九二四年)を発表して中世史家としての独自の立場を築くとともに、他方では、関心を共にする多分野の同僚に恵まれて、新しい学問運動への意欲を強めていったように思われます。

とくに、同じく歴史学を専攻するリュシアン・フェーヴルとのあいだでは、早くより意気投合するところがあり、出会って間もない一九二一年にはすでに、アンリ・ピレンヌを編集の中心に迎え国際的な雑誌を創刊する計画を練っていたことが、フェーヴルのピレンヌ宛書簡から判ります。(21) ピレンヌは、『中世都市』や『マホメットとシャルルマーニュ』などの独創的な著書で知られるベルギーの歴史家ですが、フェーヴルやブロックにとっては、先立つ世代のなかで、その歴史の捉え方においてもっとも ちかしく思える大先達だったのです。しかし、この計画は、学問世界にまで深く及んでいた第一次大戦後の戦勝国と戦敗国の対立感情から、期待どおりには進展せず、数年にわたる試行錯誤ののち結局は放棄せざるをえなくなります。そして、フェーヴルとブロックは、国際的な協力は今後とも期待はするものの、雑誌としては自分たちふたりが編集の責任を負う、フランス固有の研究誌として出発することに踏み切ったのでした。こうして生まれたのが、『アナール』の通称で知られる『社会経済史年報』*Annales d'histoire économique et sociale* ということになります。世界恐慌がおこる一九二九年初頭のことでした。

『アナール』創刊の経緯については、日本でもすでに紹介されていますから細部に立ち入ることはしませんが、とくにここで強調しておきたいことは、この企てが先に述べたアンリ・ベールの理念と深く結びついていることです。その第一は、細分化された断片的知識の年代記的集積としての歴史ではなく、人間事象をすべて相互連関のうちに捉えようとするところにあり、ベールの用語をもちいれば「綜合」を志向する立場と言ってよいでしょう。たしかに『アナール』は、創刊時「経済的・社会的歴史」のための年報と称してはいましたが、これはフランスの伝統的歴史学が政治史や外交史を偏重して経済的要因を軽視してきたことに対する批判であり、他方ではまた、世界恐慌に象徴されるように二〇世紀の現実において経済の占める重みが格段に大きくなっているという事情によるものです。しかし、そのことは『アナール』が経済史専門の雑誌として構想されたことを意味してはいないのです。少しのちのことになりますけれども、第二次大戦を目前にしての出版事情の緊迫、そしてとりわけフランスがナチスの占領下におかれてからの出版統制の強化によって誌名の変更を余儀なくされたとき、『アナール』は『社会史年報』*Annales d'histoire sociale* とか『社会史論叢』*Mélanges d'histoire sociale* といった名称を使い分けて生きのびたのですが、フェーヴルは、不愉快な政治的事情に由来するものではあるものの、「社会史」という表現自体はむしろそれをよしとして、こんな風に述べています。この社会という言葉はとりわけて経済とのみ結びつく理由はどこにもないのだ。社会は、政治とも、文学とも、宗教とも、そして哲学とすら結びつくのだから、と。(22) そこでは、ベールのいう「綜合」、またモースのいう「全的社会事実」

と共通の発想が基本となっていたのです。

ベールの理念にかかわる第二点、それは諸専門分野の相互乗り入れの提唱です。しかもそれを一国の枠内においてではなく、国際的な——「国際」という言葉が国と国の関係を想定させてしまうとすれば、むしろ地域や世界という広い視野にたった——比較研究を推進することでした。このような志向は、創刊時の編集委員会のメンバーを見ても明らかです。そこには、ピガニオル(古代史)、エスピナス(中世史)、ピレンヌ(中世史)、オゼール(近代史)という四人の歴史家に加えて、ドマンジオン(人文地理学)、アルブヴァクス(社会学)、リスト(経済学)、シーグフリード(政治社会学)の名を見ることができます。国際的ということでいえば、創刊時はピレンヌひとりですが、その存在は大きなものがありましたし、やがてはイギリスのトーニーやアッシャーも名を連ねることになるでしょう。このように見てきますと、『アナール』は、ベールの『歴史綜合評論』や綜合研究国際センターとその目指すところにおいて共通のものがあったことが判ります。ベールは直接には『アナール』の編集に加わりませんでしたが、この一九二九年、自らの雑誌から歴史という形容詞を外して『綜合評論』*Revue de synthèse* と改称し、『アナール』とは手を携え互いに補いあっていく意図を明瞭にしたのでした。

比較史という点では、フェーヴルと較べても、ブロックの熱意には並々ならぬものがありました。すでに『王の奇跡』において、ブロックは、中世のフランス国王とイングランド国王が病いを癒す王として聖なる性格を帯びていたことを、スペインやドイツの王との対比のなかで鮮明に浮かび上がらせています。実は、『アナール』創刊の一年前の一九二八年、オスロで開かれた第六回国際歴史学会議において、ブロックは二つの重要な報告をおこなっているのですが、その第一は「ヨーロッパ諸社会の比較史のために」と題する報告で、比較史の方法の重要性を正面から論じたものでした。[23] このような考えは、『フランス農村史の基本性格』の序「若干の方法的考察」に引き継がれ、先述のとおり、「比較の方法」と「遡行的方法」とを、歴史的考察のための基礎的な方法として挙げることになります。

ブロックにとって、一九二八年のオスロ国際歴史学会議への参加は、学問の国際的交流のうえでひとつの重要な劃期をなすものでした。一九二〇年代のノルウェーの歴史学は、その活発な研究活動と広い問題関心において注目すべきものがありますが、その中心にいたひとりがオスロ大学のハルヴダン・コート Halvdan Koht（一八七三―一九六五）であり、国際歴史学会議がオスロで開かれることになったのにも、コートの貢献が大きかったのです。[24] オスロの会議には、革命後初めてポクロフスキーを団長としてソヴィエトの歴史家たちが参加し、それまでの西欧中心の会議とは様相を異にしていたのですが、これにも組織委員長としてのコートがマルクス主義の歴史観に共感を抱いていたことが背景にあります。[25]

ブロックは二三年にブリュッセルでおこなわれた第五回国際歴史学会議の折にコートと出会っており、その中世史家としての力量に敬意を抱いていましたが、『アナール』創刊の準備を進めるなかで新しい雑誌の協力者となってくれるよう熱烈な依頼の手紙を書いています。(26) コートもオスロ会議でのブロックの報告に強い共感を示し、以後両者の親交が続くことになるのです。

コート以上にブロックとちかしい関係になったのが、同じくオスロ大学のエドヴァルト・ブル Edward Bull(一八八一―一九三二)でした。ブルもブロックがオスロでおこなった二つの報告、先に挙げた「ヨーロッパ諸社会の比較史のために」と「フランスにおける耕地制度の問題」に強い関心を抱き、ひとつの計画を立てます。というのは、オスロには大学とは別に、一九二二年に設立された「比較文明研究所」(27) という活発な研究機関があり、ブルはその有力なリーダーでもあったからです。この研究所は、当初は民族学研究の色彩が濃く、極地の文化やイラン、コーカサスの言語・習俗・原初信仰などの研究をおこなってきましたが、二七年ブルの主導のもとに、「農民社会発展史の比較研究」をプログラムに取り上げていました。御覧のとおり、ブロックの報告はこのプログラムにまさにぴったりのテーマだったわけです。

ブルの計画は、翌二九年秋、研究所主催の連続講義を組織し、外部からはアルフォンス・ドープシュとブロックを招聘するというものでした。ドープシュもブロックもこの提案に原則同意し、以後詰めのための交渉が進みます。ドープシュは六一歳、ブロックは四三歳のときのことです。ブロックとブルのあいだで交換された書簡は、研究所の資料室に保管されていましたが、現在はノルウェーの国立文書館に移管されています。ここでぼくが依拠しているのは、オスロ大学歴史学研究室のオッタール・ダール(Ottar Dahl)さんの好意で提供された往復書簡のコピーです。最初の段階では、オスロでの報告と同様「フランスの耕地制度」がテーマとして選ばれ、ブルの要請に応じて山間地の耕地制度にも言及することで話が進みますが、二九年にはいると、ブロックの構想は次第にふくらみ、のちに刊行された書物に近い内容へと変わっていきます(28)。

連続講義は九月二七日から一〇月一九日まで、ドープシュは「アルプス地方における農民の経済＝社会史」をテーマに一〇回、ブロックは「フランス農村史の基本性格」と題して六回おこなわれました。そして、このテクストは、研究所の報告として公刊されることになります。フランス農村史の構造的特質を見事に解きあかしたブロックのあの名著は、このように、ノルウェーの歴史家たちとの交流のなかから生まれたのでした。

ブロックがオスロでの講義をおこなった一九二九年は、先に見たとおり『アナール』創刊の年です。ということは、『フランス農村史の基本性格』の構想と『アナール』の創刊が、並行して進められていたことを意味するわけで、ブロックの仕事ぶりには驚くべきものがあります。実際、新しい歴史学の旗印となるべき雑誌を成功させるために、フェーヴルとブロックは、論文や書評の依頼からページの割り付けといった編集の実務にいたるまで、創刊の準備段階からまさに心血を注いでいたといって過言ではないからです。刊行されているフェーヴルとブロックの『往復書簡集』第一巻は一九二八―三三年という『アナール』創刊の時期をカバーしているのですが、そこにはふたりのあいだの編集をめぐっての率直な、しかし厳しいやりとりを看て取ることができます。[29]心配の種は、どこまで自分たちの理念を生かすことができるかという雑誌の質の問題だけではなく、雑誌の売れ行きや編集費・原稿料といった財政面にもかかわっていたのでした。実のところ、出版元のアルマン・コラン社のデータによれば、発行部数は決して多くなかったからです。初年度の第一号は二五〇〇部印刷しているものの、第二号から第四号までは一三〇〇部となり、翌三〇年から三二年までは一一〇〇部、三三年一〇〇〇部、三四年半ばには九〇〇部、三五年から三八年には八〇〇部と漸減していきます。予約購読者数も、刊行を安定させるためには八〇〇人程度の予約が必要とされていたものの、現実には三〇〇―三五〇人にとどまったようです。[30]もっとも発行部数の漸減は、読者が減ったのかマーケットの実情に印刷部数を合わせたのか定かでないところがあります。研究者のあいだですら学術雑誌は図書館で読むものという考えが強く、日本のように個人で購読する習慣があまりないフランスの事情を考慮にいれれば、発行部数の増減がただちに読者の動向を示しているとは言えないでしょう。それにしても、この数字は新しい学問運動を取り巻く環境が容易なものではなかったことを想わせます。それだけに出版社とのやりとりも厳しくならざるをえず、フェーヴル宛書簡にみられる次のような言葉には、ブロックの悲壮な決意を窺わせるものがあります。「私たちが始めたのは、ささやかではありますが一種の知的革命に他なりません。……それだからこそ、私たちの雑誌は、絶えず新たな創造活動へと踏み出していかねばならないのです(31)」。

実際、今日から見れば想像しがたいほどに少部数にとどまったこの雑誌が、ブロックの予言どおり若い世代の心を捉え、現代歴史学の方向づけに絶大な影響を及ぼすことになるのです。第二次大戦後のフランス歴史学を主導したエルネスト・ラブルースやフェルナン・ブローデルは、その若き日に『アナール』を熱読し、自らの歴史学はこの出会いのなかで育まれたと回顧しています。一九一九年生まれでラブルースやブローデルより一世代若いジョルジュ・デュビーは、ブロック亡き後の中世史研究を支えた中心的存在でしたが、かれもまたその回想のなかで、『アナール』誌と結んだ親密な関係について次のように語っています。「一八歳のときに読んだ『アナール』誌のなかで、私はマルク・ブロックを発見したのだった」。「その頃私はまだ地理学専攻の学生だったが、創刊以来の一〇年間分、つまりはそれまでに出た『アナール』のすべての号を体系的に読みとおしたのだ」、と(32)。こうして『アナール』は、創刊以来今日にいたるまで、歴史学の自己革新の動きをリードし続けることになるのですが、とりわけフェーヴルとブロックが共同編集者であったその最初の一〇年間は、歴史学が新たな方向を模索するとき常にたちもどるべき『アナール』の原点としての位置を占めているのです。

三　三位一体——ベール・フェーヴル・ブロック

先述のように、ベールの「人類の発展」双書の構想は、かなり早く一九一〇年ごろには芽生えているのですが、その趣旨はこういうことでした。いままでにも歴史の双書はたくさん刊行されている。大学の主任教授にでもなると、自分が監修者になって新しい双書を出そうなどと考え始めるものだが、こうした双書はどれもこれも似通っていて、適当に時代と分野の区別をし、起こった事柄を年代順に羅列していくといったタイプの概説ばかりで、要するに詳しい年表以外のなにものでもない。そういうことなら、あのエルネスト・ラヴィスが監修し、歴史の専門家を糾合して作り上げた大部の『フランス史』で十分だ、と言うんですね。それに対しベールは、歴史家はもちろん可能な限り広く史料を発掘し、細部を明らかにしていかねばならないのだが、それらを素材にして描き出される歴史像は、史料の彼方にある歴史の現実と、それを記述する歴史家とのあいだの緊張関係のなかで生み出されるひとつのヴィジョンに他ならない、というわけです。そこでベールは、「人類の発展」という大きなパースペクティヴのもとに、歴史に対しはっきりした問いを立て、その問題についての歴史家のヴィジョンが明確に打ち出されているような、新しい歴史叙述の双書を作りたいと考え始めたのでした。

この構想は、一九一四年ごろには具体的なかたちを取り始めました。タイプで打たれたその一覧表を見ますと、いささか誇大妄想ではないかと思われるぐらいですが、一〇〇巻にも及ぶテーマが列挙されています。総論の分野では、人類史における「言語」の機能や「人種」の役割を扱う巻、同じく人類史と地理的環境との相互関係を論ずる巻などが企画されています。こうした歴史へのアプローチは、今日のわれわれからしますとごく当たり前の発想のようにも見えますが、二〇世紀の初めというこの時点で、こういう問題が歴史家が正面から問うべきテーマなのだと考えたとしますと、これはまあ、ベールという人はたいへんな人物だったのだなあと、あらためて感心させられます。

図 9 アンリ・ベール Henri Berr (1863–1954)

ところでテーマは立ったものの、問題は筆者の選択です。ベール自身は現場の歴史研究者ではありませんでしたから、研究の具体的な状況についてはそう詳しくない。それに、自分と同世代の者は圧倒的に旧派の歴史家で、大胆なテーマにはふさわしくないというわけで、ベールは相談相手として、一五歳もの年齢の開きがあるものの、『歴史綜合評論』ですでによく知り合っていたフェーヴルに深い信頼をよせていったように思われます。刊行されたフェーヴルの『ベール宛書簡集』は一九一一年に始まっていますが、ほとんどその冒頭からふたりのあいだの率直な意見の交換のあとを見ることができます(33)。ベールの企画自体、刊行が始まってからもずいぶんと変わっていきました。同世代の歴史家に依頼はしてみたものの執筆プランを受け取ってみると、狭い専門分野しか視野に入っておらず、自分がすでに知っていることしか書きそうもないといった事情が判ってお引き取り願ったり、テーマが動いて筆者を変えねばならなかったりで、試行錯誤を重ねながら企画が進んでいったのです。人類史における地理的環境の問題を扱う巻も、このようにしてフェーヴル自身が引き受けることになったのでした。

この双書についてベールとブロックが直接関係を持つようになったのは一九二四年、ちょうど『王の奇跡』を出した年のことで、フェーヴルの強い推挙によるものですが、以後ベール、フェーヴル、ブロックの三人のあいだにはまさに三位一体とでもいうべき密接な交流がかたちづくられていきます。ブロックのベール宛書簡は、『『封建社会』を書く――アンリ・ベール宛書簡　一九二四―一九四三年(34)』としてまとめられているのですが、その冒頭にブロックからベールに宛てた一九二四年五月一日付の手紙が置かれています。ブロックはフェーヴルより八歳年下で、ベールからすれば二三歳も年の開きがありますから、手紙の調子はフェーヴルのベール宛の手紙に較べはるかに鄭重ですが、その率直さにおいては決して劣るところがありません。五月一日付の手紙は、ベールからきた双書への執筆依頼に対する返信なのですが、ベールの提案は「中世ヨーロッパの経済的発展」について農村生活と都市生活の双方を関連させるかたちで書いて貫いたいというものでした。実はこの巻はジョルジュ・ブルジャンに依頼してあったのだが、その執筆が進まず辞退したいということなので、貴君にその執筆をお願いしたいのだ、というわけです。

図 10　リュシアン・フェーヴル
Lucien Febvre (1878–1956)

　いまから見ますと、中世の経済史となれば農業や村落の生活が重要な比重を占めることは常識といってよいのですが、この時期までの中世経済史といえば都市の手工業や商業の話が中心でしたから、農村と都市を対等にお

図11　マルク・ブロック
Marc Bloch (1886-1944)

き、両者を関連させて論ずることを求めたベールのアイディアは卓見だったのです。これに対するブロックの返事は、たいへん重要なテーマで光栄だけれども、これまで進めてきたイール＝ド＝フランスの農民層研究の経験からよく承知しているのだが、中世の村落の生活についてはまだ研究の蓄積が少なく、この部分を書くとなればかなりの準備時間が必要となる。しかし――ほどなく『フランス農村史の基本性格』を書いたブロックのことですからこれは当然の話なのですが――自分も中世経済にとって農村が非常に重要だと考えているので、時間の余裕が許されるならばぜひお受けしたい、というものでした。

他方、都市生活については、研究の蓄積も多いので書くのにやぶさかではないが、この双書にはすでにプロスペル・ボワソナードの「海上交易と商人ギルド」をテーマとする巻が予定されていて、自分の担当する巻と対になって中世経済を扱うかたちになっているけれども、これではバランスがとれない。そして——ここがブロックらしいところなのですが——このボワソナードの巻がなくなるのならばやってもよいが、そうでなければベールのプランのまま書くわけにはいかないと、双書の構成に見られる論理的欠陥を鋭く指摘する返事を送っております。大先輩が書くはずの書物に対し、もし相手が辞めるならというのですからベールも驚いたに違いないと思うのですが、ブロックは、ボワソナードの巻は都市経済のごく一部を他と切り離して扱うかたちになっており、中世ヨーロッパの経済を農村と都市を関連させて捉えるという新しい巻の趣旨とまったく整合性がみられないと考えたのです。それはたとえば、一九世紀の資本主義社会を問題にするにあたり、最初の巻は資本主義経済全体の動向を扱おうというのに、対になるべきもうひとつの巻は単にデパートだけをとりあげるようなものだ、とまで言っています。

いかにも頑なにみえるこのブロックの主張には、歴史認識・歴史叙述の論理性を重んずるブロックの考えが、すでにはっきりと打ち出されていると言ってよいでしょう。フェーヴルもまたブロックの考えを支持し、ベールに次のように書き送っています。「折りを見て、双書の中世の部分の構成全体につきブロックと話し合ってごらんになるのが有益でしょう。私のこれまでの経験から、かれはあなたにとってよい助言者になるに違いありません。ブロックは思慮深く明晰な精神の持ち主で――ときにいささか断定的にすぎることもありますが(もっともかれのそういった性格が私の気に入っていないというわけではありません!)――かれはその中世を自家薬籠中のものとしており、稀にみる広くかつ確実な視野をもって中世を大きく捉えることができます」[35]。ベールはブロックの提案について、検討してみようと答えたものの、三五年ボワソナードの死にいたるまで結論を出せずにいくのですが、ブロックはその後も執筆上のプランや問題点についてベールに書き送り、引き続き執筆への強い意欲を示しています。そればかりかブロックは、この中世の巻とは別に近代史の部門でも、一七五〇年ごろから一八二〇年ごろにかけて西ヨーロッパの経済生活を根本的に転換させることになる「農業革命」[36] La révolution agricole をテーマとする巻の執筆を提案し、ベールの承諾をえてもいます。このようにしてブロックは、ベールの壮大な計画の一端を担い、この双書をみずからの著作活動の中心に据えるようになったのでした。

四 『封建社会』の構想へ

中世ヨーロッパ経済を対象とする二巻の執筆はといえば、ブロックがあらかじめことわっていたとおり、おいそれとは事は運びませんでした。研究自体が進まなかったわけではありません。むしろその逆で、農村史については、二九年のオスロ講義でフランス農村史の骨格を描き出すという力業をやりとげたばかりか、『アナール』には創刊号から地積図についての調査を連載し、耕地制度や村落構造の比較検討を進めていましたし、水車の導入など農業技術の発展に着目するなど、ブロックの独自の視点を窺い知ることができます。都市についての論文は農村に比べ数は少ないのですが、「中世における金の問題」(一九三三年)、「現物経済か貨幣経済か――見かけ上のジレンマ」(一九三九年)などの重要な論文が『アナール』に発表されています。その他、中世経済に関する厖大な数の書評や研究動向の執筆を見ますと、まとまった時間さえ取れれば、書き下ろす態勢に入りつつあったと言ってよいでしょう。実際、ブロックは三三年二月一日付のベールへの手紙で、遅延を詫びると同時に、夏の休暇のあとには決定稿とまでは言わぬまでも、少なくとも草稿はお渡しできるだろうと書いてもいたのでした[37]。

ところがちょうどそんな時期に、ベールの双書にまたひとつ難しい問題が生じました。というのは、中世の部門でもかなめの位置を占めるいくつかの重要な巻の執筆を引き受けていたフェルディナン・ロー(一八六六―一九五二)が、執筆方針や締切りの期日をめぐってベールとのあいだに齟齬が生じた上、健康上の障害もあって三三年初めになり執筆辞退を申し出たからです。そこでベールは、頼りにしていたフェーヴルに急遽代わりの執筆者につき相談します。フェーヴルは、中世のことならばというわけですぐさまブロックに意見を求めたのですが、これに対しブロックはたいへん率直な返事を寄せました。この二月五日付の手紙はかなり長文のものですが、ブロックが当時の中世史家たちの仕事をどのように評価していたかを示すたいへん興味深いものですので、すこし立ち入って見ておくことにしましょう。親しいフェーヴル宛の私信というわけで、まことにざっくばらん、歯に衣きせぬ痛快な手紙です(38)。

ブロックは冒頭で、ローの辞退はまことに残念だと述べています。実際、ローはブロックが敬意を抱いていた数少ない中世史家のひとりで、のちに『封建社会』を刊行した際にも、書物の冒頭に「敬愛と感謝の念をこめて」というローに捧げた献辞を付しているほどですから、当然の反応と言ってよいでしょう。さてそこで代わりの執筆者ということになりますが、まずはジョゼフ・カルメット。日本でもよく知られているアルマン・コラン双書の一冊『封建社会』(一九二三年)の著者です。カルメットのこの本は、『封建社会』と題されているだけあって単に法制度だけを問題にしたのではなく、社会集団や社会生活にも目配りはしているのですが、それがただ羅列的で封建社会を構造的に捉える視点がないとブロックは見ていたのでしょう。「この小さな手引書は役には立つし、ところどころ手引書の域を超える鋭い指摘もある。しかし、社会問題の深部にまでは決して達することがない。ローの代わりをかれにまかせたら、〔法制史家〕ドクラルイユ風の退屈な書物になるだろう」とブロックは切り捨てています。

二番手はヨーハン・ホイジンガ。『中世の秋』(一九一九年)の著者として著名なオランダの歴史家です。いまから見ますとホイジンガの作品は、マンタリテの歴史や感性の歴史へと進んできたアナールの歴史学にとって、まさに先駆者というべき重要な仕事と思えるのですが、意外なことに、フェーヴルもブロックも、いたって点が辛いのです。「かれはたいへん博識だが、対象とする領域がいたって狭い」というんですね。『中世の秋』に描かれている世界はブルゴーニュ侯国の域を出ておらず、ここにみられる特徴をヨーロッパ中世世界に一般化するのは無理がある、というわけです。ブロックはさらに、ホイジンガの最近の関心はルネサンスの起源やエラスムス派の動向に向けられていて、中世前期まで扱う巻の執筆には適任ではないだろうとも指摘しています。実を言いますと、辞退するにあたって代わりの執筆者としてローが名前を挙げていたのはこのホイジンガとカルメットだったのですが、ブロックによればその二人ともが適当でないとされたのでした。

さて、それでは他に誰がいるか。ベルギーのフランソワ＝L・ガンスホフはどうか。「実のところ法的側面に傾きすぎていると思うが、ともかく封建制の問題は熟知している。仕事は確実で有益だし、すくなくとも部分的には独自性もある。しかし、御存知のとおり、文体は重いし、細部にかかずらって、輝きに欠ける」というのがブロックのコメントで、「あえて言えばかれが一位だが」と付け加えてはいるものの、両者のスタンスの違いがよく判って興味深いところです。ブロックはさらに、他にも法制史家ならばいろいろ考えられるが「ベールもかれらにはうんざりしているだろう。それは至極もっともなことだ」と言うんですね。封建社会をもっぱら法制度を中心にして捉える傾向に、ブロックは苛立っている気配です。こういう具合に話が進みまして、それではイギリスやドイツの歴史家はどうかということになりますが、いずれも難点があって双書の趣旨に合いそうもない。そうして最後には、第一講でお話ししました朝河貫一の名前が挙がります。このことからもブロックが朝河貫一の仕事を評価していたことが推測されるのですが、「いきなり日本に頼るというのは突飛に過ぎるというものだろう」というわけで、結局のところこれも沙汰止みになってしまいます。

さて、ここからがこの手紙の核心になるのですが、リストを総ざらいしても適任者はひとりもいないとしたうえで、ブロックは「もしも」と続けます。そして一息入れて行をかえ、「もしも私自身が名乗り出ないとするならば」と付け加えたのでした。実は昨日からよくよく考えたのだが、中世社会を大きく捉えなおすというこの巻についてのベールの考えに大賛成で、私自身がぜひともやりたいという気持ちになった、というわけです。すでにこの双書で三本も引き受けておりその点が問題なのだが、あの中世経済の話は、私が経済史家だと思われていたところから依頼を受けたものだけれども、実を言うといまやりたいのはむしろ、ヨーロッパ中世社会を総体として捉える試みの方で、それだったら考えも熟しているので執筆もどんどん進むと思う、というんですね。勝手な言い分のようにも聞こえますが、ここには実はブロックの歴史の捉え方が率直に表明されているのです。中世社会を、経済の局面もそこに取り込むのはもちろんですが、なによりもひとつの社会的図柄として捉えること――それをブロックは「構造論的」structural な様相と呼んでいます――それこそかれが永年温めてきた構想であり、ベールの提案はまさに願ってもないものだったのでした。

付け加えておきますと、これは年配の方はよく御存知だと思いますが、日本でも広く利用されてきたセリグマン編の『社会科学事典』*Encyclopaedia of the Social Sciences* という戦間期の学問を集約したようなすぐれたエンサイクロペディアがありました。ブロックは、一九三一年に出ましたその第六巻で「封建制」Feudalism の項のヨーロッパの部分を執筆しており、そこですでに封建社会についてのかれの基本的な考えが打ち出されていたのでした。しかしそれは、大項目とはいえ事典の組みで一〇ページほどにすぎず、ブロックにはこのテーマをもっと広げて思う存分論じてみたいという気持ちがあったのです。因みに、この項で日本の封建制を担当したのが朝河貫一であったことは、すでに述べたとおりです。

以上、いささか立ち入ってブロックの手紙を紹介してきましたが、このまことに率直な返事を受けとったフェーヴルは、ブロックの構想を全面的に支持し、その旨をしるしたメモを添えてブロックの手紙をそのままベール宛に送りました[39]。ベールもこの提案に賛同し、ただちにブロック宛に執筆依頼をしたものと思われます。というのは、ベールの手紙そのものは失われてしまったのですが、二月八日付のブロックからベールに宛てた返信が残っており、そのことが判るのです。ベール、フェーヴル、ブロックの三位一体の歯車がみごとに機能したことを示しています。ブロックは八日付のベール宛書簡で、信頼を寄せてくれたことに深く感謝し、近々直接にお会いして書物の内容について御相談したいと答えています。同時に、早速ながら書物のタイトルに触れて、当初案にある「カロリンガ帝国の解体と封建制度」という表現は「封建社会」とする方が望ましいとし、「単純だが多くを語ってくれる」simple et parlant このタイトルに変えてほしいと単刀直入に要請しています。ここからも、ブロックにとって「社会」という言葉がどんな重みを持っていたかを知ることができるのですが、この提案はベールの受け入れるところとなり、『封建社会』というブロックの代表作の書名が定まったのです。ぼくたちは最初から『封建社会』という題で企画されたもののように思っていたのですが、書簡集を辿ってみますとこんな経緯があって選ばれたのだということが判ったのでした。

書物のタイトルというのは実は非常に大切なので、それによって作品の意図するものがなにかを表明する役割を担っているのです。ブロックが当初のタイトルを好まなかったのは、単に長すぎるといったことではなく、それが歴史の経過を時間軸に沿って記述する伝統的スタイルを想わせるのに対し、自分の狙いはヨーロッパ中世を「封建社会」という固有の仕組みをもった構造体として捉えるところにあることを明示したかったからではないか。また、「封建制度」Régime féodal ではなく「封建社会」Société féodale という名称に固執したのも、単なる言葉の綾の問題ではなく、「封建制度」という表現が研究史の伝統のなかではもっぱら法制度として捉えられてきたのに対し、自分がやりたいのは、そのような法制度を生み出しそれを包みこんでいた社会そのものの仕組みなのだということを表わしたかったのではないかと思うのです。この点については、のちに『封建社会』という書物の構成とその持つ意味を考える折りに、もういちど立ち戻ることにしましょう。

図12 アルバン・ミシェル社の新刊広告.
『封建社会』第1巻刊行時のもの(1939)

新しい企画が本決定になるとブロックは、作業中だった中世ヨーロッパ経済の巻はあとまわしにして、早速に『封建社会』の執筆に取りかかりました。全体の構成や他の巻との関係についてベールと頻繁に議論をかわしながら書き進み、ストラスブールからソルボンヌに移ることになる三六年の六月には、最初の草稿のピリオドを打ったとベールに書き送っています。話が決まったのが三三年ですから、三年ほどで最初の原稿は書き上げてしまったことになります。それまでにたいへんな蓄積がすでにあったことは確かですが、それにしてもブロックがこの仕事に情熱を燃やし猛然と取り組んでいった様子がよく判ります。

第一稿ができあがってほっとしたものの、完成稿にいたるまでにはなお細部のつめや全体のバランスの調整など少なからぬ作業が残っています。何しろ全二巻ぎっしり詰まって七〇〇ページを超える大著です。ブロックは早急に作業を進めようとしますが、ストラスブールとはおおいに雰囲気が異なるソルボンヌでの研究体制の整備や新しい講義の準備に時間をとられ、思うように捗りません。その上、体調も芳しくなく、ベール宛の弁明の手紙には苦渋の跡が滲み出ています。しかし、予定より遅れはしたものの三八年末には原稿は出版社の手に渡り、翌三九年第一巻が、ついで四〇年に第二巻が世に問われることになりました。三三年あの破天荒の手紙を書いてみずから執筆を志願したブロックにとっては、万感胸に迫るものがあったにちがいありません。しかしこの記念すべき年、世界は第二次大戦に突入し、予備役のブロックも第一巻刊行直後に召集されて前線に向かったことは、第一講で述べたとおりです。ブロックの運命はここでおおきく変わることになります。苦悩のなかでその思索はいっそう深められたとはいえ、狭い意味での研究生活には終止符が打たれてしまうでしょう。

第三講　作品の仕組みを読む

第一講・第二講で素描してきましたブロックの生涯を念頭におきながら、第三講・第四講では具体的な作品をとりあげ、そこに見られるブロックの歴史の捉え方の特徴を考えてみたいと思います。ブロックの歴史学上の代表作としては、次の三点を挙げることができるでしょう。まず第一に『王の奇跡』(一九二四年)、次いで『フランス農村史の基本性格』(一九三一年)、そして最後に『封建社会』全二巻(一九三九—四〇年)がそれです。この三つの書物以外は重要でないというのではもちろんありません。巻末の主要著作リストを見ていただけば判りますように、ブロックの著作は学位論文を始めかなりの数にのぼり、そのそれぞれが多くの示唆を与えてくれます。とりわけ、歿後に刊行された二冊の遺著、歴史研究のあり方を根本から考えなおそうとした『歴史のための弁明——歴史家の仕事』や大戦中ブロックがみずから体験したフランスの宿痾《しゅくあ》を鋭く描き出している『奇妙な敗北』は重要な意味を持つでしょう。これらの作品についてはのちに立ち戻ることにして、ここではまず歴史学上の主要著作三点にしぼり、やや立ち入って検討を進めることにします。

その研究生活を通じて、ブロックの歴史へのアプローチの仕方はさまざまに変わっていきます。生きた人間の姿を制度や法や理論の背後に探り当てようとする点においては共通しているものの、三つの主要著作のあいだでもアプローチの仕方ははっきり異なっており、それぞれに実験的な意図があったのではないかと思いたくなるほどです。以後三つの作品を検討していくにあたって、このアプローチの違いにとくに注意を払っていきたいと思います。

一　三つの主著　①『王の奇跡』

一九二四年に初版が出た『王の奇跡』*Les rois thaumaturges* は、刊行以来専門家のあいだでは高い評価をえたものの、一般読書界ではあまり注目されずにきました。ブロックの著作としては『フランス農村史の基本性格』や『封建社会』の影に隠れて埋もれた恰好になっていたのです。日本での受けとめ方についてはセミナーの冒頭に述べましたが、この点はヨーロッパでもアメリカでも同様でした。それが、一九七〇年代から大きく変わってきたのです。歴史学の新しい方向がさまざまに模索されるなかで、この書物が実はすごい起爆力を持つ本だということがあらためて認識されるようになります。

心性《マンタリテ》の歴史にとっても新しい政治文化史にとっても、その先駆的業績として注目されるところとなったのでした。近年では、ブロックの作品のうちもっとも関心をひいているのはこの書物だと言ってもよいほどです。

初版はストラスブール大学文学部の双書の一冊として刊行されたのですが、厚さも五センチを超える堂々たる書物で、厚手のしっかりした紙に香り高い活字で印刷されています。戦後ぼくらが勉強を始めたころには版元にはすでに在庫がなく、フランスの古本市場でやっと手に入れることができたのでした。その後六一年にアルマン・コラン社から再版が出ましたけれども、いささかわびしい造本であまり注目されずに終わりました。まだ『王の奇跡』の時代は来ていなかったといえるでしょう。そしてついに八三年、ガリマール書店の「歴史学双書」の一冊として新版が刊行され、今度こそ

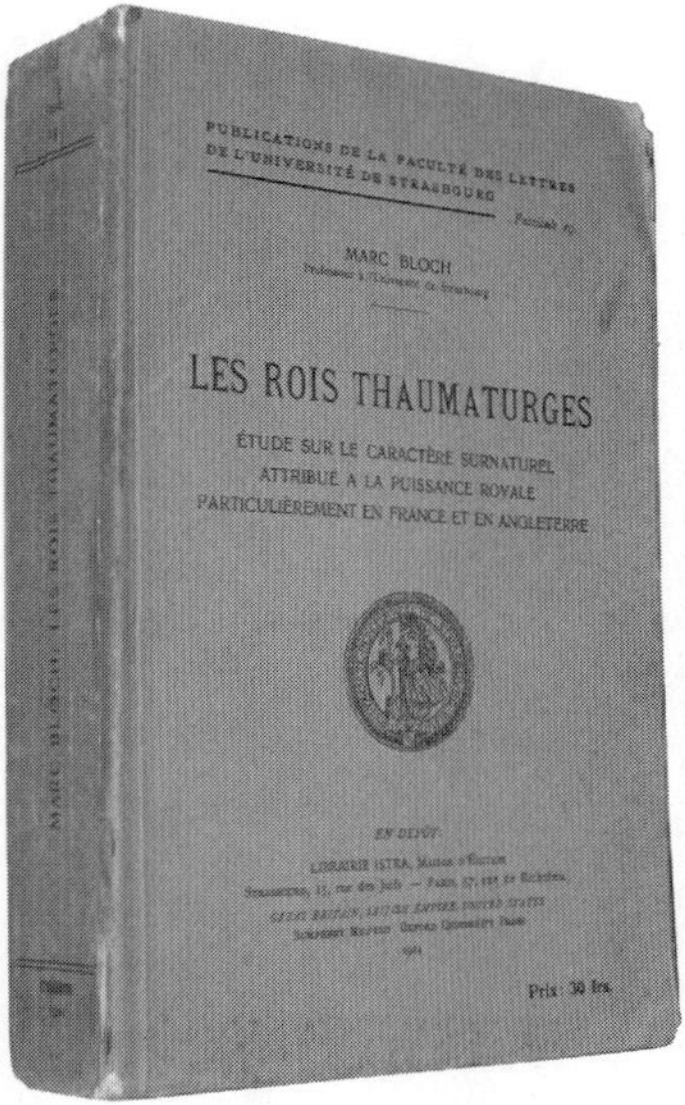

図13　『王の奇跡』初版本．ストラスブール大学文学部双書(1924)

は現代歴史学の代表的著作の地位を占めることになります。英訳やイタリア語訳が七三年に出て注目をひいていたことを思うとフランス語新版の刊行はいささか遅きに失した感がありますが、この版には、ブロック亡き後のフランス中世史学界をジョルジュ・デュビーとともに主導してきたジャック・ルゴフが委曲を尽くした長文の序を寄せており、その点でも新たな学問的意味を持っていると言ってよいのです。邦訳の出版にはさらに時間を要しましたが、九八年に苦心の訳業が完成し、この名著をついに日本語で読むことができるようになりました。従来タイトルの日本語訳は『奇跡をおこなう国王』とされることが多く、ぼく自身もそのように訳してきたのですが、今回の訳書では『王の奇跡』とされていますので、この簡潔な表現に従っておきます。なお、主タイトルに加え、「とくにフランスとイギリスにおける王権の超自然的性格に関する研究」という本書の内容を具体的に示す長い副題が添えられていることも付け加えておきましょう。

ところで、王の奇跡とは一体何を指しているのでしょうか。首のリンパ腺が腫れてグリグリができる瘰癧《るいれき》という症状にはいろいろな原因が考えられるのですが、中世から近世にかけてのヨーロッパにとりわけひろまっていたのが、今日の医学の診断によれば結核性のリンパ腺炎とされる病いでした。病いに冒され苦難の人生を余儀なくされた民衆の切なる希い、成聖式(戴冠式)をすませ聖性を帯びた国王が手で触れると、グリグリが消え瘰癧がなおるという「治癒者としての王」への信仰がこうして生まれたのでした。

国王もまた、それに呼応するかたちで治癒儀礼を組織化していくのです。英訳本が単刀直入に *The Royal Touch*（『王の御手さわり』）というタイトルを付しているのはそのためです。

この治癒儀礼なるものは、歴史研究において、ながらくマイナーな現象とみなされてきました。オーソドックスな歴史研究からみれば、ブロックが選んだテーマは、民間信仰かせいぜいがフォルクロール一般に属する現象で、中世ヨーロッパの王権を論ずるとなればもっと大切なテーマがあるではないか、ということになります。こうした受けとめ方に対するブロック自身の反論を見てみましょう。『王の奇跡』序論の一節です。

かつての王政がどのようなものだったかを理解するため、なかんずく長期にわたって王政が人心を掌握し続けたのはなぜかを説明するためには、王政が臣民に押しつけた行政、司法、財政のメカニズムを細部にわたって解明しても、まだ決して十分ではない。さらにまた、絶対主義とか神授王権といった観念を、抽象的に分析したり、何人かの大理論家の思想の中に探り求めても、不十分なのは同じである。そのためには、王家をめぐって花咲いた信仰と伝説の奥底を探ることが不可欠なのだ。多くの点で、こういう民俗《フォルクロール》そのものが、いかなる教説の書物にもまして雄弁なのである。

ブロックが着目したテーマは、たしかに特殊と言えば特殊です。しかし、かれは、この小さな切り口から対象に迫ることによって王権の機能の核心的な部分を照らし出すことに成功したのでした。

いずれも農民階層や農村社会を扱った『国王と農奴』(一九二〇年)と『フランス農村史の基本性格』(一九三一年)のあいだに『王の奇跡』(一九二四年)を置いてみると、ブロックがなにかいっとき脇道に逸れたような感じを受けるかもしれません。ブロック自身「序論」で「私が心づもりを打ち明けた人びとは、私のことを風変わりな好奇心の犠牲になっている、要するに無駄骨を折っていると、一度ならず考えたのではないかと思う」と記しているほどです。他方、合理主義者で熱烈な共和主義者でもあった父ギュスターヴ・ブロックにとっては、国王の聖性を問題にし、しかも迷信とも覚しき行事をとりあげるなど、「奇矯なテーマ」と映りもしたようです。しかしマルク・ブロックにとって、この主題の選択は決して偶然の気まぐれではありませんでした。政治におけるシンボルの役割の問題は、すでに戦前チエール財団研究員であったころから、中国古代史のマルセル・グラネや古代ギリシア史のルイ・ジェルネとの交流のなかで密かに脳裏に思い描いていたテーマでありましたし、歴史における集合表象の重要性は、デュルケム派社会学から夙《つと》に学んできたところに他ならなかったからです。しかも第一次大戦前夜のヨーロッパでは、たそがれを迎えようとしていた諸王権がその運命に抗するかのように、華やかな儀礼を繰り広げていましたし、大戦下におけるブロック自身の経験は、国民統合を意図する権力の隠された仕組みの解明へとかれを誘ってもいたのです。

ところで、治癒者としての国王というテーマをとりあげた先駆的な研究ということになりますと、まず第一に挙げるべきはイギリス民族学の大家ジェイムズ・フレイザー卿の仕事です。世界中から諸民族の民俗や伝承を集め、テーマ別に比較検討した気宇壮大な書物『金枝篇』*The Golden Bough. A Study in Magic and Religion* がそれですが、データ的にも厖大なものが含まれています。初版が出たのが一八九〇年、最終的には一二巻に補遺を加え、全一三巻の大著となりました。あまりにも大部なので、著者自身による簡約版も一九二二年に出されており、それをもとに邦訳したのが岩波文庫の『金枝篇』です。簡約版でも文庫で五冊になります。

『金枝篇』は民俗学的に興味深い事例をたくさんとりあげていますが、岩波文庫版でいいますと第六章「王としての呪術師」が、ブロックの研究ともっとも関係の深い箇所と言ってよいでしょう。この章でフレイザーは、アフリカやオセアニアの王などいろいろな例を世界中から集めて議論を展開しているのですが、国王はたとえば雨乞いをして雨を降らすといった奇跡を起こすことができると信じられていた事例を紹介して、こう述べています。

王が呪術的な、あるいは超自然的な力をもち、その効験によって土地を豊饒にし、その他の福祉をもその民に与えることができるという信仰は、インドからアイルランドに至る全アーリア人の祖先たちによっても分け持たれていたらしく、その明かな証拠を現代に至るまでわれわれ自身の国に残している(岩波文庫版(一)、二〇〇—二〇一頁)。

そして、ホメーロス時代のギリシアやドイツ、アイルランドの例を挙げたのちにイギリスの国王を引き合いに出します。

英国王にまつわるこの種の信仰の最後の遺物は、おそらく王の接触によって瘰癧を癒すことができるという考えであろう。そのためにこの病気は「王の病気」(King's Evil)という名で知られている。エリザベス女王は、しばしばこの癒しの奇跡の賜物を与えた……チャールズ二世はその統治の期間中に、約十万の瘰癧患者を癒したという(同訳書、二〇一—二〇二頁)。

フランスの場合もこんな具合です。

フランスの王たちもまた、接触による治療の同様な賜物をもつことを主張し、わが英国王がそれを告白者エドワードから継承したのに対して、彼らはクロヴィスから、あるいは聖ルイから受けついだと言われている（同訳書、二〇二頁）。

フレイザーのこの書物の初版が刊行されたのは一八九〇年で、その後版を重ねて増補されていくのですが、デュルケム社会学の洗礼を受けていたブロックの世代はこうした民族学研究の成果にもちろん通じていた。一九二四年には簡約版がレディ・フレイザーにより仏訳されますけれども、ブロックはもちろん仏訳を待っている必要はなかったわけで、英語版の完本をちゃんと読んでいたのです。

ここで指摘しておかねばならないのは、ブロックがフレイザーの仕事に触発されたのは確かですけれども、実は両者の問題へのアプローチの仕方には大きなコントラストがあるということです。国王に神聖な性格が付与されるということはフレイザーの指摘どおり世界の諸処で認められるところですが、ブロックが問題にしたのはこのような王の聖性一般ではなく、中世以来ヨーロッパ諸王権のなかでもフランスとイギリスの国王だけに病気治癒の能力が認められるようになったのはなぜか、ということでした。この奇跡をなす王への信仰がどのような歴史的文脈のなかで生まれ、どのような歴史的役割を果たしてきたかが問題なのでした。

イタリアのカルロ・ギンズブルグは、ミクロストリア(「微視の歴史学」)の方法を提唱して現代歴史学に新しい方向を切りひらいたすぐれた歴史家ですが、かれは、一九七三年に刊行された『王の奇跡』のイタリア語訳に序文を寄せ、その画期的な意味を強調しています。そこでギンズブルグが注目しているのが、まさに上に述べた点、長期的持続と出来事の接点において歴史を捉えるブロックの視点でありました[40]。これは歴史学と民族学・人類学の関係を考えるとき重要な論点であり、ブロックのこの書物は、一九七〇年代から顕著になる現代歴史学の新たな展開に、大きな示唆を与えることになったのです。

さて、もう一つの学問的背景はといえば、中世史家としてのブロックの関心に直接かかわることですが、封建社会における国王の位置をどう捉えるかという問題です。国王が封建社会のなかで有力諸侯のなかから抜きん出て第一人者となり、しかも他の有力者とは異なる特別の権威を身に帯びるにいたるのはどのようにしてか。このことは封建社会の政治構造を解く上でたいへん重要なテーマなのですが、なかなか厄介な問題を含んでおり、日本でも戦後の中世国家をめぐる論争において、権力か権威かというかたちで重要な争点となったのでした。

封建社会における王権の性格を考えていくなかで、王が単に物質的な権力を掌握していただけではなく特別の権威を持つにいたった経過が、ブロックの大きな関心事となっていきます。ブロックは一方では、『国王と農奴』という学位論文を書いているように、王領地経営の分析をおこなって王権の物質的基盤を検討していくのですが、他方では、さまざまな国王儀礼に注目し、儀礼を通じて醸成される国王の権威のありかたへと眼を向けていったのでした。「王の御手さわり」というテーマに行き着いたのも、このような文脈においてです。

実際、王の権威の発揚と王が執り行う儀礼とは密接な関係があるのです。主要な国王儀礼としては、まず第一に王位継承を確認する、イギリス流にいえば戴冠式、フランス流にいえば成聖式(あるいは聖別式)と呼ばれる儀式があります。次いでは、王が亡くなったときの葬儀。これが二大儀礼ということになるでしょう。そのほかに、たとえば王位についた国王が、王国の主だった都市を訪れ市民の歓呼の声に迎えられる入市式なども重要な儀礼の一つです。国王の側からすればいわばお披露目であり、都市の側からみれば旧来の都市特権の確認を求めるかけがえのない機会でした。

王政にとってこれらの儀礼は重要な意味を持っていましたから、その詳細を記した『儀典書』がいくつも刊行されていました。そのなかでも、儀礼の集大成として重視されているのが、ゴドフロワ父子によって編まれた *Le cérémonial françois*（『フランス儀典書』）と題される二つ折り本二巻の大著で、一六四九年に刊行されたものです。儀典書などといいますと形式ばったことばかり書いてある無味乾燥なもののように思われがちですが、この書物は実はなかなか面白い本で、歴代のフランス国王が執り行った儀礼が具体的にいきいきと記述されています。第一にとりあげられているのは当然のことながら成聖式ですが、ランスの大聖堂でおこなわれるのが伝統であり、国王はランスの大司教により「聖なる油」を塗布されて神聖な存在となるのです。ゴドフロワは、一六一〇年一〇月一七日の日曜におこなわれたルイ一三世の成聖式の記述のなかで、次のように述べています。

王はパンと葡萄酒という二つのかたちで、われらの主の尊い肉と血の聖体を拝領した。そののち、聖職者に対すると同じく浄めを受けた。かれの権威が王位に由来すると同時に聖職に由来するものでもあることを示すためである(*Le cérémonial français*, t. 1, p. 452)。

ところで、ブロックがその著書で詳しく論じているように、成聖式が終わって聖性を帯びた国王はランス近郊のコルブニーに赴き聖マルクールに祈りを捧げ、そこに集まっている瘰癧患者に触れて治癒に当たるのが習わしになっていくのですが、ルイ一三世もこの慣例に従ったことがゴドフロワの記述に見られます。成聖式の三日後の水曜日、王は瘰癧治癒力の恩寵を得るため、宮廷司祭たちがすでに始めていたノヴァナ(九日間の祈り)を締め括るべく聖マルクール参詣に赴いた。そして実際、翌木曜朝には、その地で八六八人の瘰癧患者に御手さわりをなされた(*ibid.*, t. 1, p. 457)。

ブロックは、デュ＝ティエ、デュシェーヌ、ゴドフロワなどの代表的な儀典書を綿密に検討する過程で、瘰癧患者の「御手さわり」の重要性に眼を開かれていったのでした。現にブロックは、「序論」のなかでこう書いています。「数年前、ゴドフロワ父子の『儀典書』中のフランス王の聖別に関する文書を読んでいた時、治癒儀式を、そしてさらに広く、そこに表現されている王権の観念を研究しようという考えが生じた」と。

最初にお話ししたように、ブロックは一九一九年にストラスブール大学に赴任し、二〇年に学位論文を出しているので、二四年に新しいテーマについてあれほど大きな本を書いてしまったというのはたいへんな早業だという感じがしますが、実をいえば第一次大戦以前からブロックはこの問題に関心を抱いていたのでした。マルセル・グラネやルイ・ジェルネとの交流については先に述べましたが、より直接的には一九一一年にいずれもフランスの外で刊行された二つの研究から強い刺激を受けたように思われます。その一つはドイツの歴史家ハンス・シュロイヤーによるもので、ドイツと比較しつつフランス国王の戴冠儀礼の意味するところを綿密に検討した研究。[41] もう一つは、イギリスの歴史家レイモンド・クロファードの手になるもので、「王の病い」、つまりはほかでもない瘰癧治癒そのものの研究でした。[42] ブロックは、一九一二年南仏モンプリエのリセに赴任するのですが、パリのアルシーヴ・ナシオナルに寄託されているマルク・ブロック文書(A. N. AB XIX 3849)のなかには、このモンプリエ時代にブロックが大学図書館などでとったノート類が含まれており、ブロックがシュロイヤーの研究の根拠となっている原史料や文献を綿密に再検討していたことが判ります。こう見てきますと、ブロックが第一次大戦後ほどなくして『王の奇跡』を刊行したのは、実は明確な問題意識と十分な準備の上に立ち、自信をもって世に問うたのだと言ってよいだろうと思います。[43]

ここで、以下に掲げた日本語版の目次を参照しながら、この書物の構成を検討してみましょう。本論は三編から成っていますが、第一編では、中世のフランスとイギリスにおける国王による「瘰癧さわり」の起源が探られます。本論の三分の二以上を占める長大な第二編では、この治癒儀礼の確立・変容・衰退の過程が扱われますが、時期的に見ますと、中世後期に定着した儀礼のしくみを論ずる一―四章と、一六世紀以降絶対王政期や啓蒙の時代を通じての変容・衰退を扱う五―六章にわかれます。最後の第三編は「王の奇跡の批判的解釈」にあてられており、時間軸に沿った変化を辿っている前二者

日本語版では省略しましたが、目次では省略しましたが、

とは性格を異にします。以上が本論ですが、これに加え、目次では省略しましたが、日本語版でいえば併せて一〇〇ページに及ぶ五つの補論、八つの追記が付されており、本論には組み込めなかった個別の論点がとりあげられているんですね。見たところあまりバランスはよくありません。後に見る『フランス農村史の基本性格』や『封建社会』と較べますと、この書物では論理的な構成にはあまり気を配っていないように見えます。全体をきれいに整理してしまうのではなくて、これは大事なポイントだと思うところに重点的にスポットを当てていく。文体の面でも、問いを投げかけ、史料を具体的に挙げて検討し、仮説は仮説として断りながら著者の読みを読者に示していく、アトリエ公開とでもいえるような自由なスタイルが印象的です。本文に負けじとばかりに思う存分書き込まれている注の書き方にも、そうした気構えをみてとることができます。ブロックはこうした書き方をその後あまりやらなくなるので、この本はかれの著作のなかで異色のものと言えるでしょう。

そこでまずは本論ですが、その中心部分をなしている第一編・第二編の組み立て方自体は、かなりオーソドックスに見えます。時間の流れに沿って順次事柄の変化の跡を辿るというのは、実証主義歴史学の伝統的な叙法だからです。しかし、そうした外観にもかかわらず、一歩踏み込んで著者の対象へのアプローチのしかたを追ってみますと、そこにはブロックに特徴的な歴史のとらえ方が浮かび上がってきます。その点に注意しな

王の奇跡——とくにフランスとイギリスにおける王権の超自然的性格に関する研究

『王の奇跡』目次　抄録

がら議論の道筋を追ってみましょう。

まず第一編の「起源」ですが、このような問題の立て方には実は若干問題があります。ブロックはのちに、歴史家は起源の神話にとりつかれていて、起源にまで辿りつきさえすればそれで歴史事象は解明できたと思い込んでいると批判しました。とくに歴史の方法を考察した『歴史のための弁明――歴史家の仕事』という遺著でこの点を強調しているのですが、『王の奇跡』ではブロックも起源問題の解明にたいへんな努力を払っているんですね。ただその際に気をつけておかねばならないのですが、実証主義の歴史家たちが起源を問題にするとき、暗黙のうちに起源を歴史事象の根本原因とみなしていることが多い。すべてがある一点から発し、あとは自ずと展開して、やがて亡びていくという説明になってしまう。そのことを後年ブロックは批判したのですが、第一編でのブロックの記述を見ますと、かれの起源への関心はまったく別の文脈から生じていることが判ります。すでに述べたように、王の神聖な性格、祭祀王としての特質、奇跡をもたらす霊力などを、人類社会に原初から認められる普遍的現象と考えるフレイザーに対し、ブロックは、このような考え方が民衆の集合意識の底流に存在していたことを認めた上で、それが具体的現象として立ち現れるのは特定の歴史的文脈においてであり、歴史家はこの両者の関連をこそ明らかにしなければならないと考えていたのでした。そのためには、長期的持続の相と歴史的出来事の交錯がどのような状況で起こったかを明確にする必要があります。ブロックが起源問題に取り組んだのは、まさにこの生成過程を明らかにするために他なりません。

「王の奇跡」生成の歴史的コンテクストを解明するためにブロックは、同時代人の記述などを広範に渉猟し瘰癧さわりの痕跡を追跡しているのですが、ブロックが到達した結論を要約的に記しますと、フランスでは九八七年にカペー朝が成立して程なく、その二代目の国王ロベール二世(敬虔王)のとき、王に治癒者として霊力が認められるにいたり、その孫のフィリップ一世の時代に、病い一般ではなくはっきり瘰癧を癒す行為に特定される。つまりフランスでは一一世紀に始まるというわけです。これに対しイギリスでは、若干遅れて一二世紀、ノルマン征服王朝の第三代の王ヘンリー一世の治世にこうした慣行が成立したとブロックはみなしています。

この「瘰癧さわり」という治癒行為は、国王が王位についたことを確認する儀礼である成聖式と深く関連しています。フランスでは、新たに王となった者はランスの大聖堂で成聖式をおこない、大司教から額に聖なる油の塗布を受けることになっていました。この聖なる油の塗布は、メロヴィンガ朝のクロヴィスが四九六年カトリックの洗礼を受けたときの故事にもとづくものですが、カロリンガ朝のもとで即位式の一環として塗油式が組み込まれることになります。この儀礼は中途で途切れたりもしましたが、一三世紀には復活し、以後もっとも重要な国王儀礼として定着しました。このように、成聖式における聖なる油の塗布により王に聖性が付与されることから、王の「御手さわり」という治癒儀礼が付随的に生まれてくる。王は聖性を帯びることになったのだから、病いを癒す奇跡をおこなうこともできるというわけです。ランスの町から北西に二〇キロほど離れたところに、一八世紀末には人口一五〇戸ほどの集落ですが、コルブニーという小村があります。この村は、聖者マルクールが瘰癧治癒の奇跡をおこなった地として知られ巡礼もおこなわれていたことから、成聖式がすむと王はこのコルブニーという村で瘰癧患者にふれて病いを癒す慣行が生まれたのです(補論五「歴代フランス王の聖別式後のコルブニー巡礼」参照)。

ブロックによれば、王の「御手さわり」という儀礼が生成する過程は以上のとおりで、このブロック説は半世紀をこえて広く認められるところとなってきましたが、ここで注記しておかねばならないのは、一九八〇年代にいたって、起源の年代に関し疑義が呈されるようになったことです。その第一は、イギリスの中世史家フランク・バーロウによるもので、イギリスに関するブロックのヘンリー一世起源説は、論拠とされた史料の記述の信憑性は疑わしく、確実なのは一三世紀後半のこととしたのでした(44)。他方、永年にわたり成聖式の研究を続けてきたフランスの中世史家ジャック・ルゴフも、イギリスについてのバーロウ説に同意すると同時に、フランスの場合も、遡っても一二世紀のルイ六世、定着するのは一三世紀の聖王ルイからと、ブロック説の修正を提起しています(45)。

このような次第で、ブロックが推論を重ねて遡らせていったあたりは史料解釈に難点があるとして批判を受けるにいたっていますが、国王の奇跡をなす霊力は、王の本来的属性としてではなく、王権を取り巻く歴史的状況のなかで制度化されたのだというブロックの考えは、今日においても継承されているのです。

さて、本論の中心を占める第二編に移りますが、ブロックはここで中世に始まったこの治癒儀礼がどのような歴史的文脈のなかで展開していくかを論じています。その際に、ブロックの論じ方の特徴を二点おさえておきたいのですが、その第一は当時の知識層がこの儀礼をどのように受け止め、意味づけていったかの解明です。代表的には、カトリック教会の神学者や聖職者たち、また医師や医学書の著者たちの対応が検討されています。神学者にとって問題は簡単ではありません。一一世紀教皇グレゴリウス七世の改革においてカトリック教会は、聖職者として叙品された者と世俗の人間との区別を厳格に定めました。国王は成聖式でランスの大司教から聖なる油を塗布されることにより、たしかに聖性を帯びるのですが、それだからといって聖職に叙品されたわけではない。王は依然として世俗の人です。そのような王に奇跡をなす霊力を認めることができるのか。しかも、特定の国王の聖者にも匹敵する個人的資質に対してではなく、王の地位にあること、あるいは王家の血筋を引くというだけの理由で王に治癒力を認めうるのか。この難問をかわすために、奇跡が起こるのは王の手をつうじて神の恩寵が働くのだと解釈されたり、瘰癧にさわるだけではなくその上に十字を印すことによって奇跡が起こるのだと説かれたりもしたのです。このように、王の治癒儀礼は単に古くからの民俗慣行だったのではなく、教権と俗権の対抗関係のなかで生み出されてきたのでした。フランスでも、治癒行為が王に属する本来的権能だと公然と主張されるようになったのは、王権が強化された一三世紀末のフィリップ四世(端麗王)の治世においてです(第二編第一章第四節)。

それでは中世の医師たちはどう考えたのでしょうか。ブロックは、医者であった兄の影響もあって、同時代の医学書の記述を丹念に辿っているのですが、著者たちは永いこと王の奇跡については沈黙を守ってきました。かれらが典拠としていた古代ギリシアやイスラムの医書に記述がないことも理由のひとつですが、教会の見解が揺れていたことも影響したであろうとブロックは推測しています。やっとフィリップ端麗王の治世にいたって、とくに王の側近の医師のなかから「御手さわり」についての記述が見られるようになるのですが、熱烈にそれを賛美するというよりは概して醒めた対応で、王の治癒力と外科的な処置とを同列に置いている例もめだちます。そもそもが自然の治癒と超自然的な力による治癒とのあいだに区別がつけにくかったのだとブロックは言っていますが、当時の科学的知のありようを示すものとして興味深いところです(第二編第一章第三節)。

知識人の側からする王の奇跡の解釈は以上に見たとおりですが、ブロックが屏風絵の対になるもうひとつの面として追跡したのが民衆の集合表象でした。庶民が王に対して抱いているイメージが、「奇跡をなす王」を根底において支えていたことは明らかだからです。この領域を探るためには、民間伝承や習俗など民俗学の手法と成果に依拠しなくてはなりません。ブロックは第二編の第二章から第四章までをこの問題の検討にあてています。さまざまな民間信仰や習俗がとりあげられていますが、とくに注目されるのがイギリスにおける「治癒の指輪」の信仰です(第二章)。イギリスにはある特別の指輪が痙攣を癒す力をもっているという民間信仰があって、国王がその指輪をはめて病人に触ると病いを癒すことができるという考えに連なっていったのでした。それがここでとりあげられている治癒の指輪ですが、王権が民間信仰を国王儀礼のなかに取り込んでいく、また逆に王の儀礼が民間信仰のレベルで受け止められていく、その過程にブロックは注目したのです。王権がどんな理屈を持ち出しても、それだけでは現実の力とはならない。いかなる理論、いかなる制度も、民衆の集合表象と重なり合い受容されてはじめて機能しうるというわけです。このような見方は、今日の文学理論ではローベルト・ヤウスらによって提唱されている「受容の美学」と相通じるもので、原著新版に序文を寄せたルゴフもこの点にふれてブロックの先見性を指摘しています(46)。

ブロックはさらに第三章・第四章で、さまざまな習俗や民間信仰の検討を進めていきます。たとえば第三章第四節「王の身体的標識」では、国王を特徴づけるしるしを問題にしているのですが、国王は右の肩あるいは胸に真紅の十字がしるされており、王の身体そのものが奇跡を担っているというんですね。百年戦争末期、シャルル七世はなかなか正式の国王と認められませんでした。これには母后イザボー・ド・バヴィエールの不品行ゆえに婚外子ではないかと疑われたのですが、ブロックはある記録を引いて「生まれなすった時、本物の王様みたいに百合の花がついとらんかったからじゃ」という八〇歳の老人の言を紹介しています。王のしるしの重要性を示す逸話ですが、しかもここではその標識が、イエス・キリストの表象である十字から王家の紋章である百合の花に変わっているのは興味深いことです。第四章の「聖マルクール伝説」についてはすでに簡単に触れましたが、聖マルクールというのはノルマンディ出身の聖人で、ランスの北のコルブニーという村へやってきて、そこでいろいろな奇跡をおこなった。そのひとつに病人に触れて病いを癒したという言い伝えがひろまっていたのですね。このような聖者伝説を媒介にして国王も聖マルクールのように病人を治すことができるとみなが信じ込むことになります。原著一九八三年版には、「フランス王に治癒力を伝授する聖マルクール」というサン・リキエ修道院所蔵の作品が図版として付け加えられています(Pl. I bis)。ブロックはこのように、当時のさまざまな民間伝承から民衆の心性を探りだし、このようなものの見方を背景にして、成聖式で聖なる油を塗布された国王には瘰癧の治癒能力があるという信仰も広まっていったのだと主張するのですが、権力の政治史と集合心性の歴史をダイナミックに交錯させたブロックの分析の鋭さをよく示しています。

さて、続く第五章・第六章は、この治癒儀礼が変容し衰微していく過程の分析になります。フランスでは一六世紀の後半、カトリックとプロテスタントの武力闘争が半世紀にわたって続き、末期ヴァロワの王権は弱体化していきました。イギリスではプロテスタントが王の治癒儀礼を迷信として排撃したりもしましたが、宗教戦争期のフランスのプロテスタントは正面から「王の奇跡」を批判することはなかったようです。宗教戦争のあとアンリ四世が即位し、ブルボン王朝が成立します。アンリ四世は、旧教同盟が支配していたランスでは成聖式をおこなうことができず、例外的にシャルトルの大聖堂で式を挙げたのですが、当然のこととしてかれが塗布を受けた油はランスの聖なる壺のものではありませんでした。それでも王の聖性は維持されたものとみえ、アンリ四世は「瘰癧さわり」に励んでいます。やがてフランスは、ルイ一四世に代表される強力な絶対王権へと移行していきますが、フランスの王権はその後も治癒儀礼をずっと継承していったのでした。

もっともルイ一四世は、自分の権威を高めるためにさまざまな儀礼を華やかにやったのですが、ローマ教皇とはしばしば激しく対立していましたから、教皇の下風に立つのをいさぎよしとしなかったのか、王位についてから十数年も成聖式をやらずにいました。

聖なる油など塗ってもらわなくても自分は本物の国王だと威張っていたところがあります。しかし、それでもやはり成聖式をすませると瘰癧さわりに精を出しました。ただ、聖マルクールの伝説の地ですからコルブニーへ行ってやるのがならわしであるのに、二〇キロ先の村までは脚を延ばさず、ランス大聖堂の下手にあるサン・レミ修道院の前庭で患者に触ったといいます。ルイ一五世などは、すでにして「瘰癧さわり」に気がすすまなかったようです。しかし、とにもかくにも大勢の患者に治癒儀礼を施しました。懐疑主義が強まる時代の潮流に抗してフランス王権は、「王の奇跡」の演出を続けていきます。しかしついに、事態は革命の勃発を迎えることとなり、ルイ一六世はギロチンにかかって国王儀礼には終止符が打たれたのでした。革命の激動のあと、フランスにはしかし、ナポレオンの帝政を経て、再び王政が復活します。そこで「瘰癧さわり」がどのような運命を辿ったかを見ておかねばなりません。

王政復古とともにルイ一六世の次弟ルイ一八世が一応即位はしますが、ルイ一七世として跡を継ぐはずであったルイ一六世の幼い息子の生死が不確定なために自らの正統性が確立せず、成聖式もおこないませんでした。そのため「瘰癧さわり」も差し控えています。フランスの国王としては異例中の異例です。しかしその弟シャルル一〇世が王位につくと、これは兄弟のなかでもっとも保守的な人物でしたが、中世を復活させると称し盛大な成聖式をおこないました。自分が正統のブルボン王権の継承者であることを誇示しようとしたのです。「瘰癧さわり」については側近のあいだでもあまりに時代錯誤ではないかという議論があったようですが、結局成聖式に引き続いて執り行われました。これが永年の伝統となってきた治癒儀礼の最後のケースですが、一八二五年のことでした。フランスではこのように、一九世紀になるまで「瘰癧さわり」がおこなわれていたことになります。

他方、イギリスではどうだったかを見ておきましょう。一七世紀半ば、フランスではまだ伝統的儀礼が遵守されていたころですが、クロムウェルによるピューリタン革命がおこると「瘰癧さわり」などというものはいかがわしい迷信だとして排除されたのでした。しかし、クロムウェルの革命が敗れまた王政が復活してスチュワート王朝になりますと、今度は逆転して盛大な儀礼がおこなわれます。チャールズ二世の治世二五年間に約十万人の瘰癧患者が王の前に進み出たといいます。しかし、一六八八年の名誉革命を経たイギリスではこの治癒儀礼は衰退していくでしょう。名誉革命のあと大陸からやってきて王位についたオラニェ公ウィレム(ウィリアム三世)は、カルヴァン派の教育を受けた人物でしたが、瘰癧にさわる儀礼をばかばかしい迷信として拒否してしまいました。時代の集合心性は大きく変わりつつあったのです。一七〇二年即位したアン女王はこの儀礼を復活させますが、それはすでに徒花で、アン女王が最後に瘰癧にふれた一七一四年をもって、イギリスにおける治癒儀礼は最終的に終焉を迎えます。フランスよりも百年以上早い最後でした。

以上に見てきたように、ブロックは瘰癧にふれて病いを癒すという現象を捉え、それを民俗学の研究と中世以来の王権の歴史の両方からアプローチし、一見取るに足らぬ民間信仰が王の権威を支える重要な根拠になっていく、そのダイナミズムを解いてみせたことになります。

本論の最後には、この書物を締めくくるかたちで第三編「王の奇跡の批判的解釈」が置かれています。王の「御手さわり」の生成とその機能を探ってきたブロックは、最後にいたってこう設問します。「王は本当に癒したのだろうか。そうだとすれば、どのような方法で癒したのか。もし癒したのでないとするならば、どうしてかくも長期間王が癒すと信じられたのか」。ブロックは、王の霊力に疑念を示していたイタリアの初期リベルタン(自由思想家)からドイツのプロテスタント神学者たちの言説までも検討しその根拠を探っていきます。かれらは、超自然的な力は否定しますが、治癒の実効性そのものを否認はしません。ブロックに言わせると「かれらの批判精神は未だ十分研ぎすまされていなかったから、否認するほど大胆になれなかった」というわけです。

ところで、瘰癧そのものは直ちに死にはいたらぬものの容易になおりにくい病いで、症状にも波があります。常に再発の可能性があると同時に、治癒の錯覚が生じやすいともいえます。実際、幾度も「御手さわり」を受けている事例がみられることからも、治癒しない場合があることは承知されていたに違いありませんが、他方では、症状が軽減したり消滅したりする例もありえたわけです。ブロックは、臨床医学の症例などを参考にしながら、暗示の治癒効果の可能性も検討していますが、最終的にはこれを「集合的錯誤」と結論づけて章を閉じています。

このあたりの論の進め方は、啓蒙の子としてのブロックの面影を彷彿とさせるところがあります。今日の歴史人類学研究ならば、中世の人びとの感じ方、考え方によりいっそう寄り添った理解に努めるでしょう。この著作は、歴史人類学の先駆的作品であり、とくに第二編の分析はたいへんすぐれたものですが、最後にいたって思いがけぬかたちで近代合理主義者ブロックが立ち現れたわけです。多分ブロックにとっては、これを言わずにはこの「奇妙な研究」を閉じることはできなかったのでしょう。このような発想は、ブロックひとりのものではありません。現にあれほどの努力を重ねて世界の民俗慣行を蒐集したフレイザーにとっても、それらの事例はつまるところ「迷信」に他なりませんでした。いわゆる「未開社会」の事例を手がかりに「原始心性」の研究をおこなった宗教社会学の碩学リュシアン・レヴィ＝ブリュルにとっても同様です。ここには、二〇世紀初頭の学問世界に共通の雰囲気が表われていると言ってよいでしょう。

また、より時代の状況に即していえば、ブロックにとってそれは、中世世界にのめり込むロマン主義的傾向を強めはじめたドイツの歴史学に対する批判的姿勢の表明でもあったのではないかと思われます。あんなにも情熱的に取り組んだ権力の威光をめぐる研究を放棄してしまい、ブロックはその後、君主の持つ聖性についてはただ一度、一九二七年の神聖ローマ帝国に関する論文でふれているだけです(*Le Moyen Age, t. 28*)。『王の二つの身体』の、そして一三世紀の神聖ローマ皇帝『フリードリヒ二世』の著者エルンスト・カントロヴィッチについてのすぐれた評伝を書いたアラン・ブーローは、カリスマ的権力をめぐる研究としてブロックについても当然のことながらかなりのページを割いているのですが、『王の奇跡』の著者が最後に行きついた合理主義的結論の背後にあるものについて、次のように言います。「ブロックは君主や英雄にかかわることの危険性をよりはやく察知していたのだ。……一九三九年には、権力の象徴体系を研究することがはらむ危険は明白だった。こうした刷新を企てた一人、カール・フォン・アミーラは、すでにその数年前亡くなっていたが、晩年、ナチズムに接近したのだったし、パーシー・エルンスト・シュラムは、一九三九年にフランス国王に関する研究を発表するとすぐに、国防本部の戦史編纂官という職務についたのだった。……一九二七年にブロックが予見していたことは、三〇年代にはもはや明白な現実と化していたのだ」、と。(47)

最後にまとめとして、『王の奇跡』にみられるブロックの歴史へのアプローチには、どんな特徴が認められるかを考えてみたいと思います。

その第一は、ブロックがきわめて長期的な枠組みで対象を捉えていることです。中世における起源から始まって、その確立の過程を追い、さらにルネサンス・絶対王政・啓蒙思想期における変容と衰微の跡を辿って、最後は革命後の残照まで見通しています。今日の歴史学からみれば、これはそれほど特別なこととは言えないかもしれません。しかし、近代歴史学が発展するなかで専門分化が進み、古代史・中世史・近代史・現代史といった棲み分けが専門家のあいだでがっしり出来上がって、通史の場合などを別にすれば互いに相手の領域には踏み込まないのが暗黙の了解となっていたブロックの時代のアカデミックな学問風土から見ると、これはかなり異例のことです。中世史家ブロックが絶対王政期や革命後にまで論及するのは、アマチュア向けの仕事と貶められる危険を冒すことでした。しかし、ブロックからすれば、「瘰癧さわり」という現象をテーマとするからには、長期的に変化の跡を追い、フランスの王政の運命とのかかわりまで見届けるのは至極当然のことになります。それは、歴史への問いに、本来の姿を取り戻すことでもありました。アナール派の歴史学は、やがてブローデルの仕事に見られるように、長期的な視点に立った歴史へのアプローチを強力に推進することになりますが、ブロックのこの著作は、雑誌『アナール』発刊以前のものですけれども、すでにその精神を先駆的に体現していたのです。

第二の特徴は、比較史の視点が明確に打ち出されていることです。目次を御覧いただくと明瞭なように、「瘰癧さわり」という国王の治癒儀礼がはっきり認められるフランスとイギリスを、対比的に、また交錯させて論ずるのがブロックの狙いでありました。さらに、ケルト系の諸王国やビザンツ帝国までもその視野に入れていたことは、たとえば補論三「王の塗油と聖別の起源」に明瞭です。比較の方法がブロックの歴史認識のもっとも重要な柱のひとつであったことは、すでにいくたびか言及してきたところですが、初期のこの著作においてそれはすでに十全に機能しており、大きな成果を挙げていたことを看て取ることができます。

第三の特徴としては、複数の学問がそれぞれに固有のものとして育んできた分析視角を接合し交錯させる意識的な試みがあります。ブロックが「王の奇跡」と取り組むにあたって、フレイザーの比較民族学研究から示唆を受けていたことは先に述べたとおりですが、フレイザーにとっては、聖なる性格を帯びた王が奇跡をなす能力を持つことは世界各地の諸文化に広く見られる民俗現象であって、この長期的持続の相、あるいは超歴史的な相を明らかにすることこそが民族学研究の使命であったわけです。これに対し、歴史学の伝統的な考え方では、事件の継起こそが歴史の骨格をなすものであって、中世王権の研究においても、個々の国王の事跡を個別具体的に明らかにすることこそが、歴史家の使命ということになります。このように、ふたつの学問はその伝統においても基本的視点においても対照的な性格を示してきました。ブロックは、この相反する視点を交錯させようとします。たしかにフレイザーのいうように、王にたいする聖性の付与・奇跡の期待は、民衆心性の基層に民間信仰として生きつづけている。しかし、それだからといって、フランスやイギリスの国王が開闢以来一貫して「瘰癧さわり」の治癒儀礼をおこなっていたわけではありません。同じヨーロッパでも他の国の国王の場合は、いっそうのことそうで、こうした慣行は認められていないのです。中世の国王は、具体的政治状況、とりわけ教皇庁との複雑な力関係のなかで、王権を支持する法学者や聖職者の言説に支えられつつ、奇跡をおこなう治癒儀礼に踏み切ったのでした。ブロックは、まさにこの、長期的持続の相と短期的な出来事の交錯のうちに、歴史のダイナミズムを見いだしたのでした。

第四に指摘しておきたいのは史料の問題です。近代歴史学が歴史を明らかにするための手掛かりとしてもっとも重視したのは、文字によって記録された文書史料でした。専門的な歴史研究に要求される厳密な外的批判・内的批判に耐えうるのは文書史料以外にないと考えられてきたからです。それだけに、旧家の蔵やさまざまな文書館に集積された厖大な手稿史料が歴史家の聖域となってきたのです。ブロックも当然のことながら、この研究を進めるにあたって、パリのアルシーヴ・ナシオナルやロンドンのパブリック・レコード・オフィスをはじめとする古文書館に所蔵される文書史料にひろく目配りをしています。補論一に概要が示されている「御手さわり」の対象となった瘰癧患者への施しの支出をしるした「財政記録」などは、そのもっとも興味深いもののひとつです。ブロックが、さまざまな叙述史料と並んで財政記録のような数量的データに着目しているのは興味深いことです。残存している史料の欠落状況からして、ただちにこれを数量的分析を可能にする史料群とまでは言えませんが、アナール派の歴史学が戦後強力に推進することになる「系の歴史学」histoire sérielle のはしりをここに見ることができるでしょう。

文書史料の博捜は当然のことですが、史料の面で注目すべきは、ブロックがこの研究で図像史料の蒐集にたいへんな熱意を示していることです。ブロックは研究をすすめる過程でヨーロッパ各地の図書館や美術館の専門家に「瘰癧さわり」に関連する図像について問い合わせの手紙を送っているのですが、パリのアルシーヴ・ナシオナルに寄託されている「マルク・ブロック文書」には、これらの質問状とそれへの返信が収められています(A. N. AB XIX 3849)。まだストラスブールにいて国際的に広く知られていたとは言えない一中世史家、まだ出会ったこともない一研究者の手紙による問い合わせに、館長をはじめ担当者が詳しく調査をし鄭重に返事をしているのを見ますと、ヨーロッパの学問共同体の濃密なネットワークがなお十全に機能していたよき時代のことを想わずにはいられません。こうした努力の結果蒐集された写本挿絵・版画・絵画などの図像については補論二に解題がありますが、原書にはそのうち五点の図版が収録されています。

こうした図像史料の重視は、専門的な歴史研究においてはかなり異例なことでした。歴史家は文書史料をもとに研究するのが筋で、図像などというものは解釈があやふやで間違いのもとだというのが実証史学以来の考え方だったからです。今日では、歴史家は、図像史料も考古史料も民俗史料も、文書史料と並んで歴史を捉えるための重要な手がかりとみなすようになっていますが、この点でもブロックは先駆者でありました。

ひと言付け加えておきますと、先にも指摘しましたように、ブロックの全作品のなかでこの書物だけが、一見したところいかにも風変わりだという感じを与えるところがあります。ブロックは、第一次大戦の前からこのテーマを頭のなかで発酵させてきていたわけですが、それに関する本格的な論文はほとんど書くことなく、いきなり一九二四年にこの大変な本を刊行したのですから、意外感を持たれても不思議はなかったでしょう。しかも、これだけ斬新な研究を出したのですから、引き続きこの系統の新しい書物や論文を書いていって当然と思えるところがありますが、ブロックはその後この系列の仕事をほとんどやらなくなってしまいます。

その背景のひとつには、第二講「学問史のなかのブロック」で述べたように、その頃からブロックとリュシアン・フェーヴルとの関係がいっそう密接となり、両者は車の両輪のように協力しあいながら二九年には雑誌『アナール』を刊行し始めたという事情があります。リュシアン・フェーヴルの学位論文は一六世紀のフランシュ＝コンテ地方をあたかもひとりの歴史的人格であるかのようにみなしその全体像を捉えようとした研究で、経済や社会の側面ももちろん取り込まれていたのですが、その後フェーヴルの関心は次第にマンタリテ(心性)の歴史へと傾いていく。こうして、ブロックとフェーヴルのあいだには一種の役割分担が生じ、ブロックは経済史や社会構造のほうへ集中していったのでした。もちろんこうした外的な条件だけではなしに、ブロック自身の内的な問題意識の変化もあって、次に第二の主著としてとりあげる『フランス農村史の基本性格』という著書に帰結することになるのですから文句を言う筋合いではありませんが、『王の奇跡』の系統がそこで足踏みしてしまったのは、あとから考えるとちょっと残念なことでした。

ただ、ブロックのマンタリテの歴史への関心がそこでほんとうに終ってしまったのかというとそういうことではなかったので、『フランス農村史の基本性格』においても村民の共同体意識や土地への執着といった伝統的心性のとらえ方のうちに垣間見ることができますし、とりわけ『封建社会』においては、「感じ、考える、そのしかた」を扱った独立した章が設けられていることなどを考えてみますと、『王の奇跡』が提起した問題関心はブロックのうちに常に底流として流れていたとみることができるだろうと思います。

二　三つの主著　②『フランス農村史の基本性格』

ここで二番目の主著の検討に移ることにしましょう。ブロックがこの書物をまとめるにいたった直接のきっかけが、一九二八年の国際歴史学会議でのブロックの報告であり、それが機縁となってオスロの比較文明研究所に招かれ二九年秋におこなった連続講義であったことはすでに第二講で述べたとおりです。ブロックがこの機会にフランス農村史の基本性格という大きなテーマと取り組もうと考えるにいたったのは、どのような経緯によるのでしょうか。ひとつには、身近な事情ですが、大学での伝統的な講義のあり方が関係しており、これはぼくらにも経験的に納得できるところがあります。というのは、専任として勤めている大学でのいわゆる特殊講義はだいたい週に一度めぐってくる仕組みなのですが、学部の講座制でそれぞれの担当する分野がきまっていますから、専門の時代や領域を超えた話をすることは稀にしかありません。ブロックもストラスブール大学ですでに一〇年近く、もっぱら中世史の講義や演習を細かいテーマをたてて専門にやってきたわけです。講座制の枠組みからなかなか外れにくい勤務先の大学での講義と較べますと、他の大学や研究機関に招かれて集中講義をおこなうような場合にはずっと自由ですから、テーマをむしろ大きく設定して全体の展望を考えるといった冒険を試みることがあるからです。

こうした職業上の事情とは別に、この大胆なテーマの設定にはより重要な研究上の理由があったことは言うまでもありません。ブロック招聘の中心になったのは、比較文明研究所で指導的な役割を果たしていたオスロ大学のエドヴァルト・ブル教授ですが、準備の過程でブロックとのあいだで交わされた書簡が幸い保存されており、それを辿ってみますと、当初はヨーロッパ諸地域における耕地制度の比較といった限定されたテーマが考えられていたのが、構想を練る過程でフランス農村史の特質を広く展望するプランに次第にふくらんでいった様子がよく判ります。両者のあいだでいろいろやり取りがあった末、ブロックは一九二九年二月一九日付のブル教授宛書簡で「フランス農村史の基本性格」をテーマとする次のような全六回の講義プランを提案し、ブル教授も喜んでこれを受け入れたのでした。

第一回　初期中世の領主制とその起源
第二回　一〇―一二世紀における領主制の変容
第三回　土地の占有と耕地制度の形成
第四回　近世における領主制
第五回　農村における社会集団と社会階層

第六回　農業革命の前兆――現代農村生活にみられる過去の影響

このプランは、講義をもとに刊行された著書『フランス農村史の基本性格』の構成（後掲目次参照）と扱うテーマにおいてはほぼ合致していますが、筋の立て方にかなり重要な変更がみられ、最初の構想から実際に講義をおこなうまでの間に、ブロックはなおも全体の構成を練りなおしていたことが判ります。その問題についてはのちにまた立ち戻ることにして、ここではまずブロックがこのテーマを選んだねらいについて見ておくことにしましょう。ブロックは先のブル教授宛書簡で、自らの意図するところをこう述べています。「これほどに広汎かつ複雑で、しかもニュアンスに富んだテーマを、数回の講義で論じようというのは容易なことではなく、図式化の危険がないわけではありません。しかし、細部に立ち入ることは避け筋道を簡潔に示すことにより、聴講してくださる皆さんに、包括性と明快さを十分に備えた見取図を提示できるのではないかと考えております」と。(48) ブロックは、この計画の一種冒険的な性格を重々承知したうえで、あえてそこに踏み出そうとしたのでした。

実は、専門家集団を相手にしての講義ではないという状況的理由もさることながら、ブロックはこの企てが持つ研究史的意義を鋭く自覚してもいたのでした。出版された著書の序には、こう書かれています。

ある学問分野の発展の過程には、分析的研究の積み重ねよりも、たとえ時期尚早にみえようと、むしろ綜合することがいっそう役に立つ時期、いいかえるならば、問題を解く試みよりも当面はむしろ、問題点を明確に提示することが、とりわけ重要な時期があるのだ。

ブロックのオスロ講義が、農村史研究の現状にたいするきわめて自覚的な批判的対応であったことを示しているといってよいでしょう。

フランスはヨーロッパの先進諸国のなかで、産業革命後も依然として農業の比重が高かった国ですが、農業史や農村史の研究ということになると歴史学のなかでマージナルな分野とみなされ、ドイツやイギリスからは大きく遅れを取っていたのでした。第一講で述べたように、ブロックはエコール・ノルマル・シュペリウールを卒業した一九〇八年から翌年にかけてドイツに留学し、ベルリンとライプチッヒに学びます。その際、ランプレヒト、ビュッヒャー、シュモラーといった錚々たる学者の講義や講演に列していますが、ドイツではすでに一九世紀から経済史・社会史の研究が名誉ある地位を占めていたのでした。農業史・農村史の分野ではフランスとの水準の違いはとりわけ顕著で、ブロックはクナップやマイツェンの仕事から大きな刺激を受けることになります。

他方、イギリスについては、留学こそしなかったものの、ブロックの書評や動向論文を見ますと、イギリスの歴史学や民俗学の研究を注意深くフォローしていたことが判ります。農村史についてはメインやメイトランド、そしてとくにシーボームの『イングランドの村落共同体』*The English Village Community*（一八八三年）を高く評価しており、自らの研究のなかに生かしていったのでした。また、イギリスで論議の的となっていたエンクロージャーの問題に強い関心を抱いたブロックは、トーニーとも親交を結び『アナール』創刊に際しては在外協力者になってもらっています。

図 14 『フランス農村史の基本性格』. 待望の復刊(1952)

『フランス農村史の基本性格』の初版（一九三一年）はオスロの研究所によって刊行されパリの出版社レ・ベル・レットルが販売を担当しました。紙も活字も美しく、香り高い本です。この初版本は日本にはごく少数入ってきただけですが、尖鋭な問題意識をもっていた若い世代の研究者により熟読され、絶大な影響をもたらしました。第一講で述べましたが、高橋幸八郎氏の社会構成史の構想にとって、それはまことに幸運な出会いだったと思います。

初版本は三八年末には品切れとなり新版の計画が進められていたのですが、実現せぬうちに第二次大戦に突入し頓挫してしまいました。ブロック歿後の一九五二年になってやっと、今度はパリのアルマン・コラン社から、リュシアン・フェーヴルの序文を付し再刊されるのです。再版に際しては、ブロック先生を敬愛していた弟子のロベール・ドーヴェルニュが、ブロックの論文などから関連する記述を抜粋編集した補遺が、第二巻として五六年に刊行されています。ぼくらの世代はもっぱらこの復刊された五二年版の恩恵を被ったのでした。第二巻の補遺も、いささか細切れの引用にすぎるとはいえ、雑誌のバック・ナンバーなど入手がむずかしかった当時の日本にあっては、まことにありがたい情報源でありました。

原著はさらに八八年になって、同じアルマン・コラン社から新版が出され、今もなお古典的著作として読み継がれています。八八年版には中世史家ピエール・トゥベールが、研究史的背景についてかなり論争的な序文を付しているのですが、そこでトゥベールは、ブロックの学問形成にとってイギリスやドイツの歴史学がもたらした影響を強調し、これまでフランスではそれが正当に評価されてこなかったとフランス学界の独善性・閉鎖性を批判しています。さらにトゥベールは、返す刀で、ブロックに対するヴィダル派の人文地理学やデュルケム社会学の影響は言われているほど大きなものではないと主張したのでした。

フランスの学問風土が総じて自己中心的であったこと、そのなかにありながらブロックがドイツやイギリスの学問から多くを学んでいたことについては、第二講でも述べたとおりでまったく異論がありませんが、第二点に関しては賛成しかねるところがあります。というのは、二〇世紀における人間諸科学の大きな転換、その一環としてのブロックの歴史学の形成を考えるとき、ヴィダルとデュルケムに加えアンリ・ベールがもたらしたものはきわめて大きく、トゥベールの主張は中世農村史の研究動向という枠内に視野を限定しすぎているように思えるからです。いずれにしても、「きわめてフランス的であり、フランスの愛国者ですらあったが、エコール・ノルマルに学んだブロックは〔フランスという〕六角形のなかに閉じこもっているような人物ではまったくなかった」とエマニュエル・ルロワ＝ラデュリも別の場所で指摘しているように、ブロックが早くよりフランスの学問世界という壁を越えて広く外部の研究動向に眼を向け、そこから豊かな滋養を汲み取っていたことは疑いありません。(49)

本書が誕生する経緯は以上のとおりですが、ここで例により、書物の構成を見ておく

フランス農村史の基本性格

序　若干の方法的考察

第一章　土地占有の主要段階

（1）起　源

（2）大開墾の時代

（3）中世の大開墾から農業革命へ

第二章　農業生活

（1）旧農業の一般的特徴

（2）輪作の諸形態

（3）耕地制度　開放・長形耕地

（4）耕地制度　開放・不規則耕地

（5）耕地制度　囲い込み地

第三章　一四・五世紀の危機にいたるまでの領主制

（1）中世初期の領主制とその起源

（2）大土地所有者から地代取得者へ

第四章　中世末からフランス革命にいたるまでの領主制と土地所有の変容

（1）領主制の法的変質と農奴制の運命

（2）領主財産の危機

（3）「領主的反動」・大土地所有と小土地所有

『フランス農村史の基本性格』目次

ことにしましょう。目次の私訳を載せておきます。

冒頭に「若干の方法的考察」と題する序が置かれていますが、そこでブロックは、すでによく知られているように、比較の方法と遡行的方法を歴史研究の二本柱として強調したのでした。ブロックの眼にはこのような方法的自覚の欠如こそが、従来のフランス農村史研究の重大な欠陥と映っていたのです。実際、比較の視点に立つことによって初めて、一方では個別性ひいては無限の多様性の指摘に終始するという歴史家にありがちな陥穽を避けることが可能となり、他方ではフランスという政治的枠組みを均質性保証の暗黙の前提としてしまうような過ちをも免れることができるからです。ブロックが本書で、フランスの農業生活にはいくつかの地域類型が認められることを指摘し、それらをヨーロッパ的拡がりのなかで位置づけるのに成功したのは、比較史の視点に立つことによってでした。遡行的方法についても同様で、現在という時点から長期の展望をもって振り返って見ることによってこそ、中世史家は中世のみ、近代史家は近代のみといった具合に歴史を細切れにしてしまう歴史家の通弊に陥ることなく、フランス農村社会の変容を大きく捉えることが可能となるからです。

実際、ブロックがここで企てたように、フランス農村史の基本性格を論じようとするならば、「通史」とか「概観」とか称する書物によくみられるように古代・中世・近代といった大雑把な時代区分を設け史実を時間軸に沿ってなぞっていく手法では、とてもその課題に応えられるものではありません。そこでブロックのとった方法は、一方では縦軸(時間軸)に沿って、フランス農村の変容を段階的に辿り、他方では横軸(空間軸)に沿って、フランス内部の諸地域の特徴をヨーロッパ全体の枠組みのなかに位置づけ類型的に考察する。そしてこの両者を交錯させることを通じて構造論的歴史理解に到達するという発想でした。やや乱暴な分け方をすれば、本書の第一章・第三章・第四章・第六章は前者のアプローチであり、第二章・第五章が後者のアプローチということになるでしょう。方法をめぐってのブロックのこのような主張は、単にフランス農村史研究に大きく貢献しただけではなく、歴史を縦軸と横軸の交錯のうちに捉える有効な視点を提供するものでもありました。

さて、本論部分の構成からはどのような仕組みを読み取ることができるでしょうか。まず第一章と第二章ですが、ここでは人間と大地との関係が主題になっていることに気をつけておきたいと思います。農業とはもともと、人間が大地に働きかけ生活資料としての農作物を生み出す活動ですが、普通農業史とか農村史というといきなり土地所有と経営の話しから始めたり、領主制や地主制の形成を論じたりすることが多い。それに対しブロックは、人間と大地の相互関係という出発点から問題をたてなおしているのです。実をいえば本節の冒頭に記したように、ブロック自身、二九年初めのブル教授宛の提案ではそこまでは考えが及んでおらず、いきなり領主制の歴史で始まり、土地占有の話しはやっと第三回になって出てくる恰好になっています。実際の講義までの間にプランの構成には重要な変更がもたらされたというべきでしょう。

そこで第一章ですが、ここでは、のちにフランスと呼ばれるようになるガリアの地において、どのようにして人間による土地の占有が進んできたかが長期的な視野で論じられます。ブロックは先史時代以来の土地占有の歩みを考古学や地名学の知見を援用しながら辿っているのですが、この章でのブロックのもっとも重要な主張は、中世に入ってもフランク時代にはまだまばらな土地占有に留まっていたのが、一一世紀半ばから一三世紀にいたる中世盛期になって全面的な森との戦いが展開され、いわゆる「大開墾時代」を迎えるという指摘です。この時期における人口の増大とパラレルなかたちで、森林や沼地・荒蕪地の開拓による耕地の飛躍的な増大が見られ、それはとくに北フランスにおいて顕著だったとされています。このような耕地の拡大を背景にして、居住中心としての村落が全土に網の目のように形成され、その中心にはカトリックの教区教会が建てられていきます。フランス農村社会の原型がここに形づくられ、商業の復活・自治都市の誕生・君主制の再編成もこれら一連の発展の帰結に他ならないとブロックは考えたのでした。

フランス中世社会の基礎は一一世紀半ばごろに築かれたとするブロックの主張は、その後フランスの中世史家のあいだでは広く受け入れられ支配的な見解となっていきました。しかし、これに対しては、「大開墾時代」の成果をあまりにドラマチックに捉えすぎており、フランク時代、とくにカロリンガ期の発展を軽視するものだとする批判がドイツやベルギーの歴史家から提起され、今日でも論争が続けられています。

いずれにしても、人間と自然との関係を歴史の主題として大きくとりあげたことは、ブロックの功績と言うべきでしょう。このような発想は、人文地理学との提携、さらに現在では環境問題を歴史の重要なファクターと考える生態学的歴史学の登場をうながすものでした。ブロックの時代には、人間による自然の制御が人類の発展をもたらしたとする考え方が強く、ブロックも大開墾を「人類躍進の光景」と記しているように基本的にはそのような発想に立っていたと言ってよいと思いますが、今日の環境学や生態学の視点からするならば、それは自然の均衡を破壊しかねないものでもあったことが強調されることになります。実際、このような視点に立つ研究が、中世の開墾事業をめぐっても進められつつあり、その意味ではいまやブロックの主張をまるごと受け入れるわけにはいかないでしょう。

中世盛期においてその基礎を固めたフランスにおける土地占有の歴史は、その後ときに後退し、ときに前進しつつ展開していきますが、一八世紀後半から一九世紀にかけてのいわゆる「農業革命」の過程で、その様相を変えることになります。というのは、農業技術の革新と社会関係の変容をともなったこの「革命」により、ひたすら耕地の拡大を指向してきた伝統的農業から、土地利用の集約化によって生産性の向上を図ろうとする近代的農業への転身が始まるからです。それは、もうひとつ別の歴史として書かれねばならないテーマであり、土地占有の歴史を扱ったブロックの第一章はここで閉じられることになります。

続く第二章は、同じく人間と大地との関係の仕方を論じますが、今度は時間軸を一応捨象し、空間軸に沿ってフランス内諸地域のコントラスト、その地域類型を探るのが目的です。ヨーロッパの伝統的農業は、麦類を中心とした穀作と牛・羊を中心とする牧畜を車の両輪とし、この両者の緊密な結合によって特徴づけられていました。農業生活は全体として、このようなシステムを再生産できるよう組織されています。ブロックがこの章でとりあげている二つの大きなテーマは、このシステムのかなめをなす輪作制と耕地制度の問題です。

輪作というのは、日本の農業ではなじみの薄いものですが、村内の耕地をいくつかの耕圃にわかち、作種を変えたり休耕の年を設けたりして地力を維持する農耕制度で、大別すると三圃制と二圃制にわかれます。三圃制では耕地を三分し、それぞれを冬麦(人間の食料用の小麦・ライ麦あるいは両者の混合麦)、春麦(家畜の飼料用の大麦・燕麦)、休耕にわりあてるのですが、特定の耕圃をとってみれば、冬麦↓春麦↓休耕の順で循環していくことになります。二圃制の場合は耕地を二分し、一方は主として冬麦、ときに春麦にあて、他方は休耕とする仕組みです。いずれの場合にも休耕地には羊などを放牧し、雑草を食べさせると同時に家畜の糞で地力を回復させるわけで、なかなか手の込んだ方式ですが農耕と牧畜が一体となっていることをよく示しています。

ここでブロックが注目したのが、フランスにおける三圃制と二圃制の地域的分布の問題でした。その境界は歴史的に変わってくることもあって、地図の上にきれいに線で引けるようなものではないのですが、おおまかにいえば、北フランスが三圃制、南フランスが二圃制という具合に、地域類型をつくりだしている。しかもさらに重要なことは、この地域類型がフランスの国境を越えていることです。つまり、三圃制はイギリスの諸地方から北ヨーロッパの平野を覆っているのに対し、二圃制は地中海世界に古くから知られていたシステムなのです。この点を踏まえてブロックは、次のように言っています。「これらの対立は、北部の文明と南部の文明と呼ぶことのできる農業文明の二大形態のわが国における衝突をあらわすもの」だと。こうしてフランス農村史は、大きくヨーロッパの文脈のなかに置きなおされたのです。

さて、次の耕地制度については、事情はどうでしょうか。ブロックは早くより耕地の形状が農業経営のあり方と深く関連していることに注目してきました。かれがイギリスのオープン・フィールド(開放耕地)に強い関心を寄せていたのもそのためです。フランスについても、文書重視の伝統にしばられてきた歴史家としては異例のことですが、土地台帳の付図としてつくられることが多かった地積図の重要性に注目し、自らもその発見蒐集に努めてきたのでした。本書にも付録として興味深い村落絵図や地積図が載せられていますが、これもその成果の一端といえるでしょう。このような精力的な調査の結果ブロックは、フランスの耕地形状には大別して三つの型を認めることができるといいます。それが、目次にも示されている三類型ですが、第一の「開放・長形耕地」は、イギリスのオープン・フィールドにもよくみられるもので、細長い紐状の地条が同方向に整然と並んでいます。第二の「開放・不規則耕地」もオープン・フィールドなのですが、地条のかたちが不規則で大小とりまぜパズル状を呈しています。第三の「囲い込み地」は、不規則な地条のまわりを灌木や生垣が取り囲んでいるのでオープン・フィールドではありません。少し離れて横から眺めると連続した林のように見えるところから、ボカージュ(小さな森)地域と呼ばれています。それぞれの類型の地域的分布を明確に線引きすることはこの場合もむずかしいのですが、おおまかにいえば、フランスの北東部が第一型、南部が第二型、そして西部一帯が第三型ということになります。

さらに重要なのは、これら耕地形状の地域類型にはそれぞれ独自の農耕技術や社会形態が対応していたとのブロックの指摘です。農耕用具のなかでもっとも重要なのは土地を耕すための犂ですが、ヨーロッパ農業ではこれを役畜に牽かせます。北東フランスではゲルマン起源とされる有輪犂が支配的で、馬(ときに馬と牛の混成)が牽きます。これに対し、南フランスではローマ起源とされる無輪犂で、牽くのは牛の役割り、といったコントラストがみられます。細くて長い地条にはまっすぐ速く牽ける馬が適し、パズル型の不規則な地条には歩みは遅いけれども小回りがきく牛の方が具合がよい。囲い込み地域も同様です。農耕技術が耕地形状と密接に関連していたことが判ります。

社会形態として、村落共同体の例をとってみましょう。北東フランスの穀作地帯では、村びとの定住様式を見てみますと、多くは集村で村の中心の集落にまとまって暮らしている。囲いもない開放・長形耕地では、ひとりだけで勝手に畑を耕すことはできないので、農作業も村びとが一緒にやることが多いのです。休耕地での家畜の放牧も、自分の羊は自分の畑でというわけにはいきません。あいだに境界の柵もないからです。そこで皆の羊を集め、見張り役の羊飼いをつけて共同放牧をすることになります。このように、農業生活の全面にわたって共同体としてのまとまりが強固でした。これに対し、南フランスでは、北のような集村ではなく、中心となる集落はあるのですが、その他に小規模の部落が村のなかに点在していたり、経営規模の大きい農場が一戸だけ離れて農園を形成していたりするのです。オープン・フィールドですから、一応の約束事があってそれに従うのですが、北ほど共同体の規制が強く働きません。西部・北西部の囲い込み地ではいっそうのことそうで、定住様式も散居制に近く、耕地は囲われていますから共同で農作業をする必要もありません。ただ、囲い込まれた耕地でも伝統的農業が維持されており、とくに放牧については、囲われていない採草地や荒蕪地で共同放牧がおこなわれるので、すでに個人主義的農業が成立していたというのではありません。村の共同性は維持されており、その意味で南フランス型の延長とみることもできます。

ブロックはこのように、耕地形態という自然利用の様態を農耕技術や村落共同体のあり方と関連させつつ、農業文明の二つの型がここでも共存していたことを確認しているのですが、しかもそれはフランス内部のコントラストにとどまらず、外部世界へとはるかに連なっていくものであることを強調して、第二章を終えています。

フランスという空間を均質性ではなく多様性の表象のもとに描いたうえでブロックは、第三章・第四章でふたたび時間軸に沿った考察へと戻ります。同じく時間的な変化を扱いながらも、第一章では土地の占有という自然と人間の関係が主題でした。それに対し、以下の章では、人間たちの織りなす社会関係の考察が中心課題となるでしょう。具体的には、農村社会の骨格をつくりあげていた領主と農民の関係、言いかえれば「領主制」の実態とその変容が大胆なタッチで描かれることになります。おおまかな時代的区分としては、第三章がカロリンガ期から一四世紀初めごろまで、第四章が中世末の危機からフランス革命前夜までです。

史料の状況からあまり古くにまで遡ることは避け、第三章はカロリンガ期の領主制の記述から始められています。大修道院の所領明細帳などの記録が残されている八世紀・九世紀になって、やっと実情に迫る確実な手がかりがえられるというわけです。そこから見えてくるのは、ラテン語でヴィラ villa と呼ばれる大所領の存在で、教会や修道院、国王や大貴族などが領主として所有していたこれらの所領が、農村社会の骨格を形成していたとブロックは言います。その経営方式を見ますと、所領は領主留保地(直営地)と農民保有地に分かれており、領主が手元に留保している直営地の経営は、保有地を貸し与えられている農民たちの賦役労働によって支えられていました。賦役の他に、奴隷身分や自由身分の者を使役して直営地の農耕作業にあたらせたり、手工業に従事する者を抱えていたりもするのですが、あまり細部には立ち入らないでおきます。これがおおよそのところブロックの描いている中世初期の領主制の姿ですが、日本の研究史で「古典荘園」と呼んでいるのがこれに当たるでしょう。

大所領のこのような経営形態に、フランスでは一二世紀の末ごろ重要な転換がおこります。この転換にはいろいろな側面があり、ブロックはそれらに広く目配りしているのですが、ここでは領主制の構造にかかわる中心的な現象をひとつだけとりあげておきます。それは、前代における領主制の特徴が農民の賦役によって支えられる領主直営地の存在であったとすれば、ここでの転換のかなめは、直営地が縮小しその土地が保有地tenureとして農民に分与されたということです。当然のこととして、直営地での農民の賦役労働も消滅あるいは大幅に縮小しますが、保有地の分与を受けた農民はその代償として収穫の一部を領主に地代として納めることになります。それは現物であったり貨幣であったりするのですが、フランスではイギリスの場合のように地代金納化が全面的に展開することはありませんでした。生産物か貨幣かの違いはありますが、いずれにしても農民が領主に支払う基本的な負担が賦役から地代に変わったわけで、これこそブロックが「大土地所有者から地代取得者へ」De grand propriétaire à rentier du sol と呼んだ構造転換にほかなりません。

日本の研究史で「古典荘園」から「地代荘園」ないし「純粋荘園」への移行と呼んできた転換がこれにあたります。地代形態に即していえば、マルクスが『資本論』第三巻第四七章「資本制地代の発生史」で分析している労働地代→生産物地代→貨幣地代という移行の論理に対応する歴史過程でもあります。『日本資本主義発達史講座』(一九三二年)を契機とするいわゆる「日本資本主義論争」を糧として育ってきた日本の社会科学的歴史学にとって、ブロックの立論が受けとめやすかったのは、歴史過程の認識に共通の基盤があったからと言ってよいでしょう。

続く第四章では、中世末の危機からアンシアン・レジームの末までの領主制の変容が主題となります。中世末の二世紀のヨーロッパは、戦争・ペスト・凶作の三大災厄にみまわれたとよく言われますが、ブロックはこの時期を「領主財産の危機」la crise des fortunes seigneuriales と特徴づけています。先に見たとおり、領主の財政的基盤は所領に属する保有農民から徴収する地代に依拠していたのですが、その地代が次第にその実質価値を失っていくのです。それはどうしてか。ブロックは具体例を挙げつつ、三つほどの原因を指摘します。第一には百年戦争や疫病の流行のために、農村の荒廃が広範に進んだことがあります。それが象徴的に表われたのが農村人口の減少で、打撃の大きかった地域では、領主所領に属する農民の数が激減し、保有地の耕作が放棄されてしまいます。こうなると当然のことながら、領主の地代収入も落ち込まざるをえません。第二には、荒廃に対処するため領主は再建策を講じなくてはなりませんが、保有農を確保するためには有利な条件を提示しなければならず、領主の地位が相対的に低下してしまいます。保有農は地代の減免措置を受けたり、土地保有権の強化(相続・売買の自由など)を約束されたりしました。第三に、これは地代が金納化されていた場合ですが、王権による度重なる平価切り下げのため、名目額が固定されていた貨幣地代はその実質価値を失ってしまいます。

領主財産の危機はこのように、構造的な原因に基づいたもので、中世以来の領主制はそのままのかたちでは、もはや存続しがたくなります。実際、もともと余力のない中小の領主ばかりでなく、名門貴族の家系でも所領経営が破綻してしまった事例が数多く見られます。ただ、ここで注意すべきは、ブロックが適切に指摘していることですが、この危機を通じて領主制そのものが崩壊してしまったのではないということです。危機は旧来の領主層に甚大な損害を与えましたが、所領経営の構造転換を通じて新たな領主制として生き続けていくのです。

それでは、この近世における領主制はどのような特徴を示すのでしょうか。まず注目すべきは、困窮してもなお過去の浪費生活を忘れることができない旧領主層にとってかわる新しい領主層の台頭です。富裕なブルジョワたちが手許不如意の旧領主に資金を貸し付け、最終的には所領をまるごと手に入れてしまうといった事態が、この時期に顕著になるのです。財を成した都市のブルジョワはすでに中世から、都市周辺の農民の保有地を買い取り地主として収益をあげていたのですが、それがいまや、農民の土地ではなく領主の所領全体を獲得して領主に転身しはじめたのでした。ブロックはこの事態を「フランスの社会史、ことにその農村史において、かくも急速にその地位をかためたこのブルジョワによる征服ほど決定的な事実はなかった」と述べています(51)。

しかも、領主の出身社会層に変化が生じただけではなく、領主の心性《マンタリテ》にも転換が起こったことをブロックは鋭く指摘しています。「これらの商人、徴税請負人、王侯への貸付を業とする金融業者たちは、細心の注意を払い、抜け目なく、また大胆に動産を運用することに習熟しており、地代で生活していた旧領主層の跡を継ぐことになっても、自分たちの知的習慣や野心を変えることはなかった」。この「事業家の心性」une mentalité des gens d'affaires こそが「領主所領の経営方式に変革をもたらすことになる酵母だったのだ」と(52)。

上層ブルジョワによって所領が買い集められたとはいっても、領主層がすっかり入れ代わってしまったというのではもちろんありません。旧領主層のなかにも、困難に耐え新たな事態に対応していった者たちが少なからずいたからです。ただ、大切なことは、彼らもまたブルジョワ領主がもたらした心性を受け入れ、新しい経営方式を導入するにいたったことです。ブロックのいう「事業家の心性」は、マックス・ウェーバーの「プロテスタンティズムの倫理」と対概念をなしている「資本主義の《精神》」とは位相を異にしています。ブロックはブルジョワ領主の登場が近代資本主義に道を開いたと言っているのではなく、むしろ領主制の再編成に貢献したことを強調しているのですから。しかし、近世初頭におけるフランス農村社会の大転換にとって、ブルジョワ領主の新しいものの考え方が大きく作用した点をブロックがきわめて重く見ていたことに注意しておきたいと思います。

新しい経営方式としてもっとも重要なのは、かつて旧領主層が農民に保有地として分与することにより縮小に努めてきた領主留保地を、あらゆる手段を使って再建し、さらには拡大しようとまでしていることです。多くは買収や貸金による抵当権の行使といった経済的取引によるものでしたが、永年にわたり入会地として農民たちの利用に委ねてきた放牧地や採草地をいにしえの領主の権利を振りかざして奪回するといった荒っぽい方法もとられました。これが「領主的反動」réaction seigneuriale と呼ばれている現象です。それは旧領主層の伝統回帰的な企てだったというよりは、新領主層が率先しておこなった新しい経営方式の一環だったのです。

こうして再建・拡大された留保地を、作男を雇用して直接経営する領主もいましたが、多くは期限付きの借地として小作農に貸し出したのでした。かつての農民保有地は、ほとんど永代保有となって相続や売買も自由になり、地代も永年の慣習で一定水準に固定されていたため領主財産の危機につながったのですが、三年ないし九年の期限付き小作ならば、状況に応じて小作人を替えたり小作料を変更したりすることが可能で、領主の経営上の裁量権は大幅に強化されます。領主制は、こうして、一旦は中世末の危機によりその基盤が揺らぎますが、新しい状況にうまく対応することで近世型領主制として再生することになるでしょう。

中世末の危機は全ヨーロッパ的現象でしたが、それへの対応の仕方は国や地域によって異なっていました。比較史の視点に立つブロックは、そのコントラストへの注意を怠っていません。エルベ河のかなた東部ドイツでも、領主たちは直営地の拡大へと向かいます。しかしかれらは、フランスの同僚のようにその土地を小作に出したりはしません。周辺に住まわせた零細農民に直営地での賦役労働を義務として課し、自ら穀物生産の指揮をとります。さらには商人としての役割まで演じていくのです。農民はといえば、厳格な人的絆で主人に結び付けられることになるでしょう。「再版農奴制」などと呼ばれたのはそれゆえです。これに対しイギリスではどうか。ここでも直営地拡大の動きがみられますが、その経営は賃銀を支払う雇傭労働力によって賄われます。他方、農民に土地を保有地として貸し与える方式も維持されていますが、フランスでは農民たちの土地保有権が事実上所有権に近いものとなり貢租の額や率もほとんど固定されていたのに対し、イギリスの領主はこれを期限付きのものとして契約更新時には状況に応じて地代を変更することに成功したのでした。

東部ドイツとイギリスが対極をなしていたとすれば、フランスはその中間にある第三のタイプということになります。領主留保地の拡大で大土地所有が再建される一方、農民保有地に代表される小土地所有が依然存続しており、両者の併存こそがフランス型の特徴だとブロックは強調しています。領主は留保地を期限付きの小作契約のかたちで借地農に委ね収益を確保すると同時に、農民保有地に対しては古来の領主権を強化して義務や負担を課し管理下に置いていました。このような近世領主制の構造は、一七八九年の革命にいたるまでフランス農村社会の骨格をかたちづくっていくことになるでしょう。

第三章・第四章で農村社会変容の道筋を領主制を軸にして段階論的に追求してきたブロックは、次の第五章で、ふたたび時間軸からは距離をとり、農村社会の構造的特質の考察に取り組みます。中心主題は社会集団。というのも「旧社会は個人よりも集団から成っており、孤立している人間は、ほとんど問題にもされなかった。人間たちは他人と結び合いながら労働したり身を守ったりしていたのだし、領主にせよ諸侯にせよ支配者たちが眼の前に見出し、員数を数えたり税をかけたりするのも大小さまざまな集団を形成している人間たちだったのだから」と章の冒頭でブロックは言っていますが、大切な指摘です。(53)

章のテーマは社会集団ですが、ブロックはいきなり村民たちの階層構成を論ずるのではなく、かれらを結び合わせている共同体の検討から始めています。その第一に取り上げられているのは、もっとも身近な結合単位としての家族共同体。そしてその生活基盤となっていた経営地の単位であるマンス(ラテン語ではマンスス)です。イギリスのハイドやドイツのフーフェもこれに対応するものです。マンスの起源は判らぬことが多いのですが、大切なことはブロックがそれは国家あるいは領主によって創り出されたものではなく、それらに先立つ存在とみなしていることです。つまりそれは、まずもって農民家族の生活の基盤となる経営の枠組みだったのだが、それを国家あるいは領主が制度化し、マンスと名付け、課税単位として固定していったとしているのですね。これは考え方の筋道として、たいへん示唆的なところです。実は、マンスという単位自体は中世のかなり早い時期から分割されはじめ、一一世紀以後になると細分化が進んで制度としての意味を失ってしまうのですが、いずれにしても大切なことは、人と人の結び合う端緒的なかたちとして、土地を生活基盤とする家族共同体があるとブロックが指摘していることです。

第二にとりあげられているのは、村落共同体で、同じ村のなかに住む家族は、ただ隣り合っているというだけではなく、経済的・感情的な絆によって結びつけられた小社会を形成していた、とブロックは言います。この小社会はながらく公式の法の埒外におかれており「無名の俳優」にとどまっていたのだが、実は法的人格となるはるか以前から存在する事実上の結合体だったのだ、と。これもまた非常に大切な指摘です。この村落共同体は、村びとが共同で農作業をおこなうことが多い開放・長形耕地の地方で早くから認められるのですが、もうひとつ特徴的なことは、村びとたちが領主の不当な要求に抵抗して共同で百姓一揆を起こすときなどに、くっきりとその姿を見せるのです。ブロックは、中世から近世にかけて数多く認められる民衆蜂起に注目しており、「ストライキが資本主義的大企業から切りはなしえないのと同じように、農民一揆もまた領主制から切りはなしえないようにみえる」というかれの名高い表現もそこから生まれたのでした。(54)

こうして自律的な存在として機能していた村落共同体は、やがて公式の法人格を認められるようになるのですが、それの代償ででもあるかのように、共同体は領主や国王の裁判権の管轄下に入り、村びと同士のもめごとも領主や国王の裁判官によって裁かれることになります。さらには、村びとの領主に対する年貢や国家に対する租税の支払いについても連帯責任を負わされ、権力機構の末端を担わされることになったのでした。

社会構造のこのような捉え方は、その後の研究にさまざまな示唆を与えてきました。高橋幸八郎氏は『市民革命の構造』第一篇で、封建社会の論理構造の解明を試みているのですが、マルクスが『資本論』において近代資本主義の構造を〈商品→貨幣→資本〉という範疇序列で捉えたのに対応させるかたちで、〈農民持分→共同体→封建的土地所有〉、ドイツ語で言いますと〈Hufe→Gemeinde→Grundherrschaft〉という論理序列を構想したのでした。そして、この先が重要なのですが、「フーフェおよび共同体といういわば自然生的な客体およびその相互的な諸関係は、歴史的な、即ち封建的な形態およびその諸関係に転化されてくる」。封建的土地所有のもとでは、フーフェは農民保有地に、共同体は封建的再生産を媒介する経済外的強制に転化され、農民の労働過程は領主の価値(地代)形成過程となってその両者の統一が封建的生産過程を構成する、というわけです(同書、六三―六七頁)。そして、このような構想はブロックの書物の第五章における論述に触発されたものだと、次のように述べています。「この点、実はわれわれはマルク・ブロック教授の、必ずしも問題意識的ではないが、特定の編別構成、即ち、manse→communauté rurale→classesという説明の序列形式から着想させられている」(同書、六四頁)。高度に理論的・抽象的な議論ですが、高橋さんがブロックをどう受け止めたかをよく示しており興味深いところです。

実はぼく自身も、フランス絶対王政の統治構造を考えるにあたって、ブロックや高橋先生の描いたこの論理的構図から貴重な示唆をえたのでした。ぼくの関心は、人びとが生活のなかで相互に取り結ぶ社会的絆という水平的な側面と、それが権力によって掌握され支配と従属の関係に組み込まれてしまう垂直的な側面とを、どう結びつけて理解することが可能かを探ることにありました。そして、水平的な社会関係(上向過程)と垂直的な権力関係(下向過程)が現実にはわかちがたく結合しているところに絶対王政期の社会=権力関係の特徴があると考えたわけです(「フランス絶対王政の統治構造」『全体を見る眼と歴史家たち』所収、平凡社)。こうした要約だけでは判りにくいかもしれませんが、ブロックの書物に触発されて、今日においてもさまざまな方向に議論が展開していることは判っていただけたかと思います。

さてブロックは、第五章の後半で、村社会の内部における階層区分に眼を向けていきます。村びとたちは、お互いに生活を共にしているという意味では共同性を担っているのですが、その成員のあいだに平等な関係が成り立っていたわけではないのです。一八世紀になればもちろんのこと中世においてもすでにそうだ、とブロックは言います。一つは、領主との関係から生まれてくる区分で、さまざまな役割を付与されて所領管理に携わる者たち。かれらは村の人間でありながら、一種の特権を付与され高みに立って仲間を見下すことになるでしょう。もう一つは経済的な区分で、同じ農民でも土地を耕すための犂や役畜を所有している者 laboureur, laboureur à bœufs と、自分の腕しか提供するものを持たぬ者brassier, laboureur à brasとのあいだには、歴然とした差があります。収穫などに際し両者の協力関係もみられたとはいえ、そこに上下の関係が生じるのは避けがたいところがあります。ましてや、土地を持たず日雇労働で生活の糧を得るほかない層は、村のなかでも周縁的な存在となってしまいます。このような村びとのあいだの階層差が、本来共同体として連帯の絆で結ばれていたはずの村が、領主制や国家の支配システムのなかに組み込まれてしまう重要な契機になっていたと思われます。

以上にみたようにブロックは、村落社会の構造をその主要な構成者である農民に焦点を合わせて考察しているのですが、これは領主制を軸にしてフランス農村社会の変容を検討してきた第三章・第四章の叙述を補完するものと言えるでしょう。他方、この章の構造分析で重要なのは、人と人の結び合う共同性の絆に注目していることです。具体的には家族共同体と村落共同体がとりあげられることになります。そして、これらの共同体が、事実上の結合として生まれたものでありながら、それが歴史過程のなかで領主制や君主制といった権力の仕組みのなかに取り込まれていくのだと強調しているのですが、この点はブロックの分析の特徴として、とくに注意しておきたいと思います。

最後の第六章・第七章でブロックは、ふたたび時間軸に回帰し、一八世紀半ばごろから現代までのフランス農村史を素描していきます。中心的な主題は、一つには、ブロックが強い関心を寄せていた農業革命であり、もう一方は、フランス革命における農村の構造変革の問題です。この技術革命と社会革命を両輪として、フランス農村は資本主義的近代への転換を迎えることになるというのがブロックの見取図でした。個人主義的農業の形成を軸とした農業革命についてブロックは、アンリ・ベールの双書で一巻の執筆を予定していたのですが、結局完成にはいたりませんでした。戦後、ミシェル・オジェ＝ラリベが代わって執筆しましたが、ブロックの構想とは大幅に異なる結果に終わりました。長期的視点にもとづいてフランス農村史を捉えなおそうとするこの大胆な企ては、こうして幕を閉じることになります。比較史の方法と遡行的方法を用いて基本性格を探り出そうという試みは、ブロック自身も想定しているように、その後の研究の蓄積によりさまざまな修正を必要とするとはいえ、研究史に弾みをつけたいというブロックの希いは十分叶えられたように思います。

フランス農村史と名乗りながら、村びとたちの生活の姿が鮮明に浮かび上がってこないという批判はたしかにありえます。民俗学や人類学の視点を大きく取り込んできた今日の歴史学から振り返ってみるならば、耕地制度の背後に「生身の人間」を捉えるというブロック自身の主張がより具体的に活かされていてもよかったのではないか。フランソワーズ・ゾナバンドたちによるブルゴーニュ北部ミノ村の研究やジョルジュ・デュビーとアルマン・ワロンが監修した『農村フランスの歴史』全四巻などを見ますと、問題関心の転位は明らかです。[55] ブロックが、もしも戦後の現在まで研究活動を続けえたとすれば、かれ自身この書物をもう一度新たに組みかえたいと希ったかもしれません。

しかしまた逆に、問題をこのように絞ったからこそ、千年以上の長期にわたるフランス農村社会の変容を、大きく捉えることが可能になったとも言えます。とりわけ、段階論的な考察と類型論的考察との接合という歴史の捉え方は、さまざまな示唆を与えてくれます。それは時間軸と空間軸の接合ということでもありますし、歴史学の視点と文化人類学の視点の接合ということにもなるでしょう。ただ、ここで注意しておきたいのですが、ブロックにとって「段階」「類型」「構造」といった思考の枠組みは、あくまでも問題発見のためのものと考えられていることです。というのは、これらの枠組みが分析の道具の域を超え、実体化されると、しばしばそれは一人歩きを始めて自己目的と化することが多いからです。ブロックはその危険性について夙に自覚的でした。ブロックが抽出したフランス農制にみられる三つの地域類型にしても、すべてをそのいずれかにはめ込んでしまうのではなく、これらの類型を念頭に置きつつ個々の事例を具体的に見ていこうとしたのです。発展段階の場合も、フランス全体が一様に、ある局面から次の局面へと移行していったなどと主張するものではまったくなく、むしろそこに見られるズレをこそ重視していたのでした。ブロックが、一冊の書物にまとめるために現実をいささか単純化した傾向があることを繰り返し読者にことわっているのも、そうした危険に敏感であった証しと言うべきでしょう。

第四講　作品の仕組みを読む（つづき）

一　三つの主著　③『封建社会』

最後になりましたが、ここで三つ目の主著の検討に移ることにしましょう。ブロックが、アンリ・ベールの監修していた双書「人類の発展」の一冊として『封建社会』と題する書物を書くことになったいきさつについては、第二講の「『封建社会』の構想へ」の節でかなり詳しく述べましたから、あらためてここで繰り返すことはしません。ただブロックが、「カロリンガ帝国の解体と封建制度」といったたぐいの時代をおった通史の一冊を書くというのではなく、また中世史といえば定番のようになっている法制度としての「封建制度」を概観するのでもなく、「封建社会」そのものをテーマにして書きたいとベールに提案しそれが受け入れられたのだということ、その際ブロックの基本的構想は、封建社会を「構造論的」に考察することにあったのだということを、想い起こしておくことにしましょう。この作品はその意味で、ブロックがヨーロッパ中世社会を自分の考えで大胆に切り取ってみせた書物であり、ブロックの歴史のとらえ方がもっとも尖鋭なかたちで示されている著作だと言ってよいのです。それだけに、この作品がどのような仕組みのうえに成り立っているかを読み取ることは、いっそう重要な意味をもつことになるでしょう。

以下に岩波版の日本語訳の目次を若干手直しして抄録してありますので、これを参考にしながら話を進めることにします。大著であるうえにかなり詳しい目次になっていますので、ここでは章のタイトルまでにとどめ、節については省略してありますが、実をいうと節のテーマの立て方も重要なので、詳しくご覧になりたい方はぜひ原著または訳書を見ていただきたいと思います。

さて、冒頭には、「本書の目指すところ」と題する序章がおかれています。そこでブロックは、「封建的」féodal とか「封建制」féodalité という表現の用語法を古くに遡って検討しているのですが、それは永いこと厳密に法的な意味を持つ用語で法廷などで用いられるものであったが、一八世紀になり「封建制」という表現はブーランヴィリエやモンテスキューによってより広くひとつの社会体制、文明のある状態の意味で使われるようになり、さらにフランス革命にいたると廃棄されるべき旧い社会体制の総体を指し示す用語となったと指摘しています。このように、その語義は確定しておらず封建社会という命名法も必ずしも適切とはいえないが、枠組みががっしりと固定されていない方

封建社会

序章　本書の目指すところ

第一巻　依存関係の形成

第一部　環　境

第一篇　最後の外民族侵入

第一章　イスラム教徒とハンガリー人

第二章　ノルマン人

第三章　外民族侵入の若干の帰結と教訓

第二篇　生活条件と心的状況

第一章　物的諸条件と経済の調子

第二章　感じ、考える、そのしかた

第三章　集合的記憶

第四章　封建時代第二期における知的復興《ルネサンス》

第五章　法の基礎

第二巻　諸階層と人間の支配

第一篇　諸階層

第一章　事実上の身分としての貴族

第二章　貴族の生活

第三章　騎士身分

第四章　事実上の貴族から法律上の貴族への変化

第五章　貴族身分内部における階層区分

第六章　聖職身分と職業上の諸階層

第二篇　人間の支配

第一章　裁　判

第二章　伝統的諸権力——諸王国と帝国

第二部　人と人との絆

第一篇　血の絆
第一章　血族の連帯性
第二章　血縁の絆の特質と変遷

第二篇　家臣制と知行
第一章　家臣の臣従礼
第二章　知　行
第三章　ヨーロッパの展望
第四章　知行はいかにして家臣の家産となったか
第五章　複数の主君を持つ家臣
第六章　家臣と主君
第七章　家臣制の逆説

第三篇　下級の社会層における依存関係
第一章　領主所領
第二章　隷属と自由
第三章　領主制の形態変化
第三章　領域君侯領から城主支配圏へ
第四章　無秩序と無秩序に対する戦い
第五章　国家再建への歩み
　　　——各民族固有の発展——

第三篇　社会類型としての封建制とその影響
第一章　社会類型としての封建制
第二章　ヨーロッパ封建制の延長

『封建社会』目次　抄録

が対象を柔軟に観察できるという利点もあるので、この表現を用いておくというわけです。ブロックがここで試みようとしているのは、封建制度の厳密な法的定義をおこなうことではなく、ヨーロッパ史のある時代、ある地域に特徴的に認められる社会の仕組みを、前後の時代や他の地域のそれとの対比において読み解きかつ説明することにあります。それこそがまさに「本書の目指すところ」でありました。

それではブロックは、ヨーロッパ封建社会という呼び名のもとで、どのような時間的・空間的枠組みを考えていたのでしょうか。時代区分というのはもともと歴史そのもののなかに書き込まれているわけではありません。古代・中世・近代という三分法は便利ですからよく用いられますが、こういう分け方自体が歴史の特定の捉え方の結果として生まれてくる区分法なのです。ですから歴史家にとって時代区分はいちばん厄介な問題で、その厄介さを逃れようと、たとえば王朝の移り変わりで区分したりします。日本史でいえば幕府のあった場所を冠して鎌倉時代とか室町時代とか江戸時代などという名前をつけたり、明治・大正のように元号で区分したりしているんですね。それでなんとなくうまく区分ができたように思ったりしているところがありますが、それは便宜的なものにすぎません。本来は歴史家がどのように対象を捉えるかによって時代区分も決まってくるのであって、その切り取り方はなかなかむずかしいところがあるのです。

ブロックはそこのところをよく意識していたわけで、たとえばカロリンガ帝国が終わりカペー朝が始まる一〇世紀末で区分するというようなやり方はとらない。中世ヨーロッパ社会の基本的な仕組みがどういう時期にどのようなかたちでできあがり、またそれがどのように崩れていくかという大きな見通しのなかで、みずからが対象とした社会の時間的枠組みを設定しようとしているのです。

こうしてブロックは、起点となるのは九世紀半ばごろと考えるにいたります。カール大帝は八〇〇年に戴冠し大帝国を支配しますが、そのカロリンガ帝国は統一が程なく崩れ、帝国は三人の孫のあいだで分けられてしまうのですね。この混乱の時期に当たる九世紀の半ばぐらいから、従来の社会の仕組みが大きく揺らいで新しい仕組みができあってくるとブロックは考えます。それでは、終わりはどのへんに考えたのでしょうか。これまた特定の国王の死とか王朝が変わった時点などというのではなく、一三世紀の初めか半ばごろ、そのへんのところでまた大きな転換がくるのだというふうにおさえています。ブロックの設定した時間的枠組みはこのようなものです。

それでは、空間的枠組みはどのように設定されているのでしょうか。序章での説明によりますと、ヨーロッパの古代文明は、メソポタミア、ギリシア、ローマ等いずれも地中海世界を舞台にしていました。ところが、この地中海を中心にしてまとまっていた古代世界は、周辺部から次第に解体していきます。ひとつは七世紀イスラムの登場で、地中海世界は南側が分離されてしまいます。もうひとつは、かつてのローマ帝国が東と西に分裂し、西側のローマカトリック世界と東方のビザンツ帝国に分裂した結果、東にはビザンツ圏ができあがり、ギリシア正教の影響下に入っていきます。そして第三には、ビザンツ圏のさらに北東にスラヴ世界が形成されます。このように古代世界が分解していくなかで、まとまってひとつの世界を形づくっていたのはローマ・ゲルマン世界と呼ばれている地域ということになります。かつてのローマ帝国の西半分にゲルマン人の世界が加わった領域、これがヨーロッパ封建文明の中心的な空間的枠組みになるとブロックは考えているわけです。今日流にいえば、西ヨーロッパと中部ヨーロッパのあわさった領域ということになるでしょう。

ブロックはこのように、自分は「封建社会」という名のもとに中世ヨーロッパのある局面をひとつのまとまりをもった歴史的世界として捉えることを意図しているのだが、その時間的・空間的枠組みはこのようなものだと自らの歴史の切りとり方を示しているわけです。こうした枠組みはあらかじめ定められているものではもちろんなく、歴史家が過去の歴史的世界との対話を繰り返すなかで、読み取っていくもの、もう少し強くいえば構築するものなのです。序章の記述は、このような歴史の捉え方の明確な表明にほかなりません。

このように枠組みが設定されたヨーロッパ封建社会に対して、ブロックはどのようにアプローチしようとするのでしょうか。序章ではその点について明示的には言及されていないのですが、少し先回りして、第一部第二篇第一章の冒頭の一節をとりあげてみましょう。ここでブロックは、本書全体にかかわるような方法的な考察をおこなっており、本来ならば序章のなかに出てきてもよいような記述です。ブロックはこう言っています。[56]

> ひとつの社会を規制する諸制度の骨組は、人間環境全般についての理解をまって、はじめて解明されうるであろう。血肉の人間存在から「経済的人間」とか、「哲学的人間」とか、「法的人間」とかのまぼろしを切りぬくよう強いる作業仮説、これはたしかに必要であろう。だが、敢えてこれを採用するにあたっては、その虚構性にだまされぬ断固たる決意が必要である。

ブロックもまずは譲歩を示してはいる。つまり、経済史を研究するときには、いちおう経済的人間を前提にして論じていかざるをえないし、法制史をやるならば法的人間を前提にせざるをえない、そういうことが作業仮説として必要になる場面もあろう、と。しかし、そのように切り取られた人間がまぼろしだと言っていることからも判るように、どんな場合にも常に生身の人間、まるごとの人間に戻して考える必要があるというわけです。これは『アナール』が一九二九年に旗揚げをして以来、そのリーダーであったリュシアン・フェーヴルとマルク・ブロックが繰り返し、繰り返し主張してきたところでありました。

ブロックは、この書物では人間生活のさまざまな側面を扱うけれども、それらを切り離して羅列するのではない。そうではなしに、封建時代のヨーロッパの歴史風土を全体として捉えることこそが私の狙いなのだということをあらためて強調していますが、これは封建社会を「構造論的」に考察するというかねての主張と同義になるでしょう。人間社会にはさまざまな次元があるのだけれども、それらを孤立したものとせず、すべて相互に関連するものとして捉えていくというわけですが、その際に、大きくいえば二つの見方があります。ひとつには、ある次元と他の次元との関係は原因と結果の関係とする考え方です。たとえば、社会の根底をなしているのは経済的な次元であり、その上に政治や法や思想や文化が生成されてくるのだという。俗流マルクス主義の経済決定論などはそういう発想法ということになるでしょう。アナールの歴史家たちはこういう見方を当初から批判してきたのですが、ブロックはここでも相互連関のもうひとつの考え方を強調し、こう述べています。

> 異なる系列に属するふたつの個別事象のあいだの関係を問うとき、そこには原因と結果との微妙な問題がかならず出てくる。だからといって、幾世紀にもわたる長い発展の道筋に沿って性質上あい異なる二種類の事象の連鎖を取り上げて対立させ、

《こちら側が全部原因で、あちら側がその結果だ》というとすれば、こういった二分法ほど無意味なものはないであろう。社会とは、精神と同じく不断の相互作用の織物ではあるまいか。たしかにどんな研究も、それ固有の軸を持っている。経済の分析とか心性の分析といった異なる軸を持つ研究にとっては到達点であろうものが、社会構造を研究する歴史家にとっては出発点なのである。(57)

ここで強調されているように、ブロックのいう構造論的考察とは、因果関係のうえに成り立つ客体としての構造を念頭においたものではなく、諸要素の相互連関をあくまでも具体的状況に即して読み取っていこうとする企てにほかなりません。

以上、本書のねらいを序章を若干補うかたちで考察してきましたが、以下では目次に沿いながら、本論がどのような仕組みのうえに構成されているかを検討していきたいと思います。

当初の予定では本書は一巻本として企画されていたものですが、書き進むにつれて次第にふくらんでしまい、結局原著は二巻に分けて刊行されます。(58) ブロックは、明確に区分けしたわけではないけれども第一巻は主としてヨーロッパ封建社会の生成過程に対応すると説明しています。タイトルは「依存関係の形成」。なかなか微妙な表現ですが、人間が日々の生活のなかでどのように相互にかかわりをもち、特有の社会関係を生むにいたるかを考察するのが第一巻のテーマだということです。他方、「諸階層と人間の支配」と題されている第二巻では、そのような社会関係のなかから、どのような社会階層が形成され、どのような権力秩序が生み出されたかが論じられ、さらには、このようにして確立をみた封建社会が、さまざまな展開を経て新しいかたちの社会へと転換していく道筋が扱われることになります。ブロックのねらいは、一巻・二巻を含め、全体としての封建社会を構造論的に考察するところにあるのですが、上の説明にもあるように、そこには生成の過程と解体の過程が含意されており、構造というものを時間軸を捨象して語ろうというのではないことに気をつけておかねばなりません。

さて、第一巻は、第一部「環境」と第二部「人と人との絆」から成り立っています。この仕組みにまず注意しておきましょう。環境とは人びとの生活を取り巻いている日常的な状況です。この『封建社会』では、『フランス農村史の基本性格』のように自然環境にまでは踏み込んではおらず、主として社会環境が問題にされているのですが、このように、人びとを取り巻く身近な世界から考察を始め、その上で第二部では、こうした社会状況のなかでどのような絆が人びとのあいだで求められていくかが検討されることになります。

ところで、第一部の「環境」は第一篇「最後の外民族侵入」から始まっています。この記述はどのような役割を担って冒頭におかれているのでしょうか。ここでいう外民族侵入とは、四世紀から六世紀にかけてのあの有名なゲルマン民族の大移動を指しているのではありません。章のタイトルでわかるように、これはカロリンガ帝国末期の九世紀・一〇世紀に西部・中部ヨーロッパに周辺の三方から入りこんできた異民族の移動のことで、ひとつは南からのイスラム系民族、次いでは東からのハンガリー人(マジャール)、三番目は北からのノルマン人ということになります。

読者は『封建社会』を読みはじめたとたんにばかに詳しい侵入と略奪の記述にぶつかって、いったいこの第一篇は全体のなかでどういう位置をしめているのかと、疑問を抱かれるかもしれません。たしかにこの部分は、ブロック自身が批判してきた事件史的記述に傾きすぎている感があります。もしかすると、このベールの双書でルイ・アルファンが書く予定の巻(『カール大帝とカロリンガ帝国』)がカール大帝のところで終わることになっていたので、そのあとの歴史的な経過を書かなければならないという配慮が働いたと考えるべきでしょうか。しかし、ブロックがアンリ・ベールへの手紙(一九三三年二月八日付)のなかで強調していた点を想い起こしてみますと、自分はカロリンガ帝国末期の政治状況を概説風に描くつもりはまったくなく、外民族侵入の問題に焦点を絞って書きたい。というのは、侵入に伴う大混乱によってそれまでの社会の枠組みは大きく揺さぶられ、社会の深部において根本的な転換が生ずる引き金となったからだ、と言っているのです(59)。こうしてみると、ブロックの構想でこの部分の記述は、まさに封建社会を生みだす触媒となった事象として位置づけられていたことが判ります。

続く第二篇「生活条件と心的状況」は、全体として名著とされるブロックの『封建社会』という書物のなかでもとりわけ精彩のあるところで、ブロックの歴史学が伝統的な歴史学とどんなに違うかをもっともよくあらわしている部分だと言ってよいのではないかと思います。そこではまず「物的諸条件」の考察から始まっているのですが、人口の密集度や定住のしかた、人・物・情報の行き交う様相などが、短い記述のなかにきわめて示唆的なかたちで提示されています。これらは当時の人びとの身体をとりまく状況と言うことができます。続いて論じられるのが心の状況。ブロックのたくみな表現に従えば、「感じ、考える、そのしかた」Façons de sentir et de penser です。つまりは「心性《マンタリテ》」mentalité ということになります。ブロックは、この「心性」という用語をこれまでにも使ってはきましたが、それが歴史学の用語として本格的に用いられているのは『封建社会』においてだと言ってよいでしょう。自然観や時間観念から宗教的心性まで、いまや社会史の研究テーマとして関心を集めている事柄がとりあげられているのです。たとえば身体性のもつ重要性を指摘したこんな記述に出合うとその先駆性に驚かされます。

今日われわれが手にしうるかぎりの材料では、及び腰の試論に留まらざるをえないのだが、より歴史の名に値する歴史が書かれるとすれば、それは、人びとの身体が蒙った転変に然るべき地位を与えるであろう。実際、どんな健康状態にあったかを知りもせずに、その時代の人間たちのことを理解できると主張するとは、なんとも無邪気なことである(第二章第一節)。

そしてまた、もうひとつの軸である心性についての記述。

当時の人びとの心性《マンタリテ》について考える場合、かれらの生活状態に憂うべき点の多々あったことを忘れるとすれば、いささか幼稚な誤りにすぎよう。とりわけ、貧乏人たちの栄養不良、金持ちたちの飽食といった事情を忘れるとすれば。それに、超自然の力と考えられていたさまざまな表象に対する驚くべき感受性の働きのことを、どうして無視することができようか。その感受性の働くところ、人びとは、常に、ほとんど病的なまで、ありとあらゆるたぐいの兆候、夢、幻覚に神経をとがらせていた。……実際、この文明においては、身分の高い人びとにあってさえ、落涙をおしとどめたり《失神》を抑止するといった道徳律や社会慣習はなかったのだ。絶望、憤怒、気紛れ、気分の急変、およそこういった要素は、本能的に知性の線にそって過去を再構成することに慣れた歴史家に、多大の困難を味わわせるもととなる。こうした感情要素は、おそらく歴史全般に顕著なものなのであるが、ヨーロッパ封建社会にあっては、政治事象の展開にも、みすごすことのできぬ作用を及ぼしていたのである(同上、第二章第一節)。

まことに『王の奇跡』の著者ならではの言というべきです。

この第二章に続いて、第三章には集合的記憶としての歴史叙述や叙事詩、第五章には暗黙の規範としての慣習法に言及している興味深い記述があります。

付け加えておきますと、ブロックは九世紀半ばから一三世紀半ばという四百年ぐらいの時間幅を念頭において生活条件や心的状況を分析していくのですが、実はこれをさらに二つの時期に区別しています。この時期区分についての議論は、第一章の冒頭の一節「ふたつの封建時代」に出てくるのですが、大きく捉えれば封建文明はたしかにひとまとまりをなしているのだけれども、立ち入って観察すると色調を異にする第一期と第二期に分けることができる。封建時代を一色に塗りつぶそうというのではなく、一一世紀の半ばごろに、断絶ではないもののひとつの転換が生じたのだとブロックは言うんですね。第四章で扱われている顕著な経済の発展や知的復興は、第二期におけるそのひとつの表われということになるでしょう。

以上に検討してきたところから、ブロックがその意図を明示的に示しているわけではありませんが、第一部「環境」には、身体と心性という二本の柱を軸にしてこの時代の人びとの日常的な生活世界を明らかにするという隠れた構図を読み取ることができるのではないか。ぼくは歴史のこのような捉え方を、文化人類学の視点も取り入れつつ「参照系としてのからだとこころ」という試論で素描したことがありますが、その際にもブロックの篇別構成から大きな示唆をえたのでした(60)。

第一部「環境」で当時の人びとが日々生きてきた日常的な状況から出発したブロックは、次いで第二部「人と人との絆」で、それらの人びとがどのような絆をお互いのあいだで持つようになるかを論じていきます。人間は一人ひとりばらばらでは生きていくことはできません。そこで人と人との結び合いが生まれるわけですが、その結び合うかたちは、状況によっていろいろに変わってきます。最初に出てくるのは「血の絆」という問題です。法制度としての封建制を論ずる書物ならばとりあげることはまずないテーマと言ってよいでしょう。主君と家臣は本来的に血のつながりがあるわけではないからです。それに対しブロックは、あえて血の絆というところから話を始めており、これもたいへん独特な見方です(61)。

どうしてそこから話を始めているのかといいますと、これは第一部でみたところですが、外から異民族が侵入してきて自分たちの村が焼き払われたり住まいを略奪されたりするなかで、人間たちは生きていかなくてはならない。そういう厳しい物的条件のなかで人びとはたいへんな不安と恐怖を抱かざるをえない。そういう人間たちがどういう絆を頼りにするかを考えてみますと、まずもって問題になるのが血の絆だというわけです。「骨肉の朋」といったどぎつい表現が使われていますが、血縁集団というものが非常に大きな力をもってくる。自分たちの身を守るためには、まず血のつながりでまとまって、自己防衛をしていかなくてはならないというのです。本文では、この時期に家族や親族の果たした役割が具体的に分析されているのですが、当時の社会状況を知るうえで興味深いところです。

ところで人びとは、まず血の絆で自己防衛をするのだけれども、それだけでは支えきれない状況が起こってきます。血の絆というのは狭い範囲、たとえば家族で自分の家屋敷を守るとか、親族集団がひとつ二つの村のなかで自分たちの利益を守るといったレベルでは機能しうるのですが、やや広域的な場で秩序を守るには十分ではありません。そこで考え出されてくるのは何か、とブロックは問うていきます。

広域的な権力は解体の危機に瀕し外からは異民族が次々と侵入してくる無秩序状態のなかで、自分たちの生きる基盤を確保していくためにはどうしたらよいのか。血の絆では不十分となれば、地域社会の秩序を維持するための武装能力をもった者同士が互いに連携し、優位に立つ者に対し奉仕すると同時に相手からは守ってもらうという人と人との新たな絆をつくりだすことがどうしても必要になってくるだろう。ブロックは、中世封建社会の特徴的な制度として知られている家臣制の誕生を、社会関係のこのような変容のなかに位置づけようとしたのでした。法制史の研究においては、家臣は主君に忠誠を誓い主君は家臣を保護するという法的関係こそが封建社会のかなめとみなすところから、家臣制の問題こそが封建制研究の中心的なテーマとなってきました。それに対しブロックは、いきなりそこから始めるのではなしに、人びとのおかれていた日常的な状態から始め、人と人の結び合う直接的なかたちとしての血の絆を検討し、それでは十分ではないというところから、秩序形成の新たな関係としての封建的主従関係の形成へと問題をさかのぼらせてきたのでした。目次を追っていくと、ブロックのそのような発想の仕組みが見えてきます。

こうして「人と人との絆」を扱う第二部の第二篇になって、やっと「家臣制と知行」が扱われることになります。このテーマ自体は、封建制を論ずる中世史家にはなじみ深いものであり、以下いくつかの章がその検討にあてられています。主君と家臣とのあいだには臣従礼というかたちで双務契約の関係ができてくるのですが、その際、単に人的な関係だけではなくて、忠誠を確保するためのひとつの手だてとして、知行が媒介とされるようになる。知行とはフランス語では fief と言いますが、封とか封土という訳語も用いられています。いずれにしても、このフィエフを媒介として忠誠関係を結ぶというわけです。主君は家臣に知行(封)を授け、その代償として相手の忠誠を受ける。つまり、人的な関係が土地といった「もの」を媒介にしてつくられるということです。このことがいずれ封建制の変質をもたらすきっかけともなるので、気をつけておきたいと思います。

さて、本来は人と人との双務契約ですから一代限りで、当事者のいずれかが死んでしまえばその契約は終わりになるはずのものです。ところが、その人的契約の媒介物として授与された知行が次第に家産化されていくのですね。そのため、主君と家臣の関係も一代に限られず息子が父親の跡を継いで忠誠関係を継続していくという事態が生まれてくる。この「ひと」と「もの」の関係はなかなか面白い問題ですが、本書全体の仕組みを見通すために細部には立ち入らず先を急ぐことにしましょう。

第二篇「家臣制と知行」では秩序維持能力をもち、やがては貴族層を形成することになる人たちのあいだの人的関係が論じられましたが、第三篇では「下級の社会層における依存関係」が扱われることになります。第二篇が法制度としての封建制の問題であるとすれば、第三篇はふつう領主制の問題として論じられているテーマです。封建制と領主制は別個のものとして、前者は法制史の分野、後者は経済史の分野で論じるのが歴史学の一般的傾向であったのですが、ブロックはそういうやり方にあえて異を唱え、いずれも封建社会の構成要素とみなして、第二篇での狭義の封建制の考察に続き、第三篇で領主制の問題を扱っているのです。

封建制と領主制とのあいだには、もちろん違いがあります。直接の当事者をみても、前者では主君と家臣の関係であるのに対し、後者では領主と農民の関係です。両者が区別されるべきものであることは、ブロックにとっても大前提となっています。しかし、同時にブロックは、大きくみると両者にはパラレルな関係がみてとれると言います。一方は封土、他方は農民保有地ですが、いずれも土地を媒介にして二人の人間のあいだに関係ができるわけです。

それではまったく同じかというとそうではないので、主君と家臣のあいだには独立した人間としての対等の関係が基本にある。ところが領主と農民のあいだには対等の関係があるわけではなく、農民は領主のもとに隷属している。そこが封建制と領主制の違うところだとブロックは認めているのですが、興味深いのは両者の影響関係の指摘です。封建的な関係では知行が人間関係を媒介しているのだが、本来的にいえば土地は付け足しのもので、主君と家臣との関係は元来人的な双務契約である。ところが土地を媒介にする慣行が一般化してくるのは、領主制の下での農民保有地を媒介にした領主・農民関係が、そこに投影された結果なのだ。他方、領主制はといえば、封建制の下での主君と家臣のように対等の立場というのではもちろんないけれども、農民の領主に対する関係も完全に隷属しているものではなくなって、次第に農民の自立性が高まり、領主とのあいだに一種の双務契約の関係が想定されてくるというわけです。農民の土地保有権の強化にもとづく保有地の家産化や地代負担の固定化などにそれがみられると言えるでしょう。

第一巻についての検討はこの辺で留めておきたいと思います。冒頭で、第一巻は封建社会の生成過程を扱っていると申しましたが、これは単に時間的経過としての生成期を問題にしているというのではなく、同時に、生成の論理を論じてもいるのだということに注意しておきましょう。そこにこそ、ブロックのこの書物の独自性があるからです。なお、第一巻のタイトルにある「依存関係」の原語は liens de dépendance で「従属関係」と訳されることが多く、みすず版の邦訳でもそうなっているのですが、目次の構成でも判るとおり第一巻ではまだ従属関係は本格的には扱われていません。第一巻第二部のタイトル「人と人との絆」liens d'homme à homme に象徴されているように、この巻では家臣制や領主制も血の絆の延長上におかれ、相互依存関係の一環として考察されている点が特徴的なのです。岩波版の邦訳で「依存関係」という訳語を用いたのは、このような意味においてでした。支配・従属の関係は、続く第二巻において中心的テーマとなるでしょう。

第一巻での生成過程の考察を受け、第二巻では封建社会の基本的な社会的図柄と政治権力の様態が論じられ、さらにはそれがどのような変遷を経て新しい社会形態に移行するかが展望されることになります。第二巻全体が「諸階層と人間の支配」と題されているように、封建社会を構成している主要な社会階層の検討と、当該時期の社会状況のなかから生み出されてくる秩序形成のあり方の考察が主題です。

まず第一篇「諸階層」ですが、よく知られているとおり、中世ヨーロッパでは三つの身分が区別されていました。第一身分は祈る人、つまり聖職者、第二身分は戦う人、つまりは貴族、第三身分は働く人で、商人、手工業者、農民などさまざまな職分を含みます。これらは法的に定められた身分であると同時に、当時の社会通念に支えられた事実上の階層序列でもあります。三つの身分のうち本書でもっとも多くのページがさかれているのは貴族身分で、第一篇の六つの章のうち五章までがその検討にあてられています。騎士として、また領主として、封建社会で主導的な役割を演じていたの

BIBLIOTHÈQUE DE SYNTHÈSE HISTORIQUE
L'ÉVOLUTION DE L'HUMANITÉ
Dirigée par HENRI BERR
DIRECTEUR DU CENTRE INTERNATIONAL DE SYNTHÈSE
LA SOCIÉTÉ FÉODALE
LES CLASSES
ET LE
GOUVERNEMENT DES HOMMES
Avec 8 planches hors texte
PAR
MARC BLOCH
PROFESSEUR A LA SORBONNE
ÉDITIONS ALBIN MICHEL
22, RUE HUYGHENS, PARIS (XIVe)

図 15 『封建社会』第 2 巻(1940)表紙．ブロックの生前最後の著作

は貴族層でしたから、比重がかかっているのは理解できないではありませんが、聖職者と第三身分が第六章に押しこめられているのは、いささかバランスを失しているように思えます。

どうしてブロックは、こういう組み立て方を採用したのでしょうか。第三身分のなかでも村民については、『フランス農村史の基本性格』ですでに詳しく書いたという事情が考えられます。商人や手工業者といった都市民については、実は同じアンリ・ベールの双書のなかでブロック自身が『ヨーロッパ経済の起源(五―一二世紀)』という巻を書く予定になっていましたから、そちらで扱おうと考えたのかもしれません。いずれにしても、ブロックが本書で法制史的な意味での封建制度のみではなく封建社会の歴史を書こうとしたのであれば、この巻における第三身分の記述はいかにも手薄です。さらに遡っていえば、同様のことは第一巻の第二部第三篇「下級の社会層における依存関係」の記述についてもいえることで、そこでの領主制の記述は第二篇の封建的家臣制の説明にくらべるとあまりに簡略です。領主制についてもっと比重をかけて論ずるべきだろうという感じをもちますが、ここでもまたその問題は『フランス農村史の基本性格』のなかですでに扱ってあるという気持ちが、ブロックのうちで働いていたのかもしれません。

他方、聖職者については、重複といった事情もないので、本来もっと比重をかけるべきところでしょう。『王の奇跡』では国王の神聖性を論ずるにあたり教会との関係やイデオローグとしての聖職者の役割がおおいに問題になっていましたし、『フランス農村史の基本性格』では中世の大開墾時代に修道院の果たした貢献が高く評価されていたことから考えると、封建社会の仕組みを解こうというこの書物のなかで、聖職者が果たしていた機能が十分論じられていないのは、おそらく問題になるところだろうと思います。

さて、第二巻の後半、第二篇の主題は「人間の支配」、つまり人びとをどう統治するかという問題です。やっと政治権力の問題が登場したことになります。ブロックは、ベールからの執筆依頼がきたとき、引き受けてもよいが他の巻のように政治的な事件を羅列するようなことはする気がないと宣言するのですね。双書全体としての流れを踏まえることはやってもらいたいとの注文に対しても、私は政治を扱わないと言っているのではなくて、政治をあるべき場におくと言っているのだと自説を曲げません(62)。その「あるべき場」とは何かですが、まず基本にある日常的な生活世界から出発して、そこに形成される社会関係を明らかにし、その社会関係と政治的な仕組みとの関連を解く、そういう順序で論ずるつもりだというわけです。そして、この第二篇にいたって、政治を語るべき本来の場が到来したことになります。

ブロックの記述に従って以下権力秩序の推移を辿ってみることにしましょう。権力の帰属をもっともよく表わしているのは裁判制度である。「人びとはどのように裁かれていたのか。一つの社会システムを知るのに、この問いにまさる試金石はない」とブロックは言います。紀元一〇〇〇年ごろのヨーロッパをみると、裁判権は極度に細分化し錯綜しており実効性に乏しいのが特徴的で、それこそがこの時代の権力のあり方を象徴している、というわけです(第一章)。

このような事態にたちいたった歴史的経過を辿ってみますと、ヨーロッパにはローマ帝国という大きな遺産があるわけですが、帝制末期ゲルマン人の民族移動の結果として各地にゲルマンの王国が樹立されるにいたります。ガリアでも、そのひとつであるフランク王国が成立し、カロリンガ朝のカール大帝のときにはローマ帝国を継承したかたちでカロリンガ帝国となるのですが、カールの死後ただちに分裂し弱体化してしまいました。それに輪をかけたのが外民族の侵入、イスラムやマジャールやノルマンの侵入でした。こうした無秩序状況のなかで、秩序維持のかなめである裁判権も細分化し、権力の分散が進んでしまいます(第二章)。

こうした事態を前にして、かつての集権的な君主権に代わり各地に有力な君侯が出現してその地域を統治しはじめます。これが領域君侯領 principauté territoriale と呼ばれる存在で、まずはこのレベルでなんとか秩序を維持しようとするのですが、人間の生活圏が局地化してきた状況のもとでは結局それも不可能となって、権力の基盤はさらに細分化されてしまいます。当時はヨーロッパでもまだ石造りの城は少なく木造の城が一般的だったのですが、ヨーロッパ各地に山城がたくさんあって、その城の周辺のたとえば二〇キロ四方といったせまい領域を城主が支配し、外敵に対しては住民を保護するという関係ができてくるのです。これが城主支配圏 châtellenie と呼ばれるものです。このように古代から引き継いだ広域的な権力が解体し、それが領域君侯領という地域的な単位へまず移るのですが、それもさらに城主支配圏にまで細分されてしまう。これが、封建制は権力の分散を特徴とするといわれる所以です。一一世紀から一二世紀半ばにかけての時期は、無数の城主が併存する状態で、封建的権力秩序がもっとも細分化されていた局面ということになるでしょう(第三章)。

ここまで権力が分散していくとどういう事態が起こってくるでしょうか。小規模の城主のあいだで勢力争いが起こっても、その争いを調停する上級権力が存在しない。そういう状況が現出されるわけで、政治的な無秩序状態が生まれてしまいます。このような事態に対処するため、いろいろなてだてが講じられてくるのですが、その代表的なものが教皇の主導のもとにおこなわれる「神の平和」です。これは教会の権威によって一定期間戦争を休止する協定を結ばせ、無秩序状態に対して歯止めをかけようとしたものです。教会の主導権のもとに平和維持がおこなわれるのですが、現実にはそれを実力的に担保していかなくてはなりません。そこで、城主支配圏のレベルを超えるより広域的な権力秩序形成の歩みが始まってくるわけです(第四章)。

場合によっては再び領域君侯領というかたちで権力が再編成される例もみられますし、

フランスやイングランドの場合のように、中世以来の王権が比較的安定した基盤を有している場合には、権威の面でも権力の面でも王権が次第に力を強めてくるでしょう。この新しい秩序形成の仕組みを、ブロックは国家再建の歩みとみなし、権力の分散を特徴とする封建社会終焉の過程として捉えたのでした(第五章)。こうした動きは、やがて絶対王政と呼ばれる権力形態にまで突き進むわけですが、これはすでに封建社会を主題とする本書の守備範囲をはるかに超えているでしょう。

このように、第二篇で政治社会の考察を終えたブロックは、続く第三篇において簡潔に全体の総括をおこない、比較史の可能性をもう一度確認して本書を閉じることになります。

かねがね社会学における歴史的パースペクティヴの復権を提唱しているシーダ・スコチポルが編んだ『歴史社会学の構想と戦略』(一九八四年)という論集があります。アメリカの社会学が歴史離れの傾向を強めていること、関心がせまく問題を大きく捉える意欲に欠けていることを憂えて、あらためて立ち戻るべきかつてのすぐれた仕事の再評価を意図したものですが、そのなかで、気鋭の社会学者で歴史家でもあるダニエル・シローが、マルク・ブロックをとりあげ、鋭い論評をおこなっています(63)。シローは中世史とは無縁で、ブロックとの接点はといえば辛うじて農村社会の研究で重なるといったところなのですが、この距離が幸いして、歴史家仲間のブロック論とは趣を異にする、鋭利なブロック解釈を示していて、たいへん示唆的です。

『封建社会』のこともシローはもちろんとりあげているのですが、そこでかれは、ブロックはこの本のなかで封建社会を「有意味な全体性」significant totality として描きだそうとしたのだ、と言っています。全体性という表現は、なにか型にはまって揺るがないものといったニュアンスで捉えられるおそれがありますが、ここでシローが言おうとしたのは、もっと柔軟な意味あいで、ブロックは封建社会というものをある仕組みを

図 16 『封建社会』堀米庸三監訳，全 1 巻，岩波書店(1995)

もったまとまりとして捉えようとしたのだということです。だからといってそれは、社会にはさまざまな側面があるのだから、それらを寄せ集めて並べれば全体がみえるなどというのでも、もちろんありません。さまざまな側面が相互に関連しあいある図柄をつくりあげているとみなすのであって、それが「有意味な」という形容詞の用いられている理由だと思います。

何度か紹介しましたが、ブロックはこの本を引き受けるにあたって、自分は構造論的structuralな視点に立って中世ヨーロッパ社会を捉えてみたいのだということを強調しています。ここで私がやりたいのはほかでもない「社会構造」の考察なのだと。それは封建社会をひとつの仕組みをもったものとして解いてみせるぞ、という宣言であったわけです。ですから、シローの指摘は、たいへん大切なところを突いていると言うべきでしょう。ぼくがここで試みてきたところも、ブロックのそのような意図を前提にして、その仕組みをぼくがどのように読み取っているかを示すことにありました。

一冊の本の仕組みを読み取っていくのはなかなかむずかしいところがあります。ブロックがこう読んで下さいと書いているわけではない。ぼくら自身が書物の篇別構成を睨み、そこに「有意味な全体性」を読み取る以外にないのです。実をいえば、それが本を読むということではないでしょうか。ブロックの本は、ふつうの封建制を扱っている書物とは相当に趣を異にする構成をとっているので、ブロックがこんなふうにつくったのはなぜだろうかと考えていくと、いろいろ見えてくるところがあるように思います。

ブロックのねらいは、一巻・二巻を含め全体としての封建社会を構造論的に考察するところにあるのですが、すでに折々ふれましたように、そこには形成の過程と解体の過程が包み込まれており、構造というものを時間軸を捨象して語ろうというのではありません。第二次大戦後、とくに一九六〇年代になって、構造主義の潮流が、それまでのいささか極端な歴史主義の傾向に対する批判として人間科学の諸分野に大きな影響を及ぼしました。単純化していえば、歴史主義の通時的な思考法に、構造主義の共時的な思考法が対置されたのですが、この二項対立型の主張はあまり生産的な議論にはつながらなかったように思います。その過程で構造主義の流れのなかからも、ジャン・ピアジェやリュシアン・ゴールドマンらによって、時間軸も組み込んだ「発生的構造主義」structuralisme génétique が提唱されるようになりましたが、上に述べたブロックの思考法は、こうした発想を予感させるものと見ることもできます。

これは実のところ、歴史の捉え方に深くかかわる問題です。歴史家は、たとえばヨーロッパ封建社会とか近代初期の地中海世界とか近代世界システムといったぐあいに、対象をひとつのまとまりとして大きく捉えようとするとき、それがどのような仕組みをもった世界であるかを解こうとします。ところが歴史は必ず時間のなかで形成され変容していくものですから、時間軸を捨象したかたちで構造を論じても、どこから生まれどこへ行くのかがまったく見えなくなってしまいます。ですから、歴史は構造的に捉える必要があるのだけれども、その構造のなかには生成の過程や解体の過程が包み込まれていなくてはならない。そこをどう解くかが歴史家の腕の見せどころということにもなるでしょう。

実をいいますと、『封建社会』で扱っているテーマには中世史研究のかなめの部分がいろいろ含まれていて、たとえば貴族身分と騎士身分の関係をどうみるかとか、知行が家産に転化していく過程をどのように捉えるかといった個々の論点を問題にすると、ブロックの説に対する批判や異論は少なくありません[64]。また、全体の構成についても、各主題の配される論理的な順序やバランスのとり方など、ぼく自身異を立てたいところが多々あります。しかし、ぼくがこの書物から学びたいのは、ある時代のある社会を捉えようとするときのアプローチのしかたで、ブロックの方法が唯一のものだというつもりはもちろんありませんが、独特な視点から切ってみせてくれた、ある意味でたいへん挑発的な作品であると思います。ブロックのあと、中世史研究は日々進展し、ブロックの研究も補うべきところは欠落を埋めることがそれなりにできるようになってきていると思いますが、ブロックが『封建社会』で試みた方法はいまなお新鮮で、古典であると同時に前衛的な作品として生き続けていると言ってよいでしょう。

二　歴史家の仕事《メチエ》――『歴史のための弁明』

　これまでブロックの三つの代表作をとりあげ、著者によって明示的には示されていない、作品のいわば隠れた仕組みを読み取ろうと努めてきました。ブロックは、歴史家にしばしば見られる経験万能主義とでもいうべき態度に対しきわめて批判的でした。方法についてのこうした無関心がフランスにおける歴史学の発展を阻害してきたと考えていたからです。上記三点の代表的著作はいずれも特定のテーマをめぐっての具体的な歴史の叙述ですが、序論や本論の節目節目において重要な方法的考察をおこなっていることは、個々の事例に即して見てきたとおりです。その意味でブロックは、鋭い方法意識のうえに立っていた歴史家だと言うことができます。しかし他面でブロックは、思弁的なかたちで方法を論じることをよしとはしませんでした。その点はリュシアン・フェーヴルもまったく同じで、「そんなことは方法博士にまかせておけばよい」と揶揄してもいます(「歴史を生きる」)。フェーヴルもブロックも、教科書風の歴史学研究法でも歴史哲学風の思弁でもなく、歴史を探究し記述するとはいかなる営みなのかを研究の現場に即しながら根本から考え直すような書物を書きたいと希っていたのでした。

　しかし大学での多忙な日々、どんなに時間があっても足りるところがない研究生活のなかでは、そのような機会はなかなか見付けがたいものです。ブロックについにその執筆を決断させるにいたったのは、実を言ってあまりにも異常な状況においてでした。第一講で述べたところをもう一度振り返ってみましょう。第二次大戦に従軍していたブロックは、一九四〇年ダンケルクでの敗北のあとイギリスを経てフランスに戻ったものの、戦いに敗れナチスの占領下におかれたパリではユダヤ人のゆえにソルボンヌに復帰することもできず、生活の場も転々とする状態が続きます。そういう苦渋の生活のなかでブロックは、あらためて自己を確認するためにか、これだけはどうしても言い残しておきたいという気持ちにおされてか、憑かれたように原稿を書き続けていました。そのうちの二点は、戦後に遺著として刊行されることになるのですが、その一冊が『奇妙な敗北』、もう一冊がここでとりあげる『歴史のための弁明――歴史家の仕事《メチエ》』だったのです。ブロックの歴史家としての仕事を三つの主著を中心に検討してきた二回の講義の締めくくりとして、この遺著のひとつ『歴史のための弁明』にこめられたブロックの呼びかけに耳を傾けることにしましょう。

歴史を研究するとはいったいどのような意味を持つのか、歴史を叙述するとはいかなる営みか、歴史家の仕事にはどのような難問が待ち受けているのか。いずれも直ちには答えがたい問題ですが、ブロックは永年にわたり胸に抱いてきた想いを率直に語ろうとしています。この原稿は一九四一年から四三年にかけて書かれたと推測されますが、この時期におけるブロックの生涯を知ってみれば、それがどんなに厳しい条件のなかで書き継がれていったのかが判るでしょう。しかも四三年にはブロックは対独レジスタンスの地下活動に入り翌年には命を落としてしまうわけで、この作品は未完のままに終わったのです。

手書きのものからタイプで打たれたものまで、何段階かにわたる草稿は、レジスタンスの仲間たちにより守られていましたが、戦後リュシアン・フェーヴルの許にもたらされ、フェーヴルがかたちを整えて一九四九年に遺著として刊行されます。日本でも讃井《さぬい》鉄男氏の邦訳が刊行され(岩波書店、一九五六年)、多くの読者をえたのでした。

ブロックにより遺されたのはまだ完成稿とはいえない草稿段階のものですから、当然のこととして、文章上の齟齬があったり句読点の打ち方が不揃いであったり判読しがたい箇所があったりします。そこでリュシアン・フェーヴルが、文章に手を入れて刊行したのでした。フェーヴルは初版の付録で「ブロックの本文に対してはたとえ純然たる形式上のものであっても何らの付加も、何らの訂正も加えられなかった」と記していますが、実際の草稿、とくに最終稿とみられるテクストと綿密に較べてみますとかなりの異同があり、刊本が「完全で純粋な原文」どおりだというのは正確ではありません。

マルク・ブロックの長男のエチエンヌ・ブロックは、前にも紹介しましたけれども、「父親の残したもの」を可能な限り探索し、正確なテクストとして刊行することに力を尽くしてきたのですが、そのエチエンヌ・ブロックが、最初の版はリュシアン・フェーヴルの手が入り過ぎているというわけで、厳密に原稿と照合し、各段階のテクストのあいだの異同も明らかにした新しい版を一九九三年に刊行しました。もともとフェーヴルはかなり大雑把な性格のところがあって——ブロックとその点ではまったく対照的です——自分自身の著作についても文献や参考史料の引用のしかたなどに正確さを欠くとして批判されたこともあります。それに、永年にわたる盟友としてブロックの考えはよく判っているという気持ちが先走って、テクストとの照合を厳密にやらなかったという面もあるでしょう。実際、ここに示されている歴史論について言えば、のちに見るとおり両者の考えはきわめて近いのです。リュシアン・フェーヴルが故意に文意をねじまげたとはまったく思いませんが、厳密な校訂を経た「批評版」に依拠するのが望ましいことは言うまでもありませんから、今後はこのエチエンヌ・ブロック校訂版が定本となるでしょう。幸い日本でも、文献学の専門家である松村剛さんの努力によりエチエンヌ・ブロック版にもとづく新訳が刊行されましたから(岩波書店、二〇〇四年)、問題となっている箇所を確かめながら読むことができます。(65)

なお『歴史のための弁明』というタイトルについてひとことふれておきますと、現在日常的に用いられる日本語では「弁明」というと「言いわけ」とか「弁解」のニュアンスで受け取られるかもしれません。しかし、もともとギリシア語の apologia に発する原語は、法廷など議論の場において自らの立場をはっきりと述べ事理を明らかにすることを意味しており、それはプラトンの『ソクラテスの弁明』にも見られるとおりです。ブロックはこの書物において、さまざまな歴史学批判に対し言いわけをしようとしたのではまったくなく、歴史学とは本来どういうものであるかについて、「弁駁」とでもいいますか、自らの考えを積極的に主張しているのだということに気をつけておきたいと思います。

巻頭には、亡くなったばかりの母サラに捧げられた献辞に続いて、リュシアン・フェーヴルに宛てられた「献辞にかえて」と題する文章が載せられています。このテクストにはなかなか微妙な意味合いがこめられていますので、のちにまた立ち戻って検討することにして、以下ではまず、この書物でのブロックの主張をどう読み取るか、論点を絞って見ていくことにしましょう。かなり長い序文が冒頭に置かれているのですが、この序文は、ある少年が歴史家である父親に対して投げかけた「パパ、歴史はいったい何の役にたつの、さあ、ぼくに説明してちょうだい」という、いまやたいへん有名になった問いで始まっています。こういう質問はいかにも幼い問いかけで、専門家として研究にたずさわっている者は自分のやってる学問がなんの役にたつかなどという問いにはおいそれと答えられなくなるものでもあるし、大体そういう質問は敬遠してふれたがらぬものです。しかしブロックは、それが幼い質問だということは重々心得たうえで、この問いには敢えて正面から立ち向かわねばいけないと考えるんですね。そして、その問いに答えたいと思って、これからこの草稿を書いていくのだと言います。ブロックはこの箇所に興味深い注を付けているのですが、ラングロワとセニョボスの共著『歴史研究入門』を読んでいたらその緒言で、歴史家にとって無益な質問のひとつとして「歴史はなんのために役立つか」という問いが挙げられているのにたまたま出会い、かれらと自分の考え方の違いをあらためて痛感したと記しているのです。この緒言はラングロワが書いたものですが、たしかにそこでは「歴史学は科学か芸術か」とか、「歴史学の担うべき責務はなにか」とか、「歴史学は何の役にたつのか」などという問いは、無益な質問だとして退けられているのです(66)。

フェーヴルもブロックも、実証主義の歴史学をいわば仮想敵として自分たちの新しい歴史学をつくりあげてきたところがありますから、物言いも激しくなる傾きがあるのですが、ブロックがここまで言うのにはいろいろ背景があったと思われます。一つには、明日の運命も定かでない状況を生きていたブロックは、これまでの研究生活を振り返りながら、自分のやってきたことは一体なんだったのかという想いに駆られるところがあったに違いありません。それと同時に、両次の世界大戦を経験し現代世界を身をもって生きてきたブロックは、専門の研究者たち、大学の教師たち、知識人たちのあり方につ

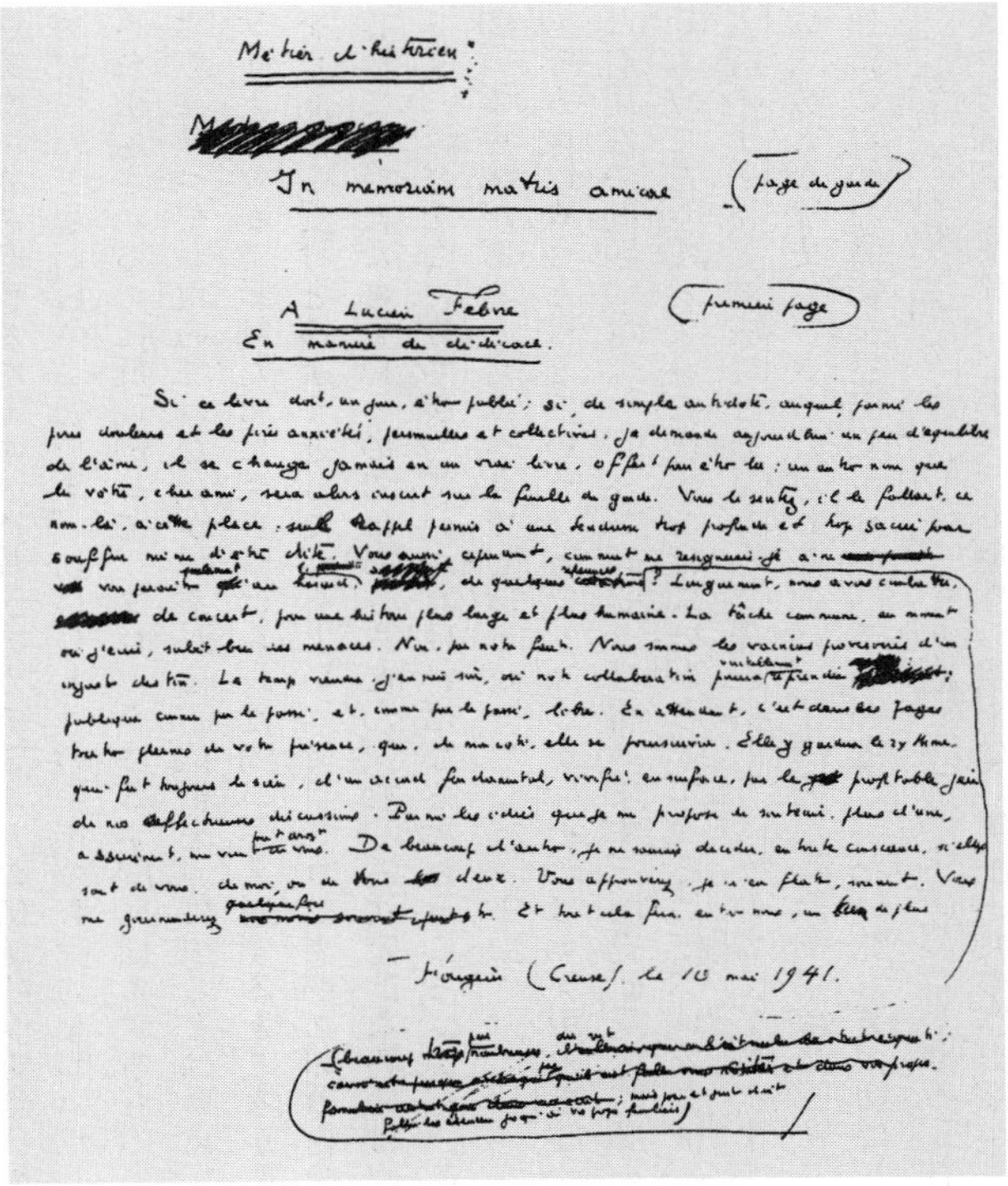

図 17　『歴史のための弁明』巻頭に付されているリュシアン・フェーヴル宛の献辞(手書き原稿)

いて深刻な反省をせざるをえず、それがアカデミズムの伝統的歴史学への批判をいっそう強めていたと思われることです。幼いひとりの少年の直截的な問いが、専門家により無視され敬遠されるのに反比例して、ブロックには学問に従事するものにとっての試金石のように映っていたのではないか。それは、位相を異にするとはいえ、六八年の大学バリケードのなかで教師たちに突きつけられた問いと共通するところがあります。この問いを正面から受けとめようとしたからといって、ブロックがこの書物のなかで模範解答を書いてみせたなどというのではありません。むしろ決定的な答えは出せないにもかかわらず、常にそこに立ち戻っていかなければならないところにこそ、このような根源的な問いの意味があると言うべきでしょう。

そもそも役に立つとはどういうことでしょうか。それは「実用主義的」な意味での直接的な有用性の問題ではない、とブロックは言います。歴史研究は時計をつくったり家具を組み立てたりするような仕事ではないからです。そこでブロックは、より広い意味で、人間の生き方と歴史はどのような関係を持ちうるかを考えていきます。まず第一に、一般の人びとが歴史にひきつけられるのは、学問的な知識欲以前に、そこに物語の面白さ、独特の美的な愉楽を見出すからで、この否定しがたい魅力を大切にしなければならない。「われわれの学問からこうした詩的な部分を取り去らないように注意しよう」とブロックは強調します。このような感性の重視は、実証主義の歴史学が、学問としての科学性を確立するために可能な限り排除しようとしてきたものであるだけに、注目しておくべきでしょう。その上でブロックは、こうした感性に訴える歴史叙述の機能は、知的関心を充足させることと矛盾するものではなく、またその知的関心も単に知識を獲得するというよりは、諸現象のあいだに説明的な関係を見出す「理解可能性」intelligibilité の追究なのだという重要な指摘をしています。このような歴史の捉え方は、すでに三つの主著を検討するなかで具体的に見てきたところで、ブロックにとって歴史叙述とは、「特異なものを知る喜び」を読者に与えるだけではなく、多様な現象のあいだに相互連関を読み取り、そこにひとつの理解可能な社会的図柄を描出する試みなのでした。まことにスリリングな精神の営みということになります。

一九世紀の最後の二、三十年から二〇世紀初頭の世代の歴史家には、科学についてのコント的概念、つまりは厳密な法則性と普遍性への指向が悪夢のようにつきまとっていたとブロックは言います。それに対し歴史家のあいだでは二つの反応が認められるのですが、ひとつは、このような自然科学をモデルとした認識方法を歴史にも適用し、普遍的法則に合致しないような偶発的事件や個人の役割を歴史から排除してしまう。ブロックはデュルケム派の社会学もこの点ではそれに棹さしてしまったと批判します。他方に見られるのは、この汎科学的な歴史理解に反発し、「歴史のための歴史」という狭い世界に閉じこもってしまう傾向ですが、これに対してもブロックは、それが一種の美的遊戯か、せいぜいが精神の体操に終わってしまうと批判します。その上で、自然科学自体がいまや大きく変貌し「科学」概念そのものの再定義が進んでいる今日、この事態をふまえ、新たな知的営みとしての歴史学の創造を提唱しているのです。こうした認識論上の転換が直ちに決定的な解答をもたらすものでないことは言うまでもありません。ブロックは歴史学が新たな方法を模索して逡巡しているかに見えるのはむしろ健全な状態なのだと言います。そして、この序文を結ぶにあたって、若い世代にその模索の試みに進んで参加してほしいと呼びかけたのでした。

付け加えておきますと、少年の問いかけを受けとめるにあたり、歴史学の社会的役割の問題がブロックの念頭にあったことは、かれの専門家批判からも当然のことです。この序文ではそこまで言及されていないのですが、遺されていた本書の構成プランのひとつ(中間プラン)によりますと、最後に「結論に代えて——社会と教育における歴史の役割」が予定されていたのが判ります。結局書かれずに終わってしまいましたが、この結びの部分であらためて論ずるつもりだったのだろうと思われます。

続く本論の構成については、三つの時期に書かれた執筆プランが遺されていますが、いずれも決定的なものではなく、構想をまとめるための覚書風のメモと言うべきものです。そのなかで全七章より成る中間プランはとくに詳しく、各章に盛りこむべきテーマも詳細に列挙されていて、ブロックの考え方を知るうえでたいへん貴重なものです。エチエンヌ・ブロックの新版緒言で全文が復元され、松村剛さんの新訳でも「訳者あとがき」のなかで紹介されていますから、容易に参照することができるようになりました。ブロックはこの中間プランをさらに組替え、第四章までの内容と追加すべきテーマを、一九四三年三月二日付のフェーヴル宛書簡に添えて書き送っています。文章化された草稿は、この最終プランに沿っており、序文と四つの章、そして第五章冒頭の断章がわれわれの手に遺されたのでした。プランについてやや詳しく述べましたのは、厳しい状況にもかかわらずブロックが、この書物をどう構成するかについて苦心を重ねていた様子がよく判るからです。以下では全体を細部にわたって紹介する余裕はありませんが、重要とおもわれるところに論点を絞ってブロックの考え方を辿ってみたいと思います。まず序文に続く章立てを見てみましょう。

第一章　歴史、人間、時間
第二章　歴史的観察
第三章　批　判
第四章　歴史的分析
第五章　無題(冒頭の一節のみで中断。フェーヴル版では「歴史における因果関係」という

仮題が付されている)

第一章は「歴史、人間、時間」というタイトルからも判るように、ブロックの歴史の捉え方が鮮明に打ち出されている重要な章です。まず冒頭の一節ですが、歴史(歴史学)とはなにかといった定義をあまりに厳密にやるのはやめておこう、とブロックは言います。もともと古代ギリシア語で「ヒストリア」historiaとは「探究」とか「研究」を意味していたのだから、自分の領分を限定して「気をつけたまえ。それは歴史ではない」と境界線の警護に熱中しているのは馬鹿げている。それは歴史学の可能性をせばめるだけだ、と。まことに痛快な指摘です。一九七〇年代から社会＝文化史の潮流が展開するなかで、百花繚乱といわれるほどに歴史家の扱う対象が拡大しましたが、ブロックは早くよりその素地を準備していたのです。

ところで、現実は広大で混沌としているわけですが、歴史家は一体どこに焦点を合わせて対象を切り取ろうとするのでしょうか。ブロックは、ミシュレやフュステル＝ド＝クーランジュを援用しつつ、こう言います。

歴史学の対象はその本来のあり方からいって人間l'hommeである。いやむしろ人間たちles hommesと言うべきだろう。抽象化に陥りやすい単数形よりも、相対性を示す文法的形態である複数形のほうが、多様性を扱う学問にはふさわしいからだ。風景の眼につく特徴とか道具や機械の背後に、一見きわめて冷やかな装いの文書や制定した者たちとはもはや無縁となったかに見える制度の背後に、歴史学が捉えようとするのは人間たちなのである。そこに到達できない者は、せいぜいが専門知識を売物とする職人にすぎないだろう。よい歴史家とは、伝説の食人鬼に似ている。人間の匂いを嗅ぎつければそこにはかならず獲物がいることを知っているのだ。(67)

これは、この書物のなかでも、先の少年の問いかけの言葉と並んで、よく引用され広く知られるところとなった一節です。食人鬼というのはいささかどぎつい表現で、ブロックはあまりこういった比喩は使わないのですが、まあ、言いたいことはよく判ります。さまざまな過去の痕跡のうちに常に人間たちの生きた姿を読み取っていく。歴史学は、そういう営みを通じて人間の生き方についての深い洞察をもたらすことができる学問だというんですね。

実際ブロックは『フランス農村史の基本性格』のなかで、かなりのページを割いて大開墾による農村景観の変化や多様な耕地制度を論じているのですが、オープン・フィールドで見渡すかぎり麦畑が続く穀作地帯(北東部)、同じくオープン・フィールドでありながら穀物・葡萄・オリーヴなどの多角経営が特徴的な地域(南部)、畑地が灌木や生垣で囲まれていて遠望すれば一面林のようにみえるボカージュ地域(西部)といった対照的な農村景観が認められる。しかし、その景観を単に自然環境として見るのではなく、同じフランスのなかにありながらあれほどに対照的な景観が生まれるにあたって人間たちはどのようにかかわっていたのか、またその景観のなかで人間たちがどのように畑を耕し、どうやって穫り入れをし、どのように日々の暮らしを送っていたかといったことを常に脳裏に思い浮かべていなくてはならないと言うのです。

さらに、もっと歴史家に馴染み深い問題で考えてみますと、いろいろな制度、これには政治的な制度もあり経済的な制度もあり文化的・宗教的な制度だってあるのですが、歴史学はこうした制度をまさに制度として研究するのが得意でした。なにしろ文書史料をもっとも豊かに残してくれているのがこうした制度ですし、とにもかくにもはっきりした形を持っていて捉えやすくもあるからです。それだけに歴史家は、その制度の仕組みがわかるとそれで満足してしまって、そこから先に進もうとしない。伝統的な制度史研究というのはそういうものなんですね。それに対しブロックは、ここでも制度の背後に人間の存在を見きわめようとする。そもそも制度自体、さまざまな思惑をもって人間がつくり出したものにほかならず、政治的支配や経済的コントロールのためにそれを利用している支配的な地位にある者たちがおり、その対極には、この制度によって管理されおしひしがれている人間たちがいる。歴史家たるものは、制度の裏側にひそむこうした人間たちにこそ眼を向けていかねばならないというわけです。このあたりになると「食人鬼」という比喩がぴったりかもしれません。ブロックが『封建社会』のなかで強調していたのも、まさにこのような歴史の捉え方でした。封建制という法的な制度自体が問題なのではなく、その背後に生きていた人間たちの姿を捉え、制度と人間とのかかわりを問うていく。そのために書物のタイトルも、当初案の『封建制度』ではなく『封建社会』とすることに固執したのです。

歴史学の対象とするものが何よりもまず人間たちであることを強調したうえでブロックは、注釈を付して「時間のなかにおける人間たち」と付け加えます。歴史学はほかならぬ「時間」を基本的カテゴリーとして対象を捉えるのだ、と。この歴史的時間は、持続するものであると同時に絶えず変化するものでもあります。長期的持続の側からだけ見れば、起源において歴史の原型が決定されてしまうことになるでしょう。起源に遡り歴史の古層を掘り起こそうとする歴史学に根強い考え方は、ここに起因します。他方、変化の側からのみ見れば、歴史は断絶の積み重ねということになります。大きな社会的・文化的変容を経験した二〇世紀以来の現代世界は、過去とは断絶しているともいえ、時間を遡ることは意味を失うでしょう。現在を理解するためには現在科学だけで十分ということになります。現代社会科学の歴史離れには、このような時間の捉え方が背景をなしていると思われます。ブロックはこのいずれもが正しくないと言います。歴史学は、この一見矛盾しているかに見える二つの時間観念を交錯させつつ対象を捉えようとするところにその独自性があるということになるでしょうか。

以上のような歴史学の捉え方は、実をいってブロックに固有のものとは言えません。一九二九年に『アナール』が創刊されたときから、フェーヴルもブロックも常にそう考えてきたと言ってよいでしょう。かれらが先達と仰いでいたアンリ・ベールやベルギーの歴史家アンリ・ピレンヌもこうした見方を共有していました。永年にわたるブロックの共働者フェーヴルの場合はとくにそれは顕著で、本書の巻頭に付されているフェーヴルに宛てた文章でブロックはこう言っています。「長い間、私たちは協力し合って、より広くより人間的な歴史のために闘ってきました。……私が本書で提起しようとしている考えのなかには、君が私に直接与えてくれたものがもちろんいくつもあります。その他の多くについては、それが君のものか私のものか、あるいは私たちふたりのものか、率直なところ私には決められません」と。(68) 最終稿では省略されてしまったものの、最初の草稿では、ふたりの日頃の会話からえたものがいかに大きかったかについても言及していました。

ブロックがこの書物の執筆にとりかかった一九四一年のことですが、フェーヴルは秋学期に母校であるエコール・ノルマル・シュペリウールの学生のため、のちに「歴史を生きる」というタイトルで公表されることになる特別講義をおこないました。フェーヴルは、袋小路に入り込んでしまっているアカデミズムの歴史学をどう変えていったらよいか、創出すべき新しい歴史学の理念はどのようなものであるかを、自らの経験を踏まえて熱っぽく語っています。過度に短い定義は信用できないというフェーヴルが、新しい歴史学の特徴づけをおこなうためにあえて試みたいささか長い定義を引用してみましょう。

> 私の考える歴史学とは、過去の人間たちが地球上に時代の変遷に応じてつくりあげてきた、多種多様であるけれども相互比較が可能なさまざまな社会、この社会的枠組のうちに過去の人びとを位置づけるとともに、その生きた時代と密接に関連させながら、かれらの多様な活動・多様な創作物を対象として科学的におこなう探究である[69]。

あまりフェーヴルらしくないもってまわった表現ですが、実はこの文章のなかにかれの歴史の捉え方の鍵がはめこまれているのです。フェーヴル自身、講義のなかで説明を加えているのですが、第一に、歴史学が対象にするのは過去の人間たちの活動やかれらが生みだしたものなのだけれども、ここでいう人間とは、万古不易の存在としての単数形の「人間」ではなく、多様な姿をとってあらわれる複数形の「人間たち」であり、しかもその人間たちを、生命を持った存在としてまるごと捉えなくてはいけないのだと言います。近代歴史学の発展とともに歴史は政治史、経済史、思想史、美術史などに専門分化してきたのですが、それは便宜的に許容されるにすぎず、根本はすべてが関連しあうまるごとの歴史として捉えなくてはならないとフェーヴルもブロックも主張してきたのでした。

さらに定義の記述をおってみますと、これが第二点ですが、フェーヴルは人間を社会的・時間的存在として捉えると言います。ただしここで注意しておきたいのは、デュルケム学派の社会学者がしばしば主張したような「まず社会ありき」ではなく、人間たちこそが社会をつくりだすことを強調している点です。これは『アナール』と『社会学年報』の永遠の論争のテーマで、フェーヴルもブロックも社会と個人の関係についてはデュルケムに批判的でした。

さて最後に第三点ですが、歴史学を「科学」と呼ばずわざわざ「科学的におこなう探究」と定義しており、これも意図してのことだとフェーヴルは言います。科学というとすでに出来上がっている知識の体系や普遍的法則性を想わせるところがあるけれども、歴史研究は科学的に、つまりは合理的な手続きにもとづいているとはいえ、常に手さぐりをしつつ進んでいくもので、不確定なもの、未知のものをまえにしての「こころのおののき」inquiétude こそが研究者の原動力となっていることを強調するためであった、と。

以上、フェーヴルの歴史論をいささか詳しく紹介してきましたが、本書におけるブロックの主張と重なりあうところの多いのに驚かれるのではないでしょうか。ブロックの著述とフェーヴルの講義とはまったく関係なしになされたものです。一九四一年秋、ブロックはまだ草稿を書きはじめたばかりでフェーヴルがそれを眼にしたのは戦後のことでしたし、パリでおこなわれたフェーヴルの講義はといえば、ドイツ軍の占領地域とヴィシー政権下のいわゆる「自由地区」の間は通行も厳しく管理されており、ブロックがパリまで出かけることは尋常なかたちではありえなかったのです。それにもかかわらず、ふたりの考えがその表現の仕方にいたるまできわめて似通っていることは、両者のあいだに密接な対話が日常的に重ねられていたことを想定させます。

序文と第一章でだいぶ時間をとってしまいましたので、やや急ぎ足で進むことにしましょう。第二章以下は一見かなりオーソドックスな構成で、これらのテーマ自体はベルンハイムの『歴史とは何ぞや』やラングロワとセニョボスの『歴史研究入門』など歴史学の研究法を論じる書物で馴染み深いものです。しかしブロックは、もともと教科書風の入門書を書く気はさらさらなかったわけで、これらの章においても従来通念とされてきた考え方を槍玉にあげ、鋭く問題点を突くことに重点が置かれています。しかも、みずから第二次大戦に加わり敗戦のなかで経験したことを諸所で具体例として挙げており、学問の問題も現在を生きる者としてその経験を通じて考えるというブロックの姿勢をよく示していると言うべきでしょう。

　第二章「歴史的観察」では、過去の人間たちを捉えるには、どのような手がかり、どのような視点が重要かが論じられます。ブロックはシミアンの見解を援用して、過去の人間事象の認識は「それ自体としては把握不可能な過去の事象が、われわれに残した感覚可能な痕跡を手がかりとする認識だ」としています。この「痕跡」こそ歴史家が史料と呼んでいるものに他なりませんが、ここで「過去そのもの」と「痕跡」が明確に区分されていることに注意しておきたいと思います。

　痕跡は、文書史料や考古史料など多種多様で、近年はますますその範囲が拡大しているのですが、これをブロックは「意図された証拠」と「意図されざる証拠」の二類型にわけて検討しています。そのうえでブロックは、次のように言います。今日では次第に後者のタイプの史料が、歴史学の科学性を保証する証拠として重視される傾向があり、それには正当な理由がある。しかし、意図されざる証拠だからといってその記述がおのずと事実を語っているとみなすわけにはいかない。「初めに史料がある。歴史家はそれを集め、読み、その真正性と真実性を吟味すべく努める。それを済ませてはじめて、歴史家は史料を活用することが可能となる」とよく言われるけれども、そこには歴史家の営みについての根強い誤解が潜んでいる。実をいえば、いかなる史料も「それに問いかけるすべを知らなければ何も語ってはくれないのだ」、とブロックは言います。さらに大胆にも「あらゆる歴史研究はその第一歩から、その探究にすでに方向性が含まれていることを前提にしている。……いかなる学問であれ受動的な観察は何ら豊かなものを生み出さない」とまで付け加えており、これは伝統的歴史学への批判として、きわめて重要なポイントです。

ブロックのいう歴史的観察とは、このように、過去の人間たちが遺した痕跡を手がかりとするものですが、この痕跡から何ものかを読み取ろうとするならば、まずもって自らの質問表《ケスチヨネール》を備えていることが不可欠なのでした。問いかけがあってこそ、史料の表面的な記述以上のことを歴史家は捉えることができるというわけです。

さて、第三章「批判」は、歴史家が過去を認識するための手がかりとする痕跡の批判的検討にあてられています。これは一般に史料批判と呼ばれている作業で、歴史学研究法の教本が外的批判と内的批判に区分して解説しているところです。ブロックも冒頭に「証人たちの言葉を頭から鵜呑みにしてはいけないことはどんなにお人好しの警官でもよく心得ている」と書いているように、批判的な検証が不可欠なことを強調しています。実際、とりわけ中世には偽文書が多かったので、証拠なるものを軽々しく信じてはならないことには古くから気づかれていました。それでは、虚偽の記述が多いからといって徹底した懐疑主義でいくべきか。それも実は軽信と容易に結びつくことが多いとしてブロックは、第一次大戦の折に知り合ったある律儀な獣医の例を引き合いに出しているのですが、かれは新聞報道は一切信用できないと断固拒否していたくせに、たまたま仲間となった男からとてつもないニセ情報を吹き込まれたらたわいもなく信じこんでしまったのでした。懐疑主義といっても人間はちょっとしたことで足を掬われるというわけです。では、常識による判断というのはどうであろうか。今日の歴史家のあいだでも、批判的方法などといって理屈をこねるよりも常識と経験による判断が一番だという気持ちは根強いものがあるでしょう。しかしブロックは、これも危ないと言います。常識というものには自分の狭い経験を一般化しているところがあって、とくに過去の人間たちを理解しようとしている歴史学にとっては、今日の物指しを過去にまで押しつけてしまう危険があるのだ、と。こうしてブロックは、きわめてオーソドックスながら一七世紀末ベネディクト会修道士マビヨンによって基礎がおかれた史料批判の方法に高い評価を与えています。

実際、史料というものには想像されている以上に虚偽や欺瞞が含まれているとブロックは言います。考証学者は、偽文書と真正文書を判別することに熱中しているけれども、偽文書にはもちろん真正文書にも虚偽の記述はありうるのであって、真正性と真実性は別物なのであり、歴史家にとってはむしろ、たとえ虚偽の証言であってもその動機を探ることこそが大切なのだ、と。こうしてブロックは証言の比較検討法の有効性を指摘し、証拠の批判はなによりも「合理的な技」としておこなわれなくてはならないことを強調したのでした。歴史家の問いや読みの重要性を指摘して実証主義歴史学を批判してきたブロックですが、それと同時に、史料の徹底した批判的検討を強調していることに注意しておかねばなりません。

第二章・第三章はどちらかといえば古典的な部分でしたが、第四章「歴史的分析」では歴史家の仕事についての鋭い指摘に出合うことになります。第一節の「裁くのか理解するのか」Juger ou comprendreというタイトルにそれがよく表われているのですが、まさに歴史家の仕事の核心を突いたテーマです。冒頭、ランケの「それが本来いかにあったか」、またヘロドトスの「あったものを語る」というそれぞれに名高い言葉を引いてブロックは、それは誠実であるべしという忠告には違いないけれどもこれでは受身の忠告にとどまっており、もう一歩進んで検討すべきふたつの問題があるのだ、と言います。第一には公平さの問題ですが、それには学者(歴史家)の公平さと裁判官の公平さがあって、いずれも真実に対し誠実に従うという点では同じですが、次の点で袂を分かつことになると指摘しています。つまり、歴史家は観察し説明するのが本来の仕事だが、裁判官はそれに加え判決を下さねばならないというわけです。罪を宣告するためには、裁判官はなんらかの価値体系に依拠しなくてはならないけれども、歴史家の立場からすると、これらの価値体系は時代や文化によって変わりうるもので、いかなる実証科学にも属しません。ブロックは、中世ヨーロッパの自力救済(フェーデ)などを念頭においていたのでしょうか、殺人者を有罪とみなすかどうかですらそうだと言います。ブロックにとっては、歴史家は「理解すること」が本来の目的なのであって「裁くこと」が問題なのではないことになります。「ロベスピエール派にも反ロベスピエール派にも勘弁願いたい。ただロベスピエールがどのような人だったかだけを言ってほしい」というわけです(70)。

さて検討さるべき第二の課題は、歴史は再現の試みなのか分析の試みなのかという問題です。先に歴史家の務めは「理解すること」だと述べたけれども理解するとは受動的な態度ではまったくない。史料さえ整えば歴史はおのずと再現されるのではないのであり、歴史家はさまざまな痕跡のなかから「選び、より分け、一言でいうなら分析するのだ」とブロックは言います。対象を雑然と描くのではなく、そこに筋道を見いだし、合理的に秩序づけることが大切なのだ、と。ここでも比較の方法と遡行的方法が有効な手続きとして例に挙げられていますが、これはすでに『フランス農村史の基本性格』の序で強調されていたところでした。

ところで分析のためにはいきなり混沌とした全体を相手にするのではなく、人間活動の領域ごとに便宜上分割して検討するのがふさわしいことももちろんあるとブロックは認めます。しかし、とかれはただちに付け加えて言うのですが、宗教人、経済人、政治人といった形容詞つきの人間のリストはいくらでも長くすることができるけれども、「肉と骨をもつ唯一の存在は、これらすべてを包括した形容詞なしの人間」なのだ、と。歴史学が再構成すべきはまさにこの全的人間にほかならず、『封建社会』で企てたのは、この全的人間が織りなした全的歴史だったのです。参考までに、同様の考えを巧みに言い表わしているフェーヴルの文章をここで引用しておきましょう。「歴史を生きる」の一節です。

> こうした人間を捉えるにあたり、便宜上、身体のある部分、たとえば頭より手とか脚を掴むこともできるでしょう。しかし、その部分を引き寄せたとたんに身体全体がついてきます。この人間をバラバラに切り離すことはできない。そんなことをすれば、その人間は死んでしまいます。歴史家は死骸の断片などには用がないのです。[71]

まことに言いえて妙。フェーヴルの面目躍如といったところですが、ブロックもまたその立場を共有していたのでした。

第四章ではまだ歴史学における概念や術語の問題、時代区分の問題など大切なテーマが扱われているのですが、ここでは先を急いで第五章の検討に移ることにします。前述のとおりこの章は冒頭のごく一部が文章化されただけで未完に終わっており、ブロックの原稿ではタイトルも付いていないのですが、初版に際しフェーヴルが内容を汲んで「歴史における因果関係」という仮題を付したものです。科学的言述では物事の推移を捉えるにあたって、「なぜか」とか「なぜなら」というかたちで筋立てを構成するのが常道ですが、歴史学もこの掟から逃れるわけにはいきません。しかし、一歩踏み込んで考えてみると、歴史における原因を論ずるのはきわめて微妙な作業であることが判ります。ブロックは、疫病蔓延の例を挙げているのですが、この事件の大きな背景となっていた恒久的貧困による健康の悪化や劣悪な衛生状態は一般に先行条件(前件)と呼ばれるのに対し、黴菌の一時的な増殖のような直接的な与件だけが原因と呼ばれて重視されていることが多い。しかし、これは実は見る者の立場によって変わりうるので、医学史の専門家からすれば黴菌が問題だが、社会学者にとっては貧困こそが疫病の原因となる、と指摘しています。

ブロックは、ここからさらに論を進めて、心理的決定論にせよ地理的決定論にせよ、唯一の原因に固執することは歴史の理解にとってふさわしくないと原因一元論を批判しております。そしてここでも裁判官と歴史家を対比し、裁判官は常に「誰に責任があるか」を問うていくのに対し、歴史家は何よりも「なぜ」と問うのであり、答えが単純でないことを受け入れるのだと言います。ブロックがこのように、決定論的思考を排し原因一元論を厳しく批判しているのは、注目すべきことです。それは、歴史のうちに一元的な因果関係を見いだそうとする傾向が根強い日本においても、解毒剤として有効に作用しうる発想と言うべきでしょう。

ブロックの草稿は残念ながらここで中断しています。一九四三年、ブロックは決定的に地下活動に入り、もはや歴史学のあり方を根本から考えなおす作業を続ける状況ではなくなってしまうからです。ここまででは、本書冒頭での「パパ、歴史はいったい何の役にたつの」という幼い少年の問いかけに、なお十全なかたちで答えたとは言えないでしょう。中間プランで予定されていた第七章「予見の問題」や結論部「社会と教育における歴史の役割」にまで筆が及んでいたならば、模範解答とは言わぬまでも、ブロックの試行錯誤の跡をもう一歩踏み込んでぼくらのまえに示してくれたに違いありません。それは一面たいへんに残念なことではありますが、しかしブロックは、いまや歴史をめぐっての省察から転じて、みずから歴史の激流に身を投じる決断をしたのです。ぼくたちも、第五講で、ふたたび市民ブロックに眼を向けることにしましょう。

第五講　生きられた歴史

セミナーの冒頭で述べましたように、マルク・ブロックは、二〇世紀を代表する傑出した歴史家でしたけれども、単にすぐれた学者というだけではなく、時代と正面から向き合い真摯に生きたひとりの市民でもありました。以上四回の講義では、ブロックの生涯と学問上の代表的な作品について、概略を紹介するというのではなく、ぼく自身がそこからなにを読みとるかに力点をおいて話を進めてきました。今日は最後の回になりますので、締めくくりというわけではありませんが、ブロックの背負っていた歴史の重荷の問題にふれてこの講義を終えたいと思います。

大学教授の家庭に生まれ、パリの名門のリセ、ルイ＝ル＝グランに学び、エリートの温床エコール・ノルマル・シュペリウールにすんなりと進学する。卒業後は高校・大学教授資格試験(アグレガシオン)も順調にパスし、ドイツに留学。帰国してはチエール財団の給付をうけて研究に専念し、やがては父親と同様自らも大学の教授となる。雑誌『アナール』を創刊して新しい歴史学を提唱し、すぐれた研究業績によって国際的にも広く知られるにいたる。こうした経歴だけをみれば、世の通念としては典型的なエリート・コースを歩んだ人物ということになるかもしれません。しかも今日とは違って大学の数は桁違いに少なく、大学教授といえば社会的にも敬意をもって遇されていた時代のことです。ブロック自身は、フランス社会におけるエリートのあり方に強い批判を抱いており、軍隊での自らの経験や観察からも、指導層の視野の狭さや退嬰的な態度を鋭く告発していました。しかし、一般の人びとの眼からみれば、ブロックは何といっても「大学の先生」であり特別な存在であったことは認めておかねばなりません。そのことがブロックを苦しめてもいたのですが、この点についてはのちにまた立ち戻ることにしましょう。

第一次大戦に従軍した時期を別にすれば、少なくとも一九三九年に第二次大戦が勃発し再び軍務に服するまでのブロックの生涯は、一見したところ順風満帆であったように見えますが、実をいえばブロックは自らのアイデンティティにかかわるような容易ならざる試煉に遭遇していたのでした。それは出自に由来するものではあるものの社会的・歴史的に大きく増幅された重荷であり、ブロックが自ら好んで選び取ったのではないけれども、人生の節目節目で正面から向き合わざるをえない「人間の条件」ともいうべきものだったのです。その第一は有無をいわせぬかたちでブロックにふりかかっていたユダヤの問題であり、二つ目はそれとは逆にブロックのアイデンティティのあり方を裏側から照らしだす役割を果たしたアルザスの問題です。すでに第一講でこれらの点に簡単にふれましたが、再度ここで立ち入って考えてみたいと思います。

さて、第一にはユダヤの問題ですが、フランス現代史にユダヤ問題が陰に陽に影を落としていることは、名高いドレフュス事件を引き合いに出すまでもなくよく知られているところです。ブロックの生涯を振り返ってみても、コレージュ・ド・フランスへの立候補をめぐってユダヤ出自であることが口には出されぬものの選考会議の判断に影響を与えていた事情については、コレージュの同僚を内部から観察していたフェーヴルが書簡のなかでほのめかしているところです(一九三六年二月九日付ブロック宛)。ブロックも「反ユダヤ主義の明白なぶり返し」を危惧し、この奇妙な社会現象は国境の被膜をこえて滲み通ってくるのであろうか、と辛辣なことばを投げかけています(一九三六年三月三〇日付フェーヴル宛)[72]。

しかし、ブロックについてユダヤ出自の問題がとくに強調されるのは、その生涯の最後にいたりユダヤ人のゆえをもってはかりしれない試煉を強いられ、ついには悲劇的な死を迎えることになったからでした。この問題を考える上で重要な手がかりを与えてくれるのが、ドイツ占領下のフランスで明日の命も知れぬままに、悲痛な想いをもってしたためられたブロックの『遺書』にほかなりません[73]。これが書かれたのは、一九四一年三月一八日のことですが、そこにいたる間ブロックがおかれていた異常な事態を、第一講と若干重なりますが振り返っておきたいと思います。

巻末の年譜を参照していただきたいのですが、対独戦に参戦していたブロックは四〇年五月ダンケルクから危機一髪でイギリスに脱出し、そのあとただちにフランスに戻ってノルマンディ、さらにはブルターニュに撤退していた原隊に復帰しようとするのですが、もはやフランスの敗北は決定的でなす術もありません。ブロックも軍務を離れ、家族が疎開している中央山地の一寒村にあった別荘へと避難します。このこと自体は、ルネ・クレマンの映画『禁じられた遊び』に見られるように、当時多くのフランス人が経験した南仏への脱出の一環で、ブロックに特別のこととは言えないでしょう。しかしそこへ、ブロックの人生を根底から変えてしまうような第一の衝撃が襲ったのでした。ブロックは、たとえ占領下であってても、新学期には少なくともソルボンヌでの講義だけは再開するつもりだったにもかかわらず、

図 18　中央山地，フージェールの家．ドイツ軍占領下パリのアパルトマンを追われ，ここで避難生活を送った

ドイツ軍占領地域の中心であるパリではユダヤ系のブロックの立場はきわめて危険なものとなり、ソルボンヌへの復帰は事実上不可能となってしまったからです。やむをえずブロックは、ヴィシー政府管轄下のいわゆる自由地区に移ろうと、クレルモン＝フェランに退避していたもとの職場ストラスブール大学への配置がえを申請して認められるのですが、そこへ追い打ちをかけるかのように第二の衝撃が襲います。というのは、四〇年一〇月三日ヴィシー政府によりユダヤ人から一切の公職に就く権利を剝奪する「ユダヤ人公職追放令」が発布され、大学教授のポストも公職として当然その中に含まれていたからでした。そのころブロックは、重い心臓病を病んでいた八二歳の母親と、肋膜炎を患っている妻、それから六人の子供たちを養わなくてはならない一家の主でもありました。ブロックが一切の職を失ってしまうということは、かれとかれの家族にとって、ほとんど生死にかかわることだったのです。

しかも、このような厳しい事態に追い込まれていたブロックに、まさに「良心の危機」にかかわる微妙な問題が起こったのでした。というのは、一〇月三日の「公職追放令」によりますとユダヤ人は原則として全員が公職追放なのですが、第八条に免除規定があり、学問や芸術の面で功績の著しい者、赫々たる戦果をあげた軍歴のある者は追放令から除外されうるというきまりがあったからです。この免除申請を出すかどうかでブロックは大変に迷うことになります。最後まで逡巡した末、友人たちの勧めもあってついに免除願いを提出するのですが、そのことをずっとのちまで自分の負った罪として苦しまなければなりません。当時のヴィシー政府文部大臣であった哲学者のジャック・シュヴァリエはブロックとは旧知の仲でしたし、ソルボンヌの文学部長でやがてはヴィシー政府の文部大臣にもなった古代史家ジェローム・カルコピーノは、マルク・ブロックの父ギュスターヴの教え子であり、ソルボンヌではブロックの親しい同僚でもありました。こうした旧友たちが支援していたことは確かで、ブロックの追放免除が認められたのです。皮肉なことに永年かれの論敵であった中世史家ルイ・アルファンもユダヤ人であり、かれもこのとき免除措置を受けたひとりでした。ユダヤ人でありながら特例措置を申請し認められたことは、他のユダヤ人を見捨てたことになるのではないか。ブロックの心中でこれはたいへん辛い選択であったに違いなく、先程「良心の危機」と言ったのはそれゆえです。

このような状況のなかでブロックは『遺書』をしたためるのですが、そこには一行一行に、急速に深刻化する外的状況とブロックの内面の苦悩とが交錯し火花を散らすさまを看て取ることができるでしょう。(74)以下にその全文を訳出しましたので、早速にテクストそのものを読んでみたいと思います。

フランスであれ、異国の地であれ、私《わたくし》がどこで、またいかなる時に死を迎えることになろうとも、私は最愛の妻に、もしも妻がその任にあたれぬ場合には私の子供たちに、かれらがよしと判断するとおりに葬儀をおこなうことを委ねる。葬儀は純粋に非宗教的なものとなるはずだ。家族は、私が他の形式の葬儀を望まなかったことをよく知っているからである。ただ、その日には、葬儀がおこなわれる家であれ墓地であれ、以下の短い文章を友人の誰かが読み上げてくれるよう希っている。《ヘブライの祈りの旋律は、私の祖先の多くの者、そして父その人の最後の休息の時にも添えられていたとはいえ、私は、私の墓前でその祈りの言葉が朗誦されることを望んだことはありません。私は全生涯を通じ、言葉と精神のまったき誠実さを目指して最善をつくしてきました。偽りを許容するような態度は、それがどんな口実に飾られていようと、魂を侵すもっとも悪質な病毒と考えています。私は自分の墓碑の銘として、私などとは較べものにならない偉大な人物に対し贈られたのと同じ「かれは真実を愛した」Dilexit veritatem という簡潔な言葉だけを刻んでくれるよう希っています。そうであればこそ、すべての者がみずから自分自身を要約しなければならないこの最後の別れの時に、私がその「信条」credo を認めていないユダヤ正統信仰の吐露への呼びかけが、私の名においてなされるのを容認することはできなかったのです。

しかし、この誠実さに由来する行為のうちに、卑劣な隠蔽ともおぼしきものを看て取る人がいるとすれば、それは私にとっていっそうおぞましいことです。それゆえ、必要とあれば、死を前にして私はこう断言します。私はユダヤ人として生まれたことを否認しようなどと考えたことは一度もなかったし、否認するよう私を誘《いざな》う動機に出合うこともなかった、と。残忍極まりない蛮行に覆われている世界において、ヘブライ予言者たちの高潔な伝統は、キリスト教がそのもっとも純粋な核心部分で受け入れ発展させており、私たちが生き、信じ、闘うための最良の理由のひとつであり続けてはいないでしょうか。

宗派的ないかなる虚礼にも、人種的と称するいかなる絆にも無縁な私は、全生涯を通じ、何にもまして、ごく単純に、自分自身をフランス人だと感じてきました。すでに長い家族の伝統によって私の祖国と結びつけられ、その精神的遺産と歴史に培われてきた私にとって、心おだやかに呼吸ができる他のいかなる国も実のところ思い浮かべることは不可能であり、祖国をこよなく愛し、力をつくしてこの祖国に奉仕してきました。私がユダヤ人であることが、これらの感情に、どんな小さなものであれ障害になりうるなどとは、一度たりとも感じたことがありません。フランスのために死ぬ機会は、二度の大戦を通じて私には与えられませんでしたが、嘘いつわりなく、私自身に対しこう証言することができます。私は、これまでそう生きてきたのと同じように、よきフランス人として死ぬのだ、と。》

そして最後に、もしも原文を手に入れることができたならば、私が五度にわたって授与された表彰状を朗読してほしい。

クレルモン＝フェラン、一九四一年三月一八日

以下〔二三〇―二三一頁〕に手書きの原文も併せ載せておきました。ブロックがどういう字を書いた人かを見ていただくと、人柄の一端がわかるかと思ったからです。崩し文字で判読に苦しむようなことのない几帳面な書体です。遺書だから丁寧に書いているという面があることはたしかですが、文書館でとった史料のメモや手紙などもきちんと書かれており、ブロックの几帳面な性格をよく示しているように思います。

遺書は家族に宛てた冒頭の一節に始まり、そのあとに葬儀の際読み上げて欲しいというかなり長い文章が続きます。そして最後に、再び家族に宛てた短い締めくくりの文章で終わっています。遺産の処理などという実務的な記述は一切なく、ブロックの言葉に従えば、「すべての者がみずから自分自身を要約しなければならないこの最後の別れの時」に、ぜひとも言い残さねばならないと思い定めた事柄のみが凝縮されたかたちで記されていると言ってよいでしょう。

冒頭に「フランスであれ、異国の地であれ、私がどこで、またいかなる時に死を迎えることになろうとも」とありますが、これは単なる決まり文句として書かれているので

はありません。現実にブロックは明日をもしれぬ生活を強いられていたのでした。ユダヤ人に対する迫害は日増しに強まり、大学の職が不確定なだけではなく、いつ拘束され行方が判らなくなってもおかしくない状況であったからです。脱出の途次スペイン国境で拘束され自死を遂げたベンヤミンの例を先に挙げましたが、多くのユダヤ人がこうして命を落としていったのでした。第一講で述べたとおり、ブロックはアメリカへの脱出も考えヴィザ取得に苦心していたのですし、それがうまく運ばないことが明らかとなるとマルチニック経由で脱出することも考えていたのです。「フランスであれ、異国の地であれ」というのは現実味のある話なのだということが判ります。

その上でブロックは葬儀のかたちを家族の判断に委ねています。「妻がその任にあたれぬ場合」と記されているのも形式的な表現ではありません。妻のシモーヌはブロックより八歳年下でしたが重い肋膜炎を患っており、疎開先の慣れない土地で凍てつく冬の日も食料を手にいれるため朝の四時から長い行列をつくらなくてはならない生活に、その健康はいちじるしく悪化していたからです。葬儀のかたちは家族の判断に委ねたとはいえ、「純粋に非宗教的なもの」obsèques purement civiles であることが大前提となっていることに注目しておかねばなりません。それは自分が無神論者だということを一般論としていう以上に、何よりもユダヤ教の信仰を持っていないと表明することが重要だったのであって、それだからこそ非宗教的ということがこれほどに強調されているので

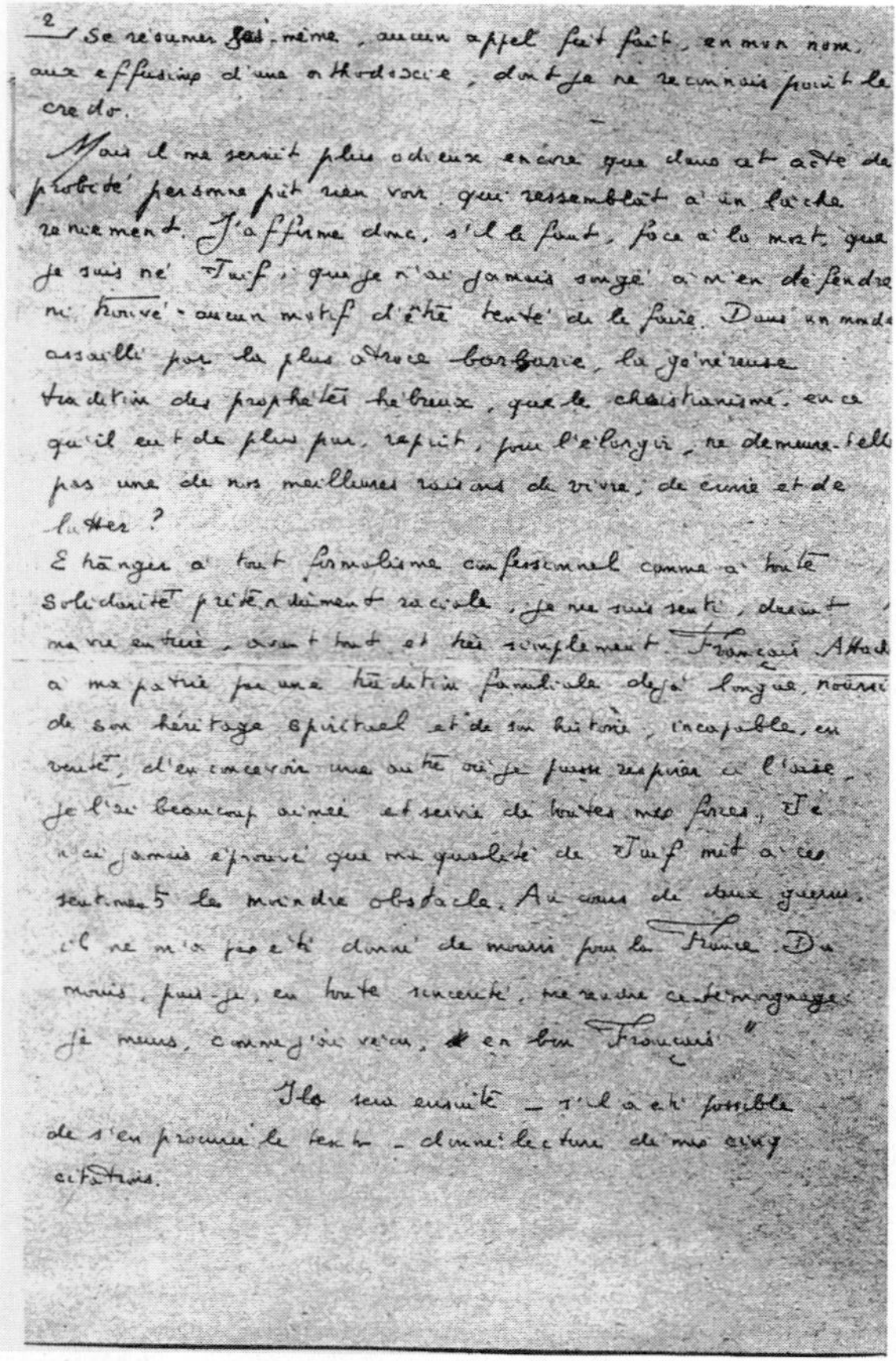
2 / se résumer soi-même, aucun appel fait, en mon nom, aux effusions d'une orthodoxie, dont je ne reconnais point le credo.

Mais il me serait plus odieux encore que dans cet acte de probité personne pût rien voir qui ressemblât à un lâche reniement. J'affirme donc, s'il le faut, face à la mort, que je suis né Juif; que je n'ai jamais songé à m'en défendre ni trouvé aucun motif d'être tenté de le faire. Dans un monde assailli par la plus atroce barbarie, la généreuse tradition des prophètes hébreux, que le christianisme, en ce qu'il eut de plus pur, reprit, pour l'élargir, ne demeure-t-elle pas une de nos meilleures raisons de vivre, de croire et de lutter?

Étranger à tout formalisme confessionnel comme à toute solidarité prétendument raciale, je me suis senti, durant ma vie entière, avant tout et très simplement Français. Attaché à ma patrie par une tradition familiale déjà longue, nourri de son héritage spirituel et de son histoire, incapable, en vérité, d'en concevoir une autre où je puisse respirer à l'aise, je l'ai beaucoup aimée et servie de toutes mes forces. Je n'ai jamais éprouvé que ma qualité de Juif mît à ces sentiments le moindre obstacle. Au cours de deux guerres, il ne m'a pas été donné de mourir pour la France. Du moins, puis-je, en toute sincérité, me rendre ce témoignage: je meurs, comme j'ai vécu, en bon Français."

Il sera ensuite — s'il a été possible de s'en procurer le texte — donné lecture de mes cinq citations.

エチエンヌ・ブロック氏所蔵

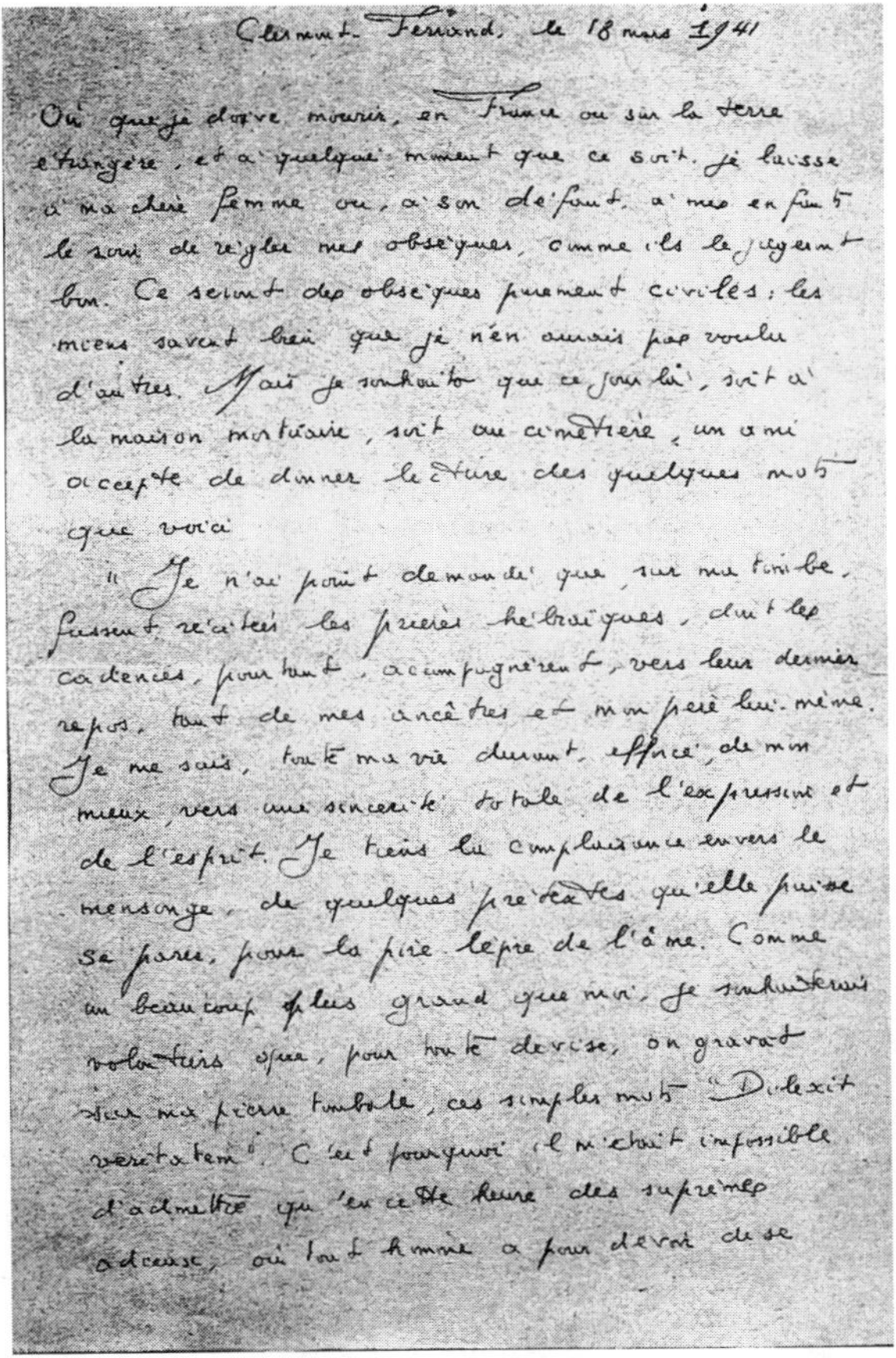

Clermont-Ferrand, le 18 mars 1941

Où que je doive mourir, en France ou sur la terre étrangère, et à quelque moment que ce soit, je laisse à ma chère femme ou, à son défaut, à mes enfants le soin de régler mes obsèques, comme ils le jugeront bon. Ce seront des obsèques purement civiles ; les miens savent bien que je n'en aurais pas voulu d'autres. Mais je souhaite que ce jour là, soit à la maison mortuaire, soit au cimetière, un ami accepte de donner lecture des quelques mots que voici

« Je n'ai point demandé que, sur ma tombe, fussent récitées les prières hébraïques, dont les cadences, pourtant, accompagnèrent, vers leur dernier repos, tant de mes ancêtres et mon père lui-même. Je me suis, toute ma vie durant, efforcé, de mon mieux, vers une sincérité totale de l'expression et de l'esprit. Je tiens la complaisance envers le mensonge, de quelques prétextes qu'elle puisse se parer, pour la pire lèpre de l'âme. Comme un beaucoup plus grand que moi, je souhaiterais volontiers que, pour toute devise, on gravât sur ma pierre tombale, ces simples mots « Dilexit veritatem ». C'est pourquoi il m'était impossible d'admettre qu'en cette heure des suprêmes adieux, où tout homme a pour devoir de se

図19　ブロックの遺書(1941年3月18日付).

す。実はブロックのこの信念は古くからのもので、第一次大戦に従軍中の一九一五年六月一日付で書かれた最初の遺書においても、その末尾で「私が花環も弔花もない純粋に非宗教的な葬儀を望んでいることは言うまでもない」と書いていました。(75) 熱心なユダヤ教の信徒であったブロック家の伝統から離脱するという決断は、早くになされていたことが判ります。

この前文に続き、友人に読み上げてもらいたいというかなり長い文章が続きます。二重のカッコで括られているのがその部分です。冒頭で「ヘブライの祈り」(ヘブライ語で誦されるユダヤ教の祈り)の旋律にふれているのは、まさにかれの出自にかかわっているのですが、第一講で述べましたように、ブロックの家系はアルザス地方に移り住んだユダヤの家柄でした。しかも、単に血筋としてユダヤだというだけではなく、熱心なユダヤ教徒でもありました。当然のこととして、葬儀にあたってはユダヤ教の儀礼が守られてきたのです。実をいうと父親のギュスターヴ・ブロックは熱烈な共和主義者でいかなる宗教も信じず、ユダヤ教の信仰からも離れたのでした。ギュスターヴの代でブロック家とユダヤ教との関係は変わったことになります。しかし、ギュスターヴは、幼いころ共に過ごした母方の祖父で、ユダヤ教のラビでもあったアレクサンドル・アロンへの敬慕の念から、最後の時にあたってはユダヤ教の儀礼に従うことを選んだのでした。『遺書』でわざわざ「父その人の」と追記しているのはそのためです。

マルク・ブロックはこうした背景を記したうえで、自分の死にあたっては墓前でユダヤ教の祈りは朗誦しないで欲しいと明確にその意思を述べているわけです。父ギュスターヴの選択への非難ともとられかねないことも懼れず、自分の信念をいつわることはできないと言う。そして私の墓石には銘として、「かれは真実を愛した」という簡潔な言葉だけを刻んでほしい、と。実はこの墓碑銘は、ブロックのエコール時代の恩師であった中世史家のクリスチアン・プフィステール、新発足したストラスブール大学の文学部長になりまだ若いブロックたちを盛り立ててくれたそのプフィステールが亡くなったときに、ブロックが葬儀委員長の役を務め、「わが師プフィステールにはこの言葉がもっともふさわしい」といって贈った碑銘なんですね。それはみんなが知っていたことで、「私などとは較べものにならない偉大な人物」と言っていますのは「わが師プフィステール」を指している。この碑銘にかけても、自分の人生をみずから要約しなければならない葬儀という最後の別れのときに、「私がその信条《クレド》を認めていないユダヤ正統信仰の吐露への呼びかけが、私の名においてなされるのを容認することはできなかった」と記しているのです。このようにブロックは、自分がユダヤ教の信仰を持っていないことを明言し、たとえかたちだけであってもユダヤ教の葬儀はおこなってくれるなと指示したのでした。

ブロックは、さらに重要な発言を続けます。ユダヤ教徒ではないという、誠実さに由来する言明のうちに、ユダヤ人であることの卑劣な隠蔽や否認の意図を看て取る人がいるとすれば、それはおぞましいことだ。必要とあれば死を前にして断言しよう。「私はユダヤ人として生まれたことを否認しようなどと考えたことは一度もなかった」、と。このようにブロックは、葬儀の際のユダヤ教の儀礼は拒否しましたが、自分がユダヤの血筋であることを否認するつもりはまったくないと宣言するのです。ユダヤ弾圧において、ナチス・ドイツにおいては特にユダヤ教の信仰が問題だったのに対し、ヴィシー政権下のフランスではユダヤ教徒ということよりはユダヤの血そのものが問われていたのでした。一九四〇年の「公職追放令」はその第一条で、父系・母系の祖父母四名のうち三名、妻がユダヤ人の場合には祖父母のうちの二名がユダヤ人である者を「ユダヤ人」と定義しています。その意味で、ブロックがユダヤの血筋であることを公然と認めることは、それ自体重大な結果をもたらしうる言明であり、ユダヤ教徒であることを否定しても、それが卑劣な隠蔽にあたらぬことは明らかです。

この『遺書』は、ユダヤ人に対する抑圧が日々強化され始める時期に書かれたものであることに気を付けておきましょう。四〇年一〇月三日の「ユダヤ人公職追放令」はその代表的な例ですが、以後相継いで政令が発せられ抑圧の度合を強めていきます。ドイツによる占領地区かヴィシー政府管轄下のいわゆる自由地区か、昔からフランスに定着していたユダヤ人か近年急増した亡命ユダヤ人かによって適用される政策に違いがあったことは確かですが、ユダヤ抑圧は全体として、黄色い星の着用強制から、フランス国内の収容所への収監、ドイツの強制収容所への移送、そしてついにはナチスによる「最終解決」(ショアー、ホロコースト)へと行き着くことになるでしょう。しかもこの絶滅政策には、近年の研究が明らかにしてきたように、ナチス・ドイツばかりではなく、フランスの警察や民兵も手をかしていたのでした。こうした状況を身をもって生きていたブロックは、みずからのアイデンティティをどのように定義しようとしていたのでしょうか。『遺書』の続きを読んでみましょう。いかなる宗派、いかなる人種的絆とも無縁な私は、全生涯を通じ、自分自身をフランス人だと感じてきた、とブロックは言います。すでに長い家族の伝統によって祖国に結びつけられ、その精神的遺産と歴史に培われてきた私は、祖国をこよなく愛し、全力を尽くして祖国に奉仕してきたのだ、と。家族の伝統を語るとき、ブロックの念頭には、曾祖父のガブリエルがフランス革命下の一七九一年ユダヤ人解放令によってフランスの市民権を取得し、「祖国は危機に瀕せり」とのアピールに応え革命フランス擁護のため九三年義勇兵として従軍したことや、父ギュスターヴが熱烈な共和主義者であったことなどが思い浮かんでいたのかもしれません。こうした家族の伝統のなかに自分はあるとブロックは言っているのです。そして、マルク・ブロック自身はといえば、エコールの学生だった若き日にはドレフュス擁護に胸を焦がし、市民による政治共同体としてのフランス共和国に希望を託し、一貫した共和主義者として非宗教性の立場を堅持したのでした。リヨンに生まれて程なく首都パリに移り、生粋のフランス文化を体現している最高レベルの学校で学んだことからも、フランスの「精神的遺産と歴史に培われてきた」というのはブロックの真意といってよいでしょう。

それでは、ごく自然に自分はフランス人だと感じてきたというブロックにとって、ユダヤの血筋との関係はどう受けとめられていたのでしょうか。ブロックは、自分がユダヤ人であることは公けに認めるけれども、そのことがフランスを愛する気持ちの障害になりうるなどとは感じたこともない、と言います。そして、少し前の部分では、自分は「宗派的ないかなる虚礼にも、人種的と称するいかなる絆にも無縁」だとも言っています。実際、ブロックは、シオニスムの主張や運動に与したことはありませんでした。ドイツ占領下の一九四一年一一月に「在仏ユダヤ人総連合」(UGIF)が設立されたときも「総連合」がユダヤ人という人種集団を対象にしており、ユダヤ人をフランス人から切り離しゲットーへ閉じ込める結果になるとして、マルク・ブロックはジョルジュ・フリードマンらとともに反対しています。このようにブロックはユダヤ人がフランス人のなかで自分たちだけの集団をつくることに賛成しませんでした。そして『遺書』でも、「私は、これまでそう生きてきたのと同じように、よきフランス人として死ぬのだ」と締めくくっているのです。

個人のアイデンティティは一元的に括られてしまうものではなく、多元的な要素が流動的に重なり合ってかたちづくられているものだということが広く認められるようになった今日の考え方からすれば、ブロックがユダヤ人であり、アルザス人であり、そして同時にフランス人でもあるのは異例のことではありません。ユダヤの血筋であることを強調し公式に認めているブロックが、これほどまでに「よきフランス人」であることを強調し「祖国をこよなく愛し、力をつくしてこの祖国に奉仕してきました」と、『遺書』のかたちをとってまで言い遺さねばならなかったのは、尋常ではありません。普通ならばあえて口にする必要もなければ、その気もおこらなかったでしょう。

これをさらに増幅するかたちになっているのが、『遺書』の最後の数行です。これは友人に読み上げて貰うための文章とは区別された部分で、冒頭と同様家族に宛てられたものですが、そこにはこうあります。「私が五度にわたって授与された表彰状を朗読してほしい」と。ここで表彰状といっているのは、学問上の業績に与えられる学士院賞といったたぐいのものではありません。それは軍隊における功績に対し司令官から贈られる表彰状で、ブロックは第一次大戦のときに四回、第二次大戦のときに一回授与されました。いずれも部隊の指揮が的確で常に沈着冷静であったといった内容のものです。第二次大戦下一九四〇年の表彰状は、第一軍参謀本部付でベルギー戦線に加わっていた折のものですが、燃料補給という重大な任務を困難な条件のなかで果たしたことについての表彰です。「思慮深い判断力、確実な方法、粘り強い努力」が称賛されているのですが、ブロックの歴史叙述にみられる特徴がここでもみごとに言い当てられているように思います(76)。

しかし、ブロックが墓前で表彰状を読んでほしいと言ったのは、このような内容のためではありません。自分は二度の戦争にみずから進んで加わったけれども、それは祖国フランスのためにいつ命を落としても悔いがないという思いからだったと言っているんですね。その証しとしての表彰状なのです。『遺書』はこうして閉じられているのですが、ここまで読みいたりますと、ブロックをこれほどまでに切羽つまった状況に追いつめていった歴史の悪意に、痛々しい想いを禁ずることができません。これは単なる愛国主義や祖国愛の表明ではない。ユダヤのゆえにかれを、共通の理念によって結ばれた政治共同体の同じ権利をもった成員のひとりと認めようとしないヴィシーのフランスに向かっての、死を眼前にした悲痛な叫びにほかなりません。ブロックは、一九四三年、この『遺書』を家族の手に委ねた上、決定的なかたちでレジスタンスの地下活動に加わったのでした。

ユダヤ人に対する排除・抑圧の動きは、その後もとどまるところを知りません。ブロックが『遺書』をしたためた直後の四一年四月、打撃は『アナール』そのものを襲います。ドイツの占領当局は、ユダヤ人が編集・刊行の責任者を務める出版物・定期刊行物の発行禁止を指令したからです。『アナール』は創刊時からフェーヴルとブロックのふたりを共同の責任者とし、雑誌の表紙にもそのように明記してきましたから、いまや雑誌の存続そのものが危機に直面することとなりました。この事態にどう対処するかをめぐって、フェーヴルとブロックのあいだには深刻な意見の対立が生まれ、これまでの協力関係に大きな亀裂が生じるにいたったのです。

フェーヴルは、新しい歴史学の旗じるしの役を果たしてきた雑誌の刊行維持を第一義に考え、そのために必要な措置をとるのはやむをえないと主張したのですが、必要な措置とは編集刊行責任者の表示を表紙から消去すること以外のなにものでもありません。これに対しブロックは、発行禁止令の不当性を告発し、ここで妥協すれば次々と追い込まれることは眼に見えていると反論して自分の名前を削ることを拒否したのでした。その上、止むをえなければむしろ『アナール』の刊行を停止することを提案します。フェーヴルはブロックの見通しの甘さと頑なな態度を非難し、両者は感情的にも抜き差しならぬところまで追いつめられた感がありました。この間の事情は、ブロックの詳しい評伝を書いたキャロル・フィンクが紹介しているところですが、現在ではフェーヴルとブロックの『往復書簡集』の刊行が完結しましたので、その第三巻で両者の緊迫感に満ちた手紙そのものを読むことができます[77]。

一カ月をこえる激しいやりとりの末、五月一六日にいたってブロックは、フェーヴルの議論に納得はしなかったもののその提案を受け入れ、編集と刊行の責任者名を表紙から削ること、以後自分はフージェールという筆名で論文を掲載することに同意したのでした。これはデュルケム派の雑誌『社会学年報』が、刊行を続けるためユダヤ人であったデュルケムの甥マルセル・モースが編集陣から外れ、以後は筆名で寄稿を続けたのと同じ方式でありました。事の推移を追って明らかとなるのは、これはパリにとどまっているフェーヴルが占領当局におもねってやった措置でもなければ、『アナール』の編集権を独占しようという密かな願望から企んだ仕業でもなく、ましてやかれが反ユダヤという意識下の欲動に突き動かされたのでもないということです。そしてブロックの側からいえば、パリにとどまりコレージュ・ド・フランスやソルボンヌで教え続ける者たちへの不信感が噴出したのでもなければ、ときに専横にふるまう年上のフェーヴルへの反感がつのったというのでもありません。現に、戦時下の出版規制のため『社会史年報』と改称した『アナール』の一九四一年号からは、『アナール』創刊以来表紙を飾ってきた編集刊行責任者としてのブロックとフェーヴルの名前が消されるのですが、単にブロックの名前だけではなくフェーヴルのそれも同時に消去されていることに注意しておきたいと思います。永年にわたって築き上げられてきたふたりの友情があわや引き裂かれんばかりとなったのは、ほかでもないドイツ占領当局の、そしてそれに追随するヴィシー政権の、なりふり構わぬ理不尽なユダヤ抑圧政策によると言わねばなりません。

先にとりあげたブロックの遺作『歴史のための弁明』の冒頭には、リュシアン・フェーヴルへの献辞が載せられています。その日付は四一年五月一〇日で、もしもこれが事実通りならば、まさにふたりが『アナール』の運命をめぐって厳しいやりとりを続けている最中のことです。そこにはこう書かれています。

長い間、私たちは協力し合って、より広くより人間的な歴史のために闘ってきました。私がこれを書いているとき、私たちの共通の任務は多くの脅威にさらされています。それは私たちの過ちによってではありません。私たちは、不当な運命の暫定的な敗北者なのです。私は確信しています。私たちの協力が真の意味で再開する日が必ずや来るであろうと。かつてと同じように自由で、以前の通り公然とした二人の協力が。(78)

ここにしるされている一語一語が決して「無償の言葉」ではないことがお判りいただけるかと思います。

キャロル・フィンクによる伝記『マルク・ブロック』は、その副題にあるように、ブロックの「歴史のなかの生涯」A Life in History を克明に追ったすぐれた作品です。彼女の努力によって、ユダヤの問題も含めブロックの生涯の知られていなかった部分が初めて明るみに出されたといっても過言ではありません。外国人でなければ参看することがむずかしかったフェーヴル家・ブロック家それぞれが別個に保有する文書も含め、広範な史料の探索と関係者のインタヴューに支えられた密度の濃い叙述が、フランスでも高い評価をえているのは当然と思われます。ただ注目されるのは、全体についてのフランス人研究者による評価は高いのですが、ブロックの生涯におけるユダヤ問題の位置づけについては、フィンクの解釈はその点にあまりにも重みをかけすぎているという批判が散見されることです。たとえばルロワ＝ラデュリはこう言います。「マルク・ブロックの父親ギュスターヴ・ブロックを「同化されたユダヤ人」などと呼ぶのは馬鹿げている。かれは要するにユダヤ出自のフランス人というだけで、他のフランス人がブルターニュ生まれだったりプロテスタントだったりするのと違いはないのだ」と。[79] フィンクはドイツを中心とした二〇世紀ヨーロッパ史が専門で当然のことながらユダヤ問題に強い関心を抱いていましたし、アメリカの歴史家として日々の生活のなかでユダヤの問題と直面していますから、ユダヤ人の運命にとりわけ敏感だということがあるかもしれませんん。また、すべてをホロコースト(ショアー)に収斂させて見る傾向が強く、フランスの場合のような両義的な状況に対する理解が足りない面もあるかもしれません。第二次大戦下のような事態が、フランスの近代史・現代史の全体を覆っていたのでないことは確かだからです。しかしそれだからといって、ユダヤ問題という歴史の重荷を軽く見てよしということには決してならないでしょう。ブロックが『遺書』で暗示しているように、問われているのはまさに、フランス人がユダヤ人問題に、過去から現在にいたるまで、どれほど自覚的に向かいあってきたかであるからです。

さて、第二にはアルザス問題ですが、これはなかなか扱いにくいテーマです。ユダヤ問題とは対照的に、ブロック自身はこの点についてほとんど語っておらず、先祖代々の故郷がアルザスであることはまったく意識にのぼっていないのではないかとすら思えるほどだからです。それにもかかわらずここであえてとりあげるのは、ブロックにとってこの問題が存在していなかったかに見えるとすればそれはいったいなぜなのか、その点を考えてみたいからでした。

第一講で概観したように、ブロック家の系譜はフランス革命の前夜まで遡ることができるのですが、少なくともそれ以後はずっとアルザスに定着してきたユダヤ系の家族でありました。いつこの地に移住してきたのかは判っていませんが、ユダヤ人排斥が比較的緩やかだったアルザスに東方より移り住んだものと推定されます。アルザスにはこのような東方系ユダヤがかなり多く定着していたのです。最初は小商人というところから始まり、続く世代ではエコール・ノルマルで学んで小学校の先生となり、その次の代にはエコール・ノルマル・シュペリウールを出てソルボンヌの教授になる。それを社会的上昇というかどうかは別として、アルザス社会、さらにはフランス社会のなかで徐々に、しかし着実にその地歩を築いていった、そういう家柄であります。

第一講でもふれましたようにアルザスは、フランスとドイツという強力な主権国家にはさまれて何度もその政治的帰属を変えた地域ですから、生まれたときにはフランス国民だったのにある日から突然ドイツ国民になってしまったとか、逆にドイツ人のつもりでいたらフランス人になってしまったとかいうことが起こるわけです。有名なアルベルト・シュヴァイツァー博士も、一八七五年に生まれたときはドイツ国籍で、当時のシュトラスブルク大学に学び著書もドイツ語で書いていたのですが、第一次大戦が終わりアルザスがフランス領に戻ってフランス国籍となり、人名事典などでも「現代フランスの哲学者、医師、音楽家」と書かれるようになるのです。マルク・ブロックの父ギュスターヴは一八四八年生まれですからフランス国籍ですが、普仏戦争でプロイセンにフランスが負けて、七一年にアルザスはドイツ領になってしまいます。両親はアルザスにとどまりましたからドイツ国籍に変わったわけですが、息子のギュスターヴはフランス国籍を選び、パリに戻ってエコール・ノルマル・シュペリウールでの勉強を続けます。同じ家族でありながら政治的帰属は別々になるといった事態が、ここで生じたわけです。アルザス人であるがゆえに背負わなくてはならなかった政治的帰属の両義性の問題はまさに歴史の重荷であり、それをどう受け止めるかが生涯の大きな課題となったケースが多々あるのです。今日では、ヨーロッパ統合が進むなかで、ヨーロッパ議会がストラスブールに置かれるなど、その両義性を逆手にとってアルザスは脚光を浴びているところがありますが、それは最近のことにすぎません。

日本でも、アルザス研究は近年格段にレベルが高まっているのですが、以上に指摘したような政治的アイデンティティの問題と並んで、とくに言語の問題を軸とした文化的アイデンティティの研究が盛んになりました。これは現代世界において国民国家という枠組みが相対化され、地域文化の復興・活性化が注目されるようになった大きな流れの一環でもあり、アルザスの言語文化の独自性が研究者の関心を集めているのです。アルザス地方はもともと西南ドイツやスイスの一部と同じようにゲルマン語文化圏の一環をなしていました。中世には神聖ローマ帝国に属していましたから、政治的にもそれで問題はなかったわけです。それが一七世紀にフランスによって征服され、共通言語としてフランス語が導入されるようになると、事態は複雑になります。一般的にいえば、中央集権的性格が強いフランスでは、近代に入ると中央の権力のもとで文化的統合が推進され、言語の面でも、多様な地域言語はほとんど強制的なかたちで標準語に統合されていきます。南フランスのオック諸語やブルターニュのブルトン語などはみな、このような運命を辿りました。ところがアルザスでは、永年用いられてきたゲルマン語の一方言としてのアルザス語がなかなか頑張っており、とくに農村では、いまでも話し言葉としてアルザス語が使われている村がたくさんあります。アルザスの人はフランス人だといわれてきたけれども、言語文化の点からみればむしろドイツとの親近性が強いのではないかという見方も成り立ちうるのです。田中克彦さんがドーデの短編『最後の授業』(80)の解釈をめぐって鋭く問題を提起されたのは、このような事情を踏まえてのことでした。

アルザスの人たちの文化的アイデンティティと政治的アイデンティティのずれをどう理解したらよいでしょうか。実はこの点をめぐって、住谷一彦さんがマックス・ウェーバーをひきながらたいへん示唆的な指摘をしておいでなので、ここで紹介させていただこうと思います(81)。これは妻マリアンネが書いた夫の伝記(『マックス・ウェーバー』)に出ている記述なのですが、ウェーバーは一八八三年一九歳のときに兵役義務でシュトラスブルク(ストラスブール)に駐留するのです。かれのイメージではエルザス(アルザス)地方は西南ドイツにつらなるドイツ文化圏の一部にほかならずドイツ兵は歓迎されるに違いないと思い込んでいた節があるのですが、演習で農村地帯に出かけたときに思いがけぬ経験をすることになりました。「エルザス(アルザス)の民衆がわれわれプロイセンの軍人とこれほど親しもうとしたがらず、これほどわれわれに冷淡なあしらいをするのは本当に残念です」とかれは家族に送った手紙のなかで書いています。言語が共通で文化を共有しているのに、なぜこれほど忌み嫌うのか。ウェーバーにはこれはたいへんなショックで、その後の研究生活のなかでこの問題を深めていったのでした。主著『経済と社会』の一節でこう書いています。

言語の相違といえども、「国民的」共属の感情を絶対に妨げるとは限らない。ドイツ語を話すアルザス人は、あの当時フランス「国民」の一員だと感じていたし、大部分はいまもなおそう感じている。にもかかわらず、フランス語を喋るフランス人のような全き意味で、彼らはフランス国民ではない。……ドイツ系アルザス人のなかに浸透しているフランス人との「共属感情」は、「習俗」および……いくつかの「感性的文化」の共通性に制約されたものであると同時に、また政治上の思い出に制約されたものでもある。コルマールの博物館に一歩足を踏み入れてみるがよい。そこには、局外者にはなんのこともないけれども、アルザス人にとっては悲壮感をかきたてる記念の品々——三色旗、軍帽、鉄かぶと、ルイ・フィリップの勅語、なかでもフランス革命時の記念品——が溢れている。封建制打破の象徴として大衆の称賛する共通の政治的運命——間接には社会的運命でもある——がこうしたゲマインシャフトをつくり出したのであって、その伝説は素朴な民衆の英雄譚の最たるものである。

アルザス人の「共属感覚」の重層性を描いて余すところがありません。(82)

ここでもう一つ考えておかなくてはならないのは、アルザスの人びとの心性にみられるフランス指向と地域密着のあいだの揺れの問題です。この点については、フレデリック・オッフェが『アルザス文化論』[83]のなかで、たいへん示唆的な議論を展開しているのですが、オッフェによりますと、アルザス人のフランスに対する感情は、言ってみれば養子意識だというのですね。つまり、自分たちは養子としてフランスに受け入れられたのだけれども、フランスの本当の子供とは認めてもらえない。その劣等感が裏返しになると無理をして極端なフランス愛国主義を唱えたり、最初から諦めの境地になって地域に閉じこもってしまったりするというのです。

オッフェはそこで、言語をめぐる態度の社会層によるコントラストに注目します。それは社会的に見ると二つの対照的なかたちであらわれる。ひとつはブルジョワジー、ストラスブールやミュルーズといった行政や産業の中心となっている都市のブルジョワたちで、かれらはフランスの支配下では、国家語であり標準語であるフランス語を使うのがあたりまえと考え、それが社会的優位のしるしだと思い込む。そして、地位が上がれば上がるほどに、家族や使用人に対してもアルザス語でしゃべるのはやめろと強制するにいたる。つまり、ブルジョワ階層ではフランスへの同化を指向する傾向が強いと指摘されております。そういう社会の上層の動きに対して、農民や労働者など下層の場合にはどうかといえば、文化的にはフランスへの同化を望んだりはしない。フランス語などを覚えるのはたいへんだし、どうせうまくしゃべれない。どうしたって変なアクセントになるし、どうしたって単語は間違えてしまう。そんなわけだから、自分たちはアルザス語でやっていきたい、というわけです。

このような文化的アイデンティティにおける対照的な傾向は、政治的アイデンティティにおいてはどうなるでしょうか。オッフェによりますと、ブルジョワ階層はたしかにフランス指向で、アルザス方言などは恥だとすら思っているのだけれども、それだからといってフランス革命の自由と平等の理念を信奉しているわけではない。それは言ってみれば、フランス語を使うことで一般のフランス人と同じように見られたいという、劣等感が裏返しになった愛国心にほかならない。これに対し労働者のあいだでは、フランス革命の理念やそこから生まれた共和主義の精神への愛着が強烈な政治的アイデンティティをかたちづくっており、自分たちはフランス共和国の一員なのだという感覚はアルザスの労働者のあいだに息づいている、とオッフェは言います。これからみますと、マックス・ウェーバーがコルマールの博物館で出合ったのは、とりわけこの労働者たちの政治的アイデンティティだということになります。オッフェの分析はいささか図式化が過ぎるかと思いますが、アルザスの人びとのアイデンティティの重層性・多元性をよく示してくれると言ってよいでしょう。

そういうなかで知識人たちはどういう立場を取ってきたのかといいますと、ここにもはっきり言って二つの潮流があるのですね。ひとつは、アルザスの文化的アイデンティティをプラス価値として受け止め、それを支援する知識人たちで、言語問題を核にアルザスの文化伝統を掘り起こす研究を進め、政治面では広い意味での自治主義の運動に共感を示します。もう一方は、これと対照的なのですが、アルザスの地域性にはこだわらず、フランスを支えている普遍的な理念に同一化しようとする潮流です。状況によっては、それはフランスに対する強烈な愛国心として表明されることにもなるでしょう。

このようなアルザスの状況を頭においた上で、ブロックがアルザスとの関係をどう受けとめていたのかを考えてみなくてはなりません。マルク・ブロック自身は、出自を辿れば正真正銘のアルザス人であったものの、父親がドイツ領となったアルザスを離れてフランスで古代ローマ史の専門家となりリヨン大学の教授を務めていたときに生まれたわけで、最初からフランス国籍でしたし、生まれて二年ほどでパリへ移って、ほとんどパリジアンとして育っています。そういうわけでブロック自身は自分の生涯の経験として、アルザスとフランスとの間で引き裂かれるような思いをしたことはないわけですね。結婚相手のシモーヌ・ヴィダルも生まれはディエップで、父は土木局の技師。南仏出身の家系です。母方の曾祖母はアルザスの出でしたが、これは遠い関係と言うべきでしょう。ブロックにアルザス問題があまり深刻に響いていないのは縁が薄くなっていたためだという見方も根拠がないわけではありません。しかし、そうはいうものの、父や祖父の苦渋の選択はそう昔のことではありませんし、ブロック自身も第一次大戦の末期にはアルザス派遣の先遣隊に加わっていたばかりか、戦後は永らくストラスブール大学で教えることになるのですから、アルザスとのつながりがすっかり消去されてしまったとは思えません。

それにもかかわらずブロックが、その研究活動においてアルザスに特別の関心を示した徴候はありません。アンリ・ベールが歴史綜合研究センターの活動の一環とした地域史研究双書でも、ブロックが担当したのは『イール＝ド＝フランス』で、まさにカペー王権の本拠地でした。ストラスブール大学に任命されて、いわば故郷に赴任したわけですが、情緒的にそれに反応した気配はありません。ストラスブールの大学を、世界にメッセージを発することができるパリにもまさる最高レベルの知的センターにしたい、そういう意気に燃えているわけです。ひとつ前の世代のプフィステールは、新しい大学の文学部長としてアルザス研究に力を注ごうと考えていましたし、新大学開設記念の式典にソルボンヌを代表して参加したギュスターヴ・ブロックは、故郷のアルザスに立派な大学が開かれたことにおおいに感動したのでした。しかし、息子のマルク・ブロックは、感性を異にしていたように見受けられます。『フランス農村史の基本性格』は、フランスをひとつに括ってしまうことなく、さまざまな地域の特色を重視していることがすぐれた点なのですが、ストラスブール大学に一〇年もいてから書いた書物であるにもかかわらず、アルザス地方の事例は他の地方のそれと同様に単なる個別例として散発的にとりあげられているだけです。ブロックにとってアルザス研究が特別の意味をもっていなかったことの、ひとつの証左と言えるでしょう。

こうした傾向はブロックに限られるものではありません。実は同じ時期に同僚としてモーリス・アルブヴァクスというたいへんすぐれた社会学者がいました。『記憶の社会的枠組み』など、かれの研究はアナール派の歴史家にも大きな影響を与えたものです。アルブヴァクスもアルザス出身でストラスブール大学に一六年も在職していたのですが、かれの仕事にもアルザス性を感じさせるところがほとんどありません。戦間期にアルザスではさまざまな地域主義の運動が起こり、ときにそれはドイツ指向の傾向をみせたりもしたのですが、基本的にはアルザスの文化的アイデンティティを守ろうとする運動として重要な意味をもっていました。今日の人間科学の状況からいえば、社会学者として当然研究の俎上にのせるべきテーマに違いないのですが、アルブヴァクスは理論社会学の領域から踏み出そうとはしませんでした。

今日のように文化的多元主義が強く意識されるようになり、研究動向としても、国民国家の枠組みのなかで隠蔽されていたもろもろの地域文化の独自性を掘り起こそうとしているとき、アルザスの地域文化や地域主義の運動にいかにも冷やかにみえるブロックは、国民国家擁護の旗手のように映るかもしれません。そこで、ブロックのいう「祖国愛」patriotisme の「祖国」patrie とはいったい何なのか、それはナショナリズムとどう関係するのかについて、もう一歩立ち入って考えてみる必要があります(84)。

二〇世紀前半のヨーロッパにおいて、ナショナリズムは歴史を揺るがす大問題でありました。それが極端なかたちをとった場合、ナチス的なナショナリズムとして発現したのであり、フランスの場合は逆に、ナチスに対抗するレジスタンス運動というかたちでナショナリズムが鼓舞されたのでした。この時期においては、政治も経済も文化もネーション・ステートによりいわばからめとられた状態にあり、何につけてもナショナリズムの発揚と結びつかざるをえないところがあります。今日のように、ネーション・ステートの枠組み自体を乗り越えようとする思想的な企てや政治的・社会的な運動がさまざまなかたちで拡まってきている状況から見ますと、なんとネーション・ステートにとらわれていることかという印象を免れえませんが、歴史的な状況の違いを常に念頭においておかねばなりません。実際、ドイツ占領下のフランスにあっては、対独協力派が国際協力を唱え、レジスタンスの側は祖国愛を対置するといった構図になっていたのです。

さて、このような歴史的文脈を頭におきながら、ブロックにおいて祖国愛が意味するものを考えなおしてみたいのですが、少々角度をかえて、まずかれの学問的な研究がナショナルな視角とどのような関係にあるかを振り返っておきたいと思います。

ブロックがフランスの伝統に目を向けようとした作品となりますと、まず挙げなくてはならないのは『王の奇跡』ということになるでしょう。これは中世フランスの王権が、民衆の心性に深く根ざしていた治癒神信仰に呼応しながら、瘰癧さわりの儀礼を通じて、いかに王権の神聖性を基礎づけていったかを問うた研究でありました。ブロックはその際に、イングランド王権やその他ヨーロッパの諸王権との対比という比較史の視点をつねに維持しているだけでなく、このような現象が長期的な持続と短期的な出来事との交錯という特定の歴史的状況においてはじめて生起しえたものであることを強調しています。聖なる王権の形成はこのように歴史的文脈のなかで捉えられているのであって、それを超歴史的なフランスの特性だとはまったく考えていないことに注意しておきたいと思います。これはシュテファン・ゲオルゲのサークルに集っていた人びとの著作、ブロックに近いテーマを扱った作品としては、たとえばカントロヴィッチの『皇帝フリードリヒ二世』と対照的なところです。(85) ドイツ・ロマン派の伝統を引く歴史家たちは、歴史の推移をしばしばドイツ文化の始源性、原郷《ウアハイマート》と結びつけて説明しようとしました。ブロックの場合には、そのような運命共同体的な民族性と関連づける発想とは無縁だということをおさえておかなくてはなりません。

第二の主著とされる『フランス農村史の基本性格』は、タイトルだけみますとフランス農村をひとつに括って、その基本性格を論じている書物のように見えますが、実をいいますと、この本の中でブロックが強調したのは、フランスの農村といっても地域によって多様な性格を有していたということでした。大きく分けても三つの類型に区分できるのであり、しかもそのそれぞれは、国境を越えてイギリスとつながっていたり、ドイツとつながっていたり、地中海世界とつながっていたりするのだ、と。フランスという枠で一応括ってあるけれども、フランスの農村文明は多元的だということを非常に明快に述べたのがこの『基本性格』なんですね。ですからこれは、ネーション・ステートを発想の根源とする近代歴史学がつくり上げてきた、一国のアイデンティティを均質的・一体的な文化としてうたいあげる国家史・国民史では全然ないのです。であるとすれば、ここにおいてもブロックの立場は、一国中心・一民族中心のショーヴィニズムでは決してなかったことが見てとれるでしょう。

第三の『封建社会』となれば、その点はもういうまでもなく明らかです。ヨーロッパをゆるやかなかたちでひとつのまとまりとして捉え、そのなかでそれぞれの地域が、多様でありながら相互に交錯しつつ共通の社会関係を紡ぎだしていく過程、ブロックはこの浩瀚な書物においてまさにその過程をいきいきと描き出したのでした。封建制の生誕も衰退もその一環にほかなりません。ヨーロッパ統合が進んでいる現在の地点に立って考えてみれば、先駆的なヨーロッパ論としての性格を色濃く持っていた作品であるということができます。

このように、ブロックの研究を特徴づける問題関心は、ネーション・ステートにすべてを収斂させる一国主義的な歴史観ではなかったし、自民族の優越性を主張したり自国の文化伝統の始源的性格を誇示したりするナショナリズムの発想と無縁であったばかりか、むしろそれに正面から対峙しようとしたものであったことを看て取ることができます。ブロックの研究の進め方にも同様のことが言えるでしょう。もちろんフランスの大学を研究の拠点としていたわけですからフランスの歴史家たちと一番関係が深かったことは当然ですが、かれの活動の相当部分は早くより国際的な連携の上に築かれていて、国際歴史学会議の大会でも積極的に報告をしていたことはすでに見たとおりです。当時としてはヨーロッパを中心とし、それにアメリカが加わった程度の世界の広がりではありましたけれども、決してフランス一国の枠内だけで知的世界が充足しているというような考え方は持っておりませんでした。このように、研究者としてのブロックをそこに加味して考えてみましても、ブロックが繰り返す祖国愛の表明は、けっして排他的なフランス中心主義と結びつくものであったとは思われません。

それにもかかわらずブロックが祖国愛を強調した背景として考えられる第一は、すでに『遺書』の解し方に関連して述べましたように、ブロックのユダヤ性とのかかわりです。厳しい条件のなかで生きてきただけにブロックは、自分はユダヤ人であるけれども、同時に、あるいはそれ以上によきフランス市民なのだということを声を大にして言わねばならなかったのだと思います。もうひとつの背景として考えられるのは、フランスが歴史のなかで創出し担ってきたさまざまな価値、とりわけ革命とその後の共和制が生み出した価値と一体化したいという信念のもとにブロックは生きてきたということです。

この共和主義の問題について、実は、ブロックの考えの核心を鮮やかに示した「私はなぜ共和主義者であるのか」という文章があります。これはかれが地下運動に加わってから、秘密出版されていたレジスタンス組織の機関誌『カイエ・ポリティーク(政治手帖)』*Cahiers politiques* 第二号(一九四三年七月)に、編集部の設問に答えて書いた「ある歴史家の回答」なのですが、その冒頭の一節を読んでみましょう。

> 私になぜ共和主義者なのかを訊ねること自体が、すでにして共和主義的なことではないでしょうか。実際そのような問いを発するのは、以下に述べる事柄をあらかじめ認めることになると思われるからです。すなわち、権力の形態は市民の立場からする熟考のうえでの選択の対象となりうること。共同体 communauté なるものは個々の人間に押しつけられるものではないこと。共同体が教育の力や人種的つながりにより構成員一人ひとりのもっとも内奥の素質までをも必然的にかたちづくるのではないこと。社会は個々の人間のためにつくられ、各人が目的を達成できるよう

奉仕すべきものであるから、自分が属している集団のあり方を批判的に検討するのは冒瀆ではないこと。

このような信念によって結び合っているすべての者にとっては、政治に関する共通の原則があることは確かです。政治的結合体 la Cité は個々人に奉仕すべきものだから、権力は人びとの信頼のうえに立ち、たえず世論と接することによって信頼の維持に努めなければならないことがそれです。……個々人に奉仕する国家は、かれらを強制してはならないし、かれらを言いなりになる道具として利用し、かれら自身が関知していない目的のために駆り立てたりしてはならないのです。かれらの権利は、安定的な法秩序によって保証されねばなりません(86)。

ブロックはこのように共和制を原理的なところから論じ始めます。ここで明らかなように、ブロックにとって共同体や社会や国家は個々の人間に先立って存在し個々人を外から拘束するものではなく、一人ひとりが自らの決断により相互に結び合うことによってかたちづくられるものだということになります。国家について、古典古代のポリスやキヴィタスにならい「政治的結合体」la Cité と呼んでいることからも、その意図は明らかです。ブロックはそのあとに続く文章で、このように理解された「政治的結合体」にとってどのような政治形態が適切かを論じていくのですが、イギリスのように君主制のかたちをとってもそれが可能だと考える人もいるが、フランスについてはそれは成り立たないとし、フランスの歴史的経験を素描していきます。中世以来のフランスにおける君主制の役割、革命によって樹立され紆余曲折を経ながらもいまや人びとの心にしっかりと根をおろしている共和制の歴史を辿ったうえでブロックは、フランスにとって真に「政治的結合体」の機能を果たしうるのは共和主義体制以外にありえないと結論づけています。ブロックが『遺書』のなかでくりかえしていた「祖国愛」が含意している「祖国」は、フランスならばどんな国でもよいというわけではありません。それはブロックが理念として追い求めてきた共和主義の国家、市民たちが相互に結び合うことを自らの決断によって選びとった結合体にほかなりません。かつてシャルル・モーラスやモーリス・バレスが主導し、やがてアクシオン・フランセーズという政治運動に流れ込んでいく「血と大地」に支えられた祖国フランスとは、まったく異質なものと言わねばなりません。同じく「祖国」という言葉を用いながらも、ブロックの立場は、このような右翼ナショナリズムとはっきり一線を画していたことは明らかです。

　現実のフランス共和国がブロックの思い描く理念としての「政治的結合体」であったかどうかは、大いに議論の余地があります。ブロックがそれに気づいていなかったのではありません。教育改革論をはじめとして、さまざまな改革プログラムを構想していたのは、それゆえでありました。しかし、ブロックが一体化しようとしたのは、ほかでもない理念としてのフランス共和国だったのだと思います。ユダヤ人であることを公けに認めた上で、自分がなにをもまして「よきフランス人」であることを強調したのも、アルザスとの先祖代々の家族的紐帯がありながらアルザス固有の地域文化を擁護したり自治主義や分離主義の運動に加担することがなかったのも、フランス共和主義の普遍的価値こそが何にもまして問題だったからではないか。さらに言えば、二回にわたる世界大戦にすすんで従軍したのも、レジスタンスの運動に加わってついに命を落とすにいたったのも、ひとりの市民として共和主義の理念を守ろうとする強い意志だったのではないか、と思われます。

ブロックの祖国愛をめぐって上に示したふたつの捉え方は、一見ヴェクトルが逆を向いているように見えるかもしれません。「私はなぜ共和主義者であるのか」では共和主義の理念への切なる希いを語っているブロックですが、『遺書』において語られているのはユダヤ人であることが背負っているアポリアにほかなりません。しかし両者は、いずれもブロックの真情であり、盾の両面をなしているのです。共和主義の理念との一体化を願望し、フランス共和国のよき市民として生涯を貫いてきたにもかかわらず、その私をユダヤ出自のゆえをもって排除しようというのかという悲痛な想いが、『遺書』にはこめられているのだと思います。

ブロックに陥穽があるとすれば、ひとつには、理念としての共和主義を想うばかりに、それを、ネーション・ステートによる統合の一形態である現実のフランス共和国と同一視しかねないことであり、他面ではまた、共和主義の原理を徹底的に純化していけば、現実の生に由来する文化の多元性をも否認することになりかねない、ということにあります。それをもってブロックの限界を語ることもできるでしょう。しかし、かれの生きた時代と歴史的状況を考えるとき、そのジレンマを受けとめ新たな途を切り開く責務は、ぼくら自身の手に委ねられていると言うべきではないでしょうか。実を言って三冊の主著に代表されるブロックの歴史叙述そのものは、新しい方向を探る可能性の一端をぼくらに示唆してくれてもいるのですから。

一九四三年春、ブロックは決定的にレジスタンスの地下活動に入ります。モンプリエで親しくなった二〇歳の若き友人モーリスの仲介で、レジスタンスの首都ともいうべきリヨンに拠点をおくグループ「自由射手」Franc-Tireur に加わる決断をしたのでした。今度は完全な地下活動への参加で、ただひとりリヨンに移り住み、さまざまな変名を使っての活動です。この決断に、ファナティックなところは微塵もみられません。当時、このグループの機関紙『自由射手』の編集長を務めていたジョルジュ・アルトマンの回想によれば、ブロックはこんなふうに現れたといいます。

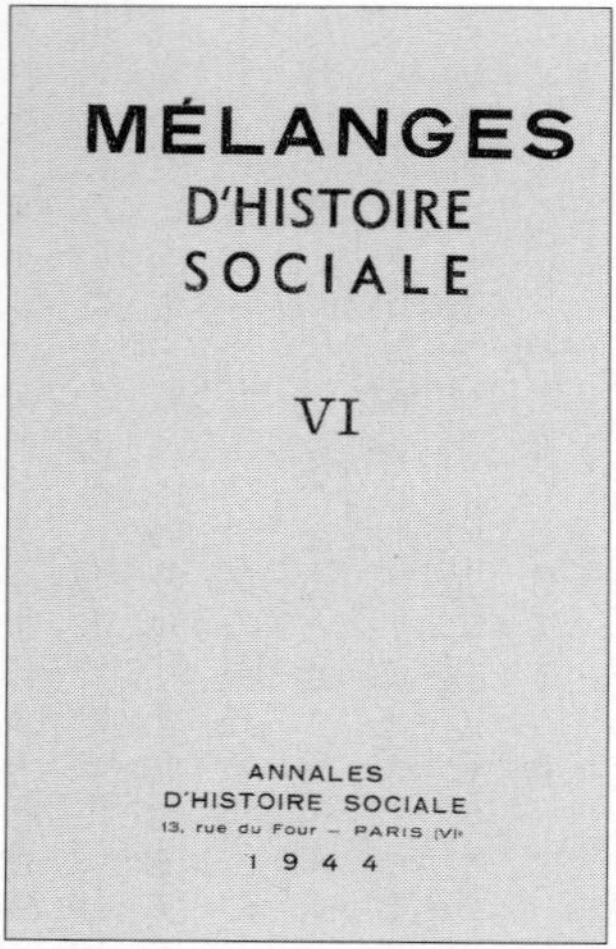

MÉLANGES
D'HISTOIRE SOCIALE

VI

ANNALES
D'HISTOIRE SOCIALE
13, rue du Four — PARIS (VIe)
1 9 4 4

MARC BLOCH FUSILLÉ...

Je romps enfin le silence, le douloureux silence que je garde depuis des semaines. Aucun doute ne subsiste plus dans mon esprit. Marc Bloch, extrait le 16 juin 1944, de la cellule où les Allemands l'avaient enfermé, au printemps, à Lyon, dans le sinistre Fort Montluc, a bien été fusillé avec 26 compagnons, 26 autres Français de bonne race, détenus comme lui par la Gestapo. Il a été fusillé dans un champ, au lieu dit « Les Roussilles », sur le chemin de Trévoux à Saint-Didier-de-Formans, à quelque 25 kilomètres au nord de Lyon. 16 juin 1944 : c'était le temps où l'envahisseur sentait son départ proche, « vidait les prisons » et semait dans les campagnes, loin des villes, des cadavres de patriotes assassinés sans jugement et dont il s'acharnait à détruire l'identité...

L'heure n'est pas venue de dire ici, ni ce que furent ces derniers mois d'une vie si pleine de nobles travaux, si grosse de promesses escomptées par tous — ni ce que signifie, dans son ensemble, l'œuvre de ce grand savant, de ce haut esprit qui faisait tant d'honneur à cette Gelehrte Europa *que, jadis, l'Allemagne respectait. Nous saurons rendre à Marc Bloch l'hommage qu'il mérite, mais qui ne libérera ni nos esprits, ni nos cœurs envers lui. J'utiliserai alors, pour faire plus digne de lui cette commémoration, la correspondance que nous n'avons cessé d'entretenir, lui et moi, pendant la guerre — aussi libre que nos humeurs l'exigeaient malgré les contraintes, aussi fréquente que les circonstances le permettaient. Je n'entends, pour l'instant, qu'enregistrer une perte, et quelle perte, s'il est vrai que, de tous nos grands morts de la Résistance, Bloch, peut-être, est le plus grand par l'esprit, le plus rayonnant par l'influence, l'un des plus forts aussi par l'énergie*

図 20　ブロックの死の知らせにリュシアン・フェーヴルは，『社会史論叢』第 6 号(1944)に「マルク・ブロック銃殺さる」と題する悲痛な追悼の辞を寄せた

ボタン・ホールにレジオン・ドヌールの略綬をつけた五〇がらみの紳士、銀灰色の髪の下には繊細な顔があり、眼鏡の奥には鋭い眼が光っていた。片手に書類鞄、もう一方の手にはステッキをもっていた。初めこの訪問客はいくらか他人行儀だったが、じきにかれは微笑して手を差し出し、相手の気持ちをほぐすようにこう言った。〝そうです、私がモーリス君の「若駒」です[87]〟。

それは、第一講に引用したグー

図 21　サン・ディディエ・ド・フォルマン村に建立された追悼の石碑(上楽道子さん撮影)

ベールの回想にあるように、サン・クルーの丘を登ってエコール・ノルマルの授業にやってくるブロックの姿そのままです。

生まれ故郷であるリヨンのレジスタンス組織のなかで、ブロックは次第に指導的な役割を果たすようになりました。抵抗運動の機関誌『政治手帖』の編集も引き受け、自ら無署名で解放後のフランス社会が向かうべき方向を論じた論説を何本も書いています。組織間の連絡・調整の面でも、重要な役割を担っていました。

こうしてほぼ一年がたった四四年三月八日、敗色が濃くなるなかでいっそう凶暴化したゲシュタポによって、地下活動中のブロックはついに逮捕されてしまいます。

六月六日、連合軍はノルマンディ上陸作戦を敢行しました。前線からの撤退を予期したドイツ軍は、各地の収容所の捕虜を「始末」しはじめます。リヨン郊外のモンリュック監獄に収容されていたブロックたちは、六月一六日夜、独房から引き出され、リヨンからトレヴーを通ってその北のサン・ディディエ・ド・フォルマン村の草地で、ドイツ軍により銃殺されました。八月二五日のパリ解放、九月三日のリヨン解放を目前にしてのことでした。五八年にも満たないという、決して長いとはいえないマルク・ブロックの生涯は、こうして幕を閉じます。サン・ディディエ・ド・フォルマン村には、四人の身許不詳者を含め十代から五十代にわたる二八名の「レジスタンスの殉教者」に捧げられた石碑が建てられており、最年長五七歳のマルク・ブロックの名をそこに見ることができます。

歴史学の革新のために全力をつくした歴史家としての、そしてまた、共和主義の精神に希望を託し試煉のときを生き抜いたひとりの市民としての、心ゆさぶられる生涯でありました。

注

第一講

（1）　戦後日本の歴史学において問題関心がどのように移り変ってきたかについては、永原慶二『二〇世紀日本の歴史学』（吉川弘文館、二〇〇三年）第Ⅱ部「現代歴史学の展開」が大局的な展望を試みている。また、鹿野政直『化生する歴史学――自明性の解体のなかで』（校倉書房、一九九八年）、安丸良夫『〈方法〉としての思想史』（校倉書房、一九九六年）、成田龍一『歴史学のスタイル――史学史とその周辺』（校倉書房、二〇〇一年）は、それぞれの立場から鋭い議論を展開しており、ブロックの歴史学との関連においてもたいへん示唆的である。筆者自身が戦後における問題意識の変容をどう受けとめてきたかについては、二宮宏之「戦後歴史学と社会史」（歴史学研究会編『戦後歴史学再考』青木書店、二〇〇〇年、所収）、同「アンシアン・レジームの国家と社会」（二宮宏之・阿河雄二郎編『アンシアン・レジームの国家と社会』山川出版社、二〇〇三年、第一章）で簡略ながら私見を述べた。

（2）　Marc Bloch/Lucien Febvre, *Correspondance*, Edition établie, présentée et annotée par Bertrand Müller, Paris, Fayard, 1994-2003. Tome I: *La naissance des Annales, 1928-1933*; Tome II: *De Strasbourg à Paris, 1934-1937*; Tome III: *Les Annales en crises, 1938-1943*. 各巻に付されている編者ミュレールの詳細な序言は、研究論文と呼ぶにふさわしい充実した内

容である。

（3） Archives Nationales de Paris, AB XIX 3796–3852（国内文書）; AB XIX 4270–4275（モスクワ文書）. それぞれの由来と構成については、次のものを参照。Etienne Bloch, Le sort des archives de Marc Bloch, in *Cahiers Marc Bloch*, no. 2, 1995; id., Les archives de Moscou, in *ibid.*, no. 2, 1995; 二宮宏之「ブロックの遺されたノートから」（『歴史と地理』五二一号、山川出版社、一九九九年二月）。

（4） 以下のブロック家の系譜およびマルク・ブロックの生涯についての伝記的事実については、一々典拠を示さないけれども、本文で挙げた近年の諸研究、とりわけ Carole Fink による詳細な評伝、マルク・ブロックの長男 Etienne Bloch による家族でなければ判らない細部にわたる記述とともに、マルク・ブロックとリュシアン・フェーヴルとの『往復書簡集』（上掲注（2））と Bertrand Müller による解題・注釈に拠るところが大きい。

（5） アルザスの地名の表記にあたっては、都市の場合は別にして、町村名はドイツ読みを先立ててフランス読みは括弧にいれてある。実際には、土地の者と余所者とではくいちがうことも多く、また同じ町村の住人のあいだでも個人によって、また時代によって異なる場合があるが、混乱を避けるため本文ではドイツ読みを一応の原則としてある。なお、町役場からの回答によれば、Wintzenheim ではフランス風にヴィンゼネム、Fegersheim ではドイツ風にフェゲルスハイムと発音しているとのことであった。アルザスの言語状況が一筋縄ではいかないことのひとつの証しである。

（6） ドイツの歴史学とブロックとの関係については近年再検討が進められており、ブロックがドイツ歴史学から学んだところは、実証的研究においても問題意識においても、従来考えられていたより大きかったことが強調される傾向にある。Karl Ferdinand Werner, Marc Bloch et la recherche historique allemande, in H. Atsma et A. Burguière, éd., *Marc Bloch aujourd'hui: Histoire comparée et Sciences sociales*, Editions de l'EHESS, 1990; Bertrand Müller, Marc Bloch et les années trente: l'historien, l'homme et l'histoire, in P. Deyon et al., éd., *Marc Bloch. L'historien et la cité*, P. U. de Strasbourg, 1997, とくに"Marc Bloch et l'Allemagne" の節を参照(pp. 165-171); P. Toubert, Préface à la nouvelle édition de *Les caractères originaux de l'histoire rurale française*, Armand Colin, 1988. 池上俊一「フランスの歴史家と「ドイツ」——ミシュレとマルク・ブロックをめぐって」(石井洋二郎・工藤庸子編『フランスとその〈外部〉』東京大学出版会、二〇〇四年、所収)。筆者の考えは本文の該当する箇所で述べてある。

(7)『戦中回顧』のほか第一次大戦についてブロックが書き記したものは、前線で書かれた手紙なども含め、次の論集にまとめられている。*Ecrits de guerre, 1914-1918*, Textes réunis et présentés par Etienne Bloch, Armand Colin, 1997. この大戦の際ブロックは、文字通り最前線で戦い、重い腸チフスに罹って後方の病院に送られたりもした。最初の遺書を書いたのもこのときのことである。歴史の渦中にあって、内部からフランスの軍隊、ひいてはフランス社会の現実に触れた得難い体験であった。

(8) Lucien Febvre, Marc Bloch et Strasbourg: souvenirs d'une grande histoire, in id., *Combats pour l'histoire*, Paris, Armand Colin, 1953(長谷川輝夫訳「マルク・ブロックとストラスブール」『歴史のための闘い』平凡社ライブラリー、一九九五年、所収). この回想は、戦後クレ

ルモン＝フェランから本拠地に復帰したストラスブール大学の文学部が、戦争中の学部の活動記録と戦中に亡くなった教員の追悼のために「文学部双書」の一冊として刊行した特別の巻に掲載されたものである（*Mémorial des années 1939–1945*, Publications de la Faculté des Lettres de l'Université de Strasbourg, Paris, Les Belles Lettres, 1947）。この巻には、カンギレムによるモーリス・アルブヴァクス追悼などと並んで、ブロックについてはリュシアン・フェーヴルの回想とともに、ロベール・ブートリュッシュによる「弟子たちからみたマルク・ブロック」というこれまた真情あふれる回想が載せられている。ブートリュッシュはブロックの愛弟子であるが、その博士論文『ある社会の危機——百年戦争期におけるボルドー地方の領主と農民』はクレルモン＝フェランに仮寓中のストラスブール大学に提出され、当時ほとんど流謫の身といってよい状況にあったブロックがその審査にあたっている。一九四七年に同じ「文学部双書」の一冊として刊行されたブートリュッシュのこの大著は、レジスタンスに倒れたブロックに捧げられているが、ブロックの系統を継ぐ中世フランス農村史研究が生んだもっとも美しい作品のひとつである。

(9) ブロックのコレージュ・ド・フランス立候補の経緯については、キャロル・フィンク、河原温訳『マルク・ブロック』一八四―二〇〇頁。Marc Bloch/Lucien Febvre, *Correspondance*, Introduction de Bertrand Müller, Tome I, pp. XLVI–L; Tome II, pp. XIV–XX に詳しい。ブロックは、シミアンの「労働史」講座の継承をめざした一九三六年を別とすれば、一九二八年に最初に立候補を考えたときから一貫して、「ヨーロッパ諸社会の比較史」を新講座のテーマとして掲げていた。その趣意書は、パリのビブリオテーク・ナシオナル・ド・フランス（国立中央図書館）に独立冊子として所蔵されているが、今では次の論集にも収録されており容易に参看できる。Marc Bloch, Projet d'un enseignement d'histoire comparée des sociétés européennes, in id., *Histoire et historiens*, Textes réunis par Etienne Bloch, Paris, Armand Colin, 1995, pp. 125–129. これは一九二八年にオスロで開かれた国際歴史学会議でのブロックの報告とは別のテクストである。

（10）Pierre Goubert, *Un parcours d'historien : souvenirs 1915–1995*, Paris, Fayard, 1996, ch. XIV: Les deux fondateurs. Marc Bloch, Lucien Febvre. 引用箇所はpp. 143–144.

（11）Olivier Dumoulin, *Marc Bloch*, Paris, Presses de Sciences Po, 2000, ch. 2. Marc Bloch, leur contemporain: le regard des pairs. ループネルとの関係については、*ibid.*, pp. 76–77を参照。

（12）Marc Bloch, *Ecrire la Société féodale. Lettres à Henri Berr, 1924–1943*, Correspondance établie et présentée par Jacqueline Pluet-Despatin, Paris, Institut Mémoires de l'Edition contemporaine, 1992, p. 105 et n. 2; p. 108 et n. 1.

（13）「奇妙な戦争」とそのあとの「奇妙な敗北」の経過については、ブロック自身『奇妙な敗北』第一章「証人の自己紹介」において詳述している。キャロル・フィンク、エチエンヌ・ブロックによる評伝も参照。

（14）ヴィシー政府の「ユダヤ人公職追放令」と免除措置の実態については、Claude Singer, *Vichy, l'université et les juifs*, Les Belles Lettres, 1992, とくに第四章の〈La question des dérogations〉を参照。

ニューヨークのNew School for Social Researchは、一九三〇年代から、亡命を余儀なくされたヨーロッパの第一級の学者や知識人を受け入れるために、ロックフェラー財団の資金援助もえて設立された大学組織で、ナチスの危険がたかまるなかで一九四〇年九月から四一年一二月までの一年少々のあいだに、クロード・レヴィ＝ストロースなど五〇名に及ぶ学者を迎え入れている。ブロックも、二年間、年俸二五〇〇ドルの契約で中世史の準教授に任命された。キャロル・フィンク、河原温訳『マルク・ブロック』二六三―二六四頁、参照。

(15) ナチス占領下のフランスについては、その全般にわたって次の研究を参照。渡辺和行『ナチ占領下のフランス――沈黙・抵抗・協力』講談社、一九九四年。同『ホロコーストのフランス――歴史と記憶』人文書院、一九九八年。ロバート・O・パクストン、渡辺和行・剣持久木訳『ヴィシー時代のフランス――対独協力と国民革命　一九四〇―一九四四』柏書房、二〇〇四年(原著一九七二年刊)。

第二講

(16) Lucien Febvreの生涯については、ビブリオテーク・ナシオナル・ド・フランスの主催で一九七八年一一月に開かれた展覧会の小冊子*Lucien Febvre, 1878–1956* (Paris, Fondation de la Maison des Sciences de l'Homme/Ecole des Hautes Etudes en Sciences Sociales, 1978)に掲載されている簡略な年譜を参照。Febvre論としては次のふたつが重要である。Hans-Dieter Mann, *Lucien Febvre: la pensée vivante d'un historien*, Cahiers des Annales, no. 31, Paris, Armand Colin, 1971; Bertrand Müller, *Lucien Febvre, lecteur et critique*, Paris, Albin Michel,

2003. とくに後者は、フェーヴルとブロックの『往復書簡集』の編者の手になるものであり、フェーヴルについてのみならずブロックとの関わりにも深く立ち入っており、本書で扱っている問題に示唆するところが多い。

(17) フランスにおける「近代歴史学」の成立とその「現代歴史学」への転換については、二宮宏之「歴史的思考とその位相——実証主義歴史学から全体性の歴史学へ」「歴史的思考の現在」(いずれも二宮宏之『全体を見る眼と歴史家たち(増補版)』平凡社、一九九五年、に収録)で主要な問題点に言及した。

(18) Marc Bloch, L'histoire des prix: quelques remarques critiques, *Annales d'histoire sociale*, t. I, no. 2, 1939, repris dans les *Mélanges historiques*, Paris, S. E. V. P. E. N., 1963, t. II, pp. 878–889. オゼールは通貨改鋳による貴金属含有量の変化に応じて名目価格を実質価格に換算しており、物価の国際比較をおこなうためにはその方法自体は正しいのだが、一七二六年五月二六日の国務会議裁決による決定的な貨幣価値安定化政策を見落としてしまったために、かれの研究グループが物価史研究国際委員会に提出するため苦労して作成したフランスの価格変動リストは利用不可能となってしまったことを、ブロックは短い書評のなかで鋭く指摘したのだった。シミアンが先鞭をつけラブルースにより継承されてきた物価史研究の方法に、ブロックが中世史家でありながら通暁していたことを示すよい例である。

(19) ベールについては一九九四年に国際シンポジウムが開かれ、かれが二〇世紀における人間科学の革新に果たした役割があらためて注目されるところとなったが、次の論集はシンポジウムの報告集であり、きわめて水準が高い。Agnès Biard, Dominique Bourel, Eric Brian (sous la

direction de), *Henri Berr et la culture du XXᵉ siècle. Histoire, science et philosophie*, Paris, Albin Michel/Centre International de Synthèse, 1997. 巻末にベールの著作リストがある。

(20) Jacqueline Pluet-Despatin, Henri Berr éditeur. Elaboration et production de « L'Evolution de l'Humanité », in *Henri Berr et la culture du XXᵉ siècle, op. cit.* 双書各巻の裏表紙には刊行予定リストが載っているが、計画の具体化とともに書目も著者もしばしば変更されている。

(21) *The Birth of Annales History: the Letters of Lucien Febvre and Marc Bloch to Henri Pirenne (1921-1935)*, ed. by Bryce and Mary Lyon, Bruxelles, 1991.

(22) Lucien Febvre, Vivre l'histoire: Propos d'initiation, *Mélanges d'histoire sociale*, no. III, 1943, repris dans les *Combats pour l'histoire*, Paris, Armand Colin, 1953, pp. 19-20(長谷川輝夫訳「歴史を生きる」『歴史のための闘い』平凡社ライブラリー、一九九五年、所収)。

(23) Marc Bloch, Pour une histoire comparée des sociétés européennes, *Revue de synthèse historique*, décembre 1928, repris dans les *Mélanges historiques, op. cit.*, t. I, pp. 16-40(高橋清徳訳『比較史の方法』創文社、一九七八年)。この報告は次の論集にも収録されている。Marc Bloch, *Histoire et historiens*, Textes réunis par Etienne Bloch, Paris, Armand Colin, 1995.

(24) ノルウェーの歴史家とブロックとの交流についての以下の記述は、オスロ大学のOttar Dahl氏から提供された史料(マルク・ブロック関連書簡)に多くを負っている。記して感謝したい。

(25) ソヴィエト代表団の会議参加については、土肥恒之「歴史学における一九二八／二九年」(『創文』三九九号・四〇〇号、一九九八年六月・七月。同『岐路に立つ歴史家たち——二〇世紀ロシアの歴史学とその周辺』山川出版社、二〇〇〇年、に第三章(1)として収録)を参照。

(26) ブロックのコート宛書簡(一九二八年六月二一日付)。ノルウェー国立文書館蔵。コートは国際的にもよく知られていた歴史家で、一九二六―三三年国際歴史学会議の会長を務めており、一九三五―四一年には外務大臣の職にあった。

(27) 「比較文明研究所」の活動をブロックは高く評価しており、『アナール』誌上で紹介している。Marc Bloch, Un centre d'études en développement: l'Institut pour l'étude comparative des civilisations à Oslo, *Annales d'histoire économique et sociale*, 1930, pp. 83-85, repris dans id., *Histoire et historiens*, *op. cit.*, pp. 54-57.

(28) ブロックのブル宛書簡(一九二九年二月一九日付)。ノルウェー国立文書館蔵。

(29) ブロックとフェーヴルの『往復書簡集』でみると、『アナール』創刊前後の両者は頻繁に長文の手紙を書いていることが明らかとなる。ともにストラスブールに住みながらこれほどに手紙でのコミュニケーションを求めたのは、両者の気質によるところも大と思われるが、編集事務上の合意事項を文書に留めておく意味合いも持っていた。ドープシュとブロックのオスロでの連続講演は一九二九年九月から一〇月にかけておこなわれたが、ブロックはオスロに向けて出発する直前の九月二〇日にも、編集上の問題点についてA5判で印刷して一〇ページにもわたる長文の手紙をフェーヴル宛に書いている(Bloch/Febvre, *Correspondance*, t. I, Lettre LXVIII)。創刊の年である一九二九年に書かれた手紙で残っているのは、フェーヴル二四通、ブロック一一通で明らかに不釣り合いだが、これはブロックの方がフェーヴルよりも受け取った手紙をよく保存していたことによるだろうと、編者のミュレールは推測している(*ibid.*, In-

troduction, pp. IX–X)。

(30) *ibid.*, Introduction, pp. XLIV–XLV: Des débuts difficiles. キャロル・フィンクのデータも参照(河原温訳『マルク・ブロック』四二八頁、注(40))。

(31) ブロックのフェーヴル宛書簡(一九二九年九月二〇日付)。Bloch/Febvre, *Correspondance*, t. I, Introduction, p. XLIV.

(32) Georges Duby, *L'histoire continue*, Paris, Editions Odile Jacob, 1991, pp. 16–17(ジョルジュ・デュビー、松村剛訳『歴史は続く』白水社、一九九三年、一四―一五頁).

(33) Lucien Febvre, *De la Revue de Synthèse aux Annales. Lettres à Henri Berr, 1911–1954*, Etablissement du texte, présentation et notes par Jacqueline Pluet et Gilles Candar, Paris, Fayard, 1997.

(34) Marc Bloch, *Ecrire la Société féodale. Lettres à Henri Berr, 1924–1943*, Correspondance établie et présentée par Jacqueline Pluet-Despatin, Paris, Institut Mémoires de l'Edition contemporaine, 1992.

(35) Lucien Febvre, *De la Revue de Synthèse aux Annales. Lettres à Henri Berr, 1911–1954*, *op. cit.*, pp. 174–175: lettre de Lucien Febvre, mai 1924.

(36) Marc Bloch, *Ecrire la Société féodale. Lettres à Henri Berr, 1924–1943*, *op. cit.*, pp. 41–42: lettre de M. Bloch, 29 août 1924. 結局この巻は書かれることなく、ブロックの歿後一九五五年に、同タイトルでMichel Augé-Laribéにより執筆された(p. 41, n. 1)。

(37) *ibid.*, p. 66.

（38）　*ibid*., pp. 68-73.

（39）　*ibid*., p. 68, n. 1. フェーヴルが一九三三年二月五日付のブロックの手紙を、即日ベールに転送するにあたって付けたメモ。

第三講

（40）　『王の奇跡』イタリア語訳に付された序文におけるギンズブルグのブロックの方法への言及に関しては、ギンズブルグ『夜の合戦』(上村忠男訳、みすず書房、一九八六年)の「訳者解説」の明快な論点提示を参照(とくに三六三頁および注(19))。なお、ギンズブルグは、フランス語訳『夜の合戦』に収録されているジョルダーナ・シャリュティ、ダニエル・ファーブルとの鼎談でもこの点にふれ、長期的持続と短期的な事件、構造と個々人の生の接点を捉えるにあたり、ブロックの『王の奇跡』から方法的に多くを学んだと言っている。Entretien entre Giordana Charuty, Daniel Fabre et Carlo Ginzburg, in *Les batailles nocturnes* (traduction française des *Benandanti*), Editions Verdier, 1980, pp. 223-238. とくに p. 234.

（41）　Hans Schreuer, *Die rechtlichen Grundgedanken der französischen Königskrönung mit besonderer Rücksicht auf die deutschen Verhältnisse*, Weimar, 1911. シュロイヤーの用いている史料の再検討が、ブロックの研究の出発点となった。

（42）　Raymond Crawfurd, *The King's Evil*, Oxford, 1911. クロファードの研究に対するブロックの評価は高く、『王の奇跡』のなかでも諸処に引用されている。

（43）　こうしたブロックの意図はただちには理解されず、親しいイギリスの友人が「君のこの奇妙な回り道(バイパス)」と評したとブロックは記している。Marc Bloch, *Les rois thaumaturges. Etude sur le caractère surnaturel attribué à la puissance royale, particulièrement en France et en Angleterre*, Paris, Gallimard, 1983, Introduction, p. 18, « This curious by-path of yours »(邦訳『王の奇跡』序論、一一頁).

(44) Frank Barlow, The King's Evil, *English Historical Review*, 1980, pp. 3-27.

(45) Jacques Le Goff, Préface à la nouvelle édition de *Les rois thaumaturges*, Gallimard, 1983, pp. XIII-XVI; id., La genèse du miracle royal, in H. Atsma et A. Burguière, éd., *Marc Bloch aujourd'hui: Histoire comparée et Sciences sociales*, Editions de l'EHESS, 1990.

(46) 「受容の美学」については次のものを参照。Hans Robert Jauss, *Literaturgeschichte als Provokation*, Suhrkamp, 1970(轡田収訳『挑発としての文学史』岩波書店、一九七六年). なお、仏訳は *Pour une esthétique de la réception*, Gallimard, 1978 であり、ルゴフはこちらを引用している(Marc Bloch, *Les rois thaumaturges*, Gallimard, 1983, Préface par Jacques Le Goff, p. XVIII, n. 3)。同じくイーザーの次の著書も参照。Wolfgang Iser, *Der Akt des Lesens*, Wilhelm Fink, 1976(轡田収訳『行為としての読書』岩波書店、一九八二年).

(47) Alain Boureau, *Histoires d'un historien: Kantorowicz*, Gallimard, 1990(藤田朋久訳『カントロヴィッチ――ある歴史家の物語』みすず書房、一九九三年). 引用部分は訳書七―九頁。ブーローの評伝は、カントロヴィッチとブロックの対比の観点からもきわめて示唆的である。とくに「異邦の身体」の章を参照。

(48) ブロックよりブル宛書簡(一九二九年二月一九日付)。ノルウェー国立文書館蔵。これもダール氏の好意により提供されたものである。

(49) Marc Bloch, *La terre et le paysan. Agriculture et vie rurale aux 17e et 18e siècles*, Textes réunis et présentés par Etienne Bloch, Paris, Armand Colin, 1999, Préface d'Emmanuel Le Roy Ladurie, pp. VIII–XIV. 引用は p. VIII. とくにドイツの影響については、上掲注(6)を参照。

(50) *Les caractères originaux de l'histoire rurale française*, Oslo-Paris, 1931; 2e éd., 1952, p. 15 (邦訳、三二頁).

(51) *ibid.*, p. 130(邦訳、一七七頁).

(52) *ibid.*, pp. 130–131(邦訳、一七八頁). 高橋幸八郎氏は、この点意見を異にすることを『近代社会成立史論』前掲書、第二篇末尾で明示している(一一一頁)。

(53) *ibid.*, p. 155(邦訳、二一二頁).

(54) *ibid.*, p. 175(邦訳、二三六頁).

(55) ミノ村の調査は四人の女性研究者によっておこなわれたものであり、それぞれの成果がすでに公刊されている。短い紹介だが、二宮宏之「ミノ村の人びと」(『社会史研究』三号、一九八三年。のち同『全体を見る眼と歴史家たち』平凡社、一九九五年、に収録)を参照。『農村フランスの歴史』の方は、全四巻から成る通史 Georges Duby et Armand Wallon (sous la direction de), *Histoire de la France rurale*, 4 vol., Seuil, 1975–1976. なお、第二巻で中世末から革命までを担当したルロワ＝ラデュリは、他の論文も包括して次の一巻本にまとめたが、問題観の転位が鮮明に示されている。Emmanuel Le Roy Ladurie, *Histoire des paysans français, de la Peste noire à la Révolution*, Seuil-PUF (Coll. L'Univers historique), 2002.

第四講

(56) Marc Bloch, *La société féodale*, Coll. L'Evolution de l'humanité, 2 vol., t. I, Paris, 1939, p. 95(堀米庸三監訳『封建社会』岩波書店、一九九五年、七九頁).

(57) *ibid.*, p. 95(邦訳、七九頁).

(58) このあまりに「太りすぎてしまった息子」cet obèse enfant をどう処理するかが問題になったのは、原稿ができあがって具体的な出版のかたちを決める最後の段階にいたってからである。二巻に分けるけれども同時に刊行してひとまとまりのものとするか、二巻のそれぞれにある種の独立性を付与するか。ベールおよび出版社との話し合いのなかで後者の方式が選ばれ、ふたつの巻は構造論的には一体をなすがそれぞれが固有の役割を担うものとして、刊行の時期もずらすこととなったのだった。ブロックよりベール宛の書簡(一九三九年二月二五日付、同三月一九日付)参照。Marc Bloch, *Ecrire la Société féodale. Lettres à Henri Berr, 1924–1943, op. cit.*, pp. 96–99.

(59) ブロックよりベール宛の書簡(一九三三年二月八日付)参照。Marc Bloch, *Ecrire la Société féodale. Lettres à Henri Berr, 1924–1943, op. cit.*, pp. 76–77.

(60) 二宮宏之「参照系としてのからだとこころ——歴史人類学試論」(『社会史研究』八号、一九八八年。のち同『歴史学再考』日本エディタースクール出版部、一九九四年、に収録)。

(61) André Burguière, Les «liens du sang». Marc Bloch, historien de la parenté, in H. Atsma et A. Burguière, éd., *Marc Bloch aujourd'hui : Histoire comparée et Sciences sociales*, Editions

de l'EHESS, 1990.

(62)　ブロックよりベール宛の書簡(一九三三年二月八日付)参照。Marc Bloch, *Ecrire la Société féodale. Lettres à Henri Berr, 1924-1943, op. cit.*, pp. 76-77.

(63)　Daniel Chirot, The Social and Historical Landscape of Marc Bloch, in Theda Skocpol, ed., *Vision and Method in Historical Sociology*, Cambridge U. P., 1984(「マルク＝ブロックの社会的歴史的な展望」、スコチポル編著、小田中直樹訳『歴史社会学の構想と戦略』木鐸社、一九九五年、第二章).

(64)　千脇修「マルク・ブロックの封建時代——『封建社会』を読み返す」(早稲田大学史学会編『史観』第一四七冊、二〇〇二年)。千脇氏は中世史の専門家として、『封建社会』の読みかえを試みると同時に、ブロック以後の研究史に照らして訂正すべきところを多々指摘しており、示唆される点が多い。

(65)　Marc Bloch, *Apologie pour l'histoire ou Métier d'historien*, Paris, 1949(讃井鉄男訳『歴史のための弁明——歴史家の仕事』岩波書店、一九五六年); Edition critique préparée par Etienne Bloch, Paris, Armand Colin, 1993 et 1997(松村剛訳『新版　歴史のための弁明——歴史家の仕事』岩波書店、二〇〇四年).

(66)　Charles-Victor Langlois et Charles Seignobos, *Introduction aux études historiques*, Paris, Hachette, 1898; nouvelle édition avec une préface de Madeleine Rebérioux, Paris, Editions Kimé, 1992, p. 21.

(67)　Marc Bloch, *Apologie pour l'histoire ou Métier d'historien*, Edition critique, Paris, 1993,

p. 83(松村剛訳、六頁).

(68) *ibid.*, pp. 67-68 et p. 67, note (a)(松村剛訳、vii—viii頁および注(1)).

(69) Lucien Febvre, Vivre l'histoire, in id., *Combats pour l'histoire*, Armand Colin, 1953, p. 20(長谷川輝夫訳「歴史を生きる」『歴史のための闘い』平凡社ライブラリー、一九九五年、四一頁).

(70) Marc Bloch, *Apologie pour l'histoire, op. cit.*, p. 157(松村剛訳、一一九頁).

(71) Lucien Febvre, Vivre l'histoire, *op. cit.*, p. 21(長谷川輝夫訳「歴史を生きる」四二頁).

第五講

(72) ブロックのコレージュ・ド・フランス立候補とその結末については、次のものを参照。Marc Bloch/Lucien Febvre, *Correspondance*, Introduction par Bertrand Müller, t. I, pp. XLVI-L; t. II, pp. XIV-XX.

(73) Le testament de Marc Bloch. 戦後に刊行された遺著 *L'étrange défaite, témoignage écrit en 1940* に収録されている。初版 Paris, Editions Atlas (éditions Franc-Tireur), 1946; 新版 Paris, Gallimard, Coll. Folio/Histoire, 1990.

(74) この「遺書」には、井上幸治訳(邦訳『奇妙な敗北』所収)と松村剛訳(キャロル・フィンク『マルク・ブロック』河原温訳の巻末に収録)の二つの既訳がある。

(75) 第一次大戦下、一九一五年六月一日付で書かれた最初の遺書の原文は、*Ecrits de guerre, 1914-1918*, Textes réunis et présentés par Etienne Bloch, Paris, 1997 に収録されている

(p. 108)。
(76) Les citations militaires de Marc Bloch, 1915–1940, reprises dans Marc Bloch, *L'étrange défaite, op. cit.*, Gallimard, Coll. Folio/Histoire, 1990, Annexe II.
(77) Marc Bloch/Lucien Febvre, *Correspondance*, Tome III: *Les Annales en crises, 1938–1943*, pp. 115–181. キャロル・フィンク、河原温訳『マルク・ブロック』二七四―二七七頁も参照。
(78) Marc Bloch, *Apologie pour l'histoire ou Métier d'historien, op. cit.*「真の意味で再開する」の「真の意味で」と訳した箇所は、原稿では副詞 véritablement となっているところをフェーヴル版では vraiment とされており、エチエンヌ・ブロックはフェーヴルが意図的に書きかえたと考えているふしがある。いずれでも似た意味になるとも言えるし、これが書かれた状況からみてニュアンスの違いがあるとも言えるだろう。フェーヴル版にもとづく讃井訳では「ほんとうに」と訳され、エチエンヌ・ブロック版に拠った松村訳では「本当の意味で」とされている。
(79) Marc Bloch, *La terre et le paysan. Agriculture et vie rurale aux 17e et 18e siècles*, Textes réunis et présentés par Etienne Bloch, Paris, Armand Colin, 1999, Préface d'Emmanuel Le Roy Ladurie, p. VIII, n. 1.
(80) 田中克彦『ことばと国家』岩波新書、一九八一年。
(81) 住谷一彦「「種族」・「民族」・「国民」」川田順造・福井勝義編『民族とは何か』岩波書店、一九八八年。
(82) マリアンネ・ウェーバー、大久保和郎訳『マックス・ウェーバー』みすず書房、一九六三

年、六二頁。Max Weber, Ethnische Gemeinschaftsbeziehungen(中村貞二訳「種族的共同社会関係」『みすず』一九七七年九―一〇月号).

(83) Frédéric Hoffet, *Psychanalyse de l'Alsace*, Flammarion, 1951(宇京頼三訳『アルザス文化論』みすず書房、一九八七年). とくに第二章・第三章を参照。

(84) ナショナリズムの問題性については、とくに有田英也『ふたつのナショナリズム――ユダヤ系フランス人の「近代」』みすず書房、二〇〇〇年、を参照。

(85) ヴォルフ・レペニースの次の書物は示唆するところが多い。Wolf Lepenies, *Die drei Kulturen. Soziologie zwischen Literatur und Wissenschaft*, Carl Hanser Verlag, München/Wien, 1985(松家次朗ほか訳『三つの文化――仏・英・独の比較文化学』法政大学出版局、二〇〇二年、三五〇―三五六頁、「ゲオルゲ・サークルと歴史学」). 注(47)に挙げたアラン・ブーローのカントロヴィッチ評伝(藤田朋久訳『カントロヴィッチ――ある歴史家の物語』みすず書房、一九九三年)も参照。

(86) Marc Bloch, Pourquoi je suis républicain, *Cahiers politiques*, no. 2, juillet 1943, repris dans id., *L'étrange défaite, témoignage écrit en 1940*, Nouvelle édition, Gallimard, Coll. Folio/Histoire, 1990, pp. 215–216.

(87) Avant-propos de Georges Altman à l'édition originale de *L'étrange défaite*, in Marc Bloch, *L'étrange défaite, témoignage écrit en 1940*, Nouvelle édition, Gallimard, Coll. Folio/Histoire, 1990, pp. 269–279. 引用は pp. 274–275.

あとがき

一九五二年、やっと再版が出て入手が可能となった『フランス農村史の基本性格』がはるばるフランスから到着した。当時のフランスの本が大体そうであったように、フランス装の仮綴本で、ペーパーナイフでページを切っては開いていく。その手間が、新しい世界に接するのにふさわしいリズムをつくり出し、胸のときめく想いがしたものだ。ブロックの文章には派手な修辞はないものの、決してやさしくはない。覚悟をきめ、パラグラフからパラグラフへと読みすすめる。これがブロックの原文との最初の出会い、ぼくのブロック事始めであった。

戦後日本の歴史学のなかで、ブロックは、学問の面でも生涯の面でもとりわけ深い感動をもって受けとめられた歴史家だったが、ぼくらには本文で紹介したブロックと日本とのかかわりに加えてさらに思いがけないことが起こった。それは原子核物理が専門の坂井光夫さんが留学中の出会いでフランソワーズ・ブロックさんと結婚されることとなり、フランソワーズさんが一九五五年来日されたことである。歓迎の席での高橋さんの紹介によれば、フランソワーズさんはなんと歴史家マルク・ブロックと縁続きだという。

ぼくらにとってこれは大きな驚きであり喜びであった。

のちにフランソワーズさんから伺ったところでは、祖父のオスカール氏はマルク・ブロックの父親ギュスターヴ・ブロックの弟さんであり、父上のマルク＝アンドレ氏はぼくらの歴史家と従兄弟の関係になるのだった。父上は戦前からリセのグランド・ゼコール準備クラスなどで哲学の教授をされており、戦後はガン大学で教えられることになるのだが、第二次大戦に従軍、ドイツ軍の手におち一年の収容所暮らしをされた。その末に釈放はされたものの、四〇年の「ユダヤ人公職追放令」によって解職され、一家で南フランスのいわゆる「自由地区」に逃れる。四一年秋マルク・ブロックがモンプリエ大学に配置がえとなり家族とともにモンプリエに移ってからは、フランソワーズさんの一家があのフージェールの家に仮寓しておられたという。まさにマルク・ブロックと同様の試煉のときを経験されていたわけで、フランソワーズさんから直接そのお話しを伺い、歴史家ブロックの生涯もいっそう身近に感じられたのだった。

フランソワーズさんは、アグレガシオンを通って程なく若くして来日されたのだが、その知性と感性の輝きは圧倒的で、教鞭をとられた東大の教養学科や仏文学科、その後はさらに慶応義塾大学において、教え子たちに深い敬愛の念をもって迎えられたのだった。続く世代のセシルとアンヌの姉妹はといえば、ふたりとも日本文学・日本文化を専攻し、いまやフランスの日本学を支える中心的な存在として活躍している。思わぬかたちで日本とのつながりが続くことになったわけだ。

堀米さんの監修で始まった『封建社会』新訳の最終調整の仕事からやっとのことで手が離れたころ、岩波書店編集部の星野紘一郎さんから岩波市民セミナーでブロックについて話さないかというお誘いを受けた。専門とする時代が異なるので躊躇するところがあったものの、ブロック事始め以来かなりの月日が経ち、学問と生涯の両面からマルク・ブロックという存在をあらためて考え直してみたいという気持ちにおされてお引受けすることになった。歴史叙述とはどのような精神の営みなのか、過去を対象とする歴史家が現在を生きるとはどのような意味においてか。ブロックは今日歴史家が直面しているこのような問いに身をもって答えようとしていたと思えるからである。セミナーは一九九八年一〇月に五回のレクチャーというかたちでおこなわれたのだが、いざ活字にするとなるとあちこち綻びも目立ったため、論点をはっきりさせる作業を続けるなかで刊行が遅れてしまったことを、読者の皆さん、とりわけセミナーに参加してくださった皆さんにお詫びしなければならない。この間に、筆者自身のブロックの読みもいささかなりと奥行きが深まっているよう希うばかりである。

現代史を専門としない筆者にとっては具体的な事実関係についてなど不明確な点が多々残ったが、いくつかの重要な事柄について渡辺和行さんから貴重な御教示をいただいた。記して謝意を表したい。巻末の主要著作一覧に見られるように、ブロックの作品はかなりの数がすでに邦訳されている。本文中諸所でブロックの文章を引用しているが、その際邦訳のあるものについては先訳を参考にさせていただいた。ただし、訳書の参照箇所を示した場合にも、語義の解釈の違いや文章表現の統一のために、本書での引用文の訳は必ずしも先訳と一致していない。

体調不安定の時期が重なり原稿の完成が遅延する間、忍耐強くお待ちくださった編集部諸氏の御配慮には感謝の言葉もない。この企画のきっかけをつくってくれた星野さんの退任にもついに間に合わず、そのあとの厄介な最後のつめは杉田守康さんが担当してくださった。お二方にはあらためて厚く御礼申し上げる。

二〇〇五年一月

解説

林田伸一

　マルク・ブロックは自身の専門の中世史研究の水準を一気に引き上げただけでなく、社会史の旗を掲げて歴史研究のあり方そのものを革新しようとした。そして、その途上、フランスを占領下に置いたナチスに対する抵抗運動に身を投じ、斃《たお》れた。彼はその学問的成果によって二十世紀を代表する歴史家であるが、その生涯によって、それ以上の存在となっている。アメリカの著名な社会史家ナタリー・デーヴィスにとっては、ブロックはいわば現代の英雄であった（「現代の英雄――歴史を生きたマルク・ブロック」高橋由美子訳、『みすず』第三五四号、一九九〇年）。

　そのマルク・ブロックを対象とした二〇〇五年三月に出版された岩波セミナーブックス版の『マルク・ブロックを読む』は、翌年三月に逝去した二宮宏之の最後の著作となった。二宮はこの後、実際には叶わなかったものの、フランスでの仕事を計画していたのだから、最後の作品であることにそうこだわる必要はないのかもしれない。だが、残された時間に限りがあることをおそらく自覚していた二宮が、なぜ精魂込めてマルク・

ブロックを論じたかは、考える価値があるように思われる。

二宮はフランスの歴史学界についての知識が深かったから、フランス人歴史家を語った文章や座談は少なくないが、その中でもブロックは特別で、たびたび論じられ、それらは、『二宮宏之著作集』(全五巻、岩波書店、二〇一一年)に「マルク・ブロックへの共感」(第五巻)としてまとめて収載されてもいる。自らブロックを論じた文章だけではない。完成まで長い年月を要した『封建社会』(堀米庸三監訳、岩波書店、一九九五年)の刊行は、二宮が共訳者の一人という範囲をはるかに超えた熱意と労力を注ぎ込んではじめて可能であったことを、同書の編集に関わった合庭惇氏が著作集の月報で述べているし、『歴史のための弁明』(松村剛訳、岩波書店、二〇〇四年)、『奇妙な敗北』(平野千果子訳、岩波書店、二〇〇七年)、また、キャロル・フィンクによる伝記『マルク・ブロック——歴史のなかの生涯』(河原温訳、平凡社、一九九四年)の邦訳はいずれも二宮の慫慂《しょうよう》によるものであることを、訳者たちが記している。

この「共感」は何によるものだろうか。まず、それは「ブロックとの出会い」に関わっている。第二次大戦直後の日本の歴史学においては、日本の近代化という現実的課題の解決に役立てるために、封建制から資本制への移行の過程を分析することがもっとも重要なテーマと考えられていた。そして、その中心が封建的土地所有関係の検討であり、この分野でもっとも重要な文献がフランス農村史を広く展望したブロックの『フランス農村史の基本性格』であった。ブロックの著作の中でまず同書が日本で注目されたのは、このためである。西洋史学においてこうした研究の中心にいたのは高橋幸八郎であり、二宮は高橋を通じてフランス史に興味を持ち、ブロックとその悲劇的な死を知る。そうした背景があるから、著作集に付された年譜によれば、本郷の文学部西洋史学科に進学する前年の一九五二年八月、二宮は復刊されたばかりの『フランス農村史の基本性格』をフランスから「ようやく入手し、歓喜して読む」のだ。そして、その勉強の成果は、卒業論文「一六世紀フランスの小作経営について」に結実する。

二宮は一九六〇年から六六年まで当時としては異例に長いフランス留学をするが、この時代には、ブロックやフェーヴルの社会史が、彼らの年少の協力者たちや教え子によって引き継がれていた。二宮が師事し敬愛してやまなかったジャン・ムーヴレはそうした歴史家のうちでも大きな影響力を持ち、ブロックの切り拓いた新たな農村史の研究を数量史の方法によって発展させていた。また、エコール・ノルマルでのブロックの姿を学生の立場から描いた印象的な回想が本書で引用されているピエール・グーベールにも、二宮は教えを受けている。彼らを通じて、アナールの創始者としてのブロックへの関心を強めていったのである。留学時代の成果としてまとめた長いフランス語論文の冒頭を二宮は、「マルク・ブロックが一七世紀のフランスの農村を terra incognita（未知の地）と呼んだのはかなり前のことだ」、とブロックの名を出すところから書き始めた。こうして、二宮はその研究の出発点、アナールの方法を取り入れながら自己の「社会史」を形成していくフランス留学時代の転換点、このいずれにおいてもブロックの存在を強く意識していたのである。

ブロックを論じる本書の構成は独特である。第一講、第五講ではブロックの生涯が扱われ、その間に挟まれた部分では、第二講で十九世紀末から二十世紀半ばの学問史とブロックの関係が検討され、第三講、第四講では、主要著作の「作品の仕組み」がそこで採られている斬新な方法と各著作の目次を手がかりに論じられる。たんなる伝記ではないし、史学史でも作品論でもない。第三講、第四講がこうした形をとっているのは、本書が古典・名著を専門家が分かりやすく読み解くという岩波市民セミナーの講義を元にしているから、ということはあるだろう。しかし、二宮はそれよりずっと以前に、東京外国語大学海外事情研究所のシンポジウムにおいてブロックの『封建社会』について、本書と同じように篇別構成を材料にして論じていた。したがって、こうしたアプローチは、二宮がブロックをどのように理解しようとしていたかと深く関わっていると考えた方がよい。また、第一講、第五講でブロックの生涯を扱っているのも、たんに作品理解の補助的材料を提供するためだけとは思えない。本書を書いていたとき、二宮は自身の歴史の方法論を集大成した論文「歴史の作法」に同時に取り組んでいた(上村忠男ほか編

『歴史はいかに書かれるか』シリーズ「歴史を問う」4　岩波書店、二〇〇四年)。そして、「歴史の作法」でやや抽象的に論じたことを、「ひとりの歴史家の具体的な歴史記述に即して検討したのが」本書である、と自ら位置づけていた(「語られる歴史・読みとられる歴史」『図書』六七四号、岩波書店、二〇〇五年)。ここに、本書がこのような構成をとった理由があるのではないだろうか。

「歴史の作法」で論じられているのは、第一に、歴史とは、歴史を捉えようとする人びとの過去への「問い」があって初めて書かれ得《う》るものであり、「いま」を生きる「自分」が起点となっているということ、第二に、したがって、歴史とは、客観的に実在するものではなく、過去の痕跡である史料との対話のなかから物語られることで再構築されるものと考えるべきだ、ということである。それをブロックに即して検討した『マルク・ブロックを読む』は、ブロックがどのように過去に問いかけ、どのように歴史を叙述したかが、彼が時代をどのように生きたか、と併せて述べられたものなのである。

また、それは現代を生きてきた二宮自身と重ね合わせられていることを、常に二宮の存在を意識させる話しことばの文体や自らが歴史研究を始めた時代への言及(第一講)と相俟って、多くの読者は感じとるのではないだろうか。思い起こせばすでに三〇年前に、二宮は最初の著書『全体を見る眼と歴史家たち』(木鐸社、一九八六年)の「あとがき」でこう述べて、二宮自身の「自分」と「いま」が歴史研究の根本のところにあると語っていた。この本にはフランス歴史学の動向をとりあげる形で論じたものが多く収められているが、それを日本に持ち込むことを目的としているわけではなく、「自分にとって歴史とは何であるかという、直接的に自己にかかわる問題を解いて行くために」、そうした問題の立て方をしたのだ、と。

二宮のそうした「いま」に対する向かい方と思索の結果生まれた本書も、ブロックという過去の人物について物語られたものであると性格づけることができよう。したがって、当然のことながら、これとは異なるマルク・ブロック像も描かれうる。二宮はブロックの「遺書」を中心に、アルザスのユダヤ人家族出身者としての彼のアイデンティティに力点を置いている。ブロックは自らを「よきフランス人」とし、「祖国をこよなく愛し、力をつくしてこの祖国に奉仕してきました」と書き遺《のこ》したのだが、この祖国愛について二宮は、ブロックがユダヤ人であるがゆえにそれを強調しなければならなかったのであり、その祖国とはフランスならどんな国でもよいというわけではなく、「市民たちが相互に結びあうことを自らの決断によって選びとった結合体」にほかならない共和主義のフランスである、としている。これに対して、岩波セミナーブックス版の書評の労をとった中世史家佐藤彰一氏は、ブロックと共和政フランスとの親和性には同意しつつも、ブロックの祖国愛はより広がりを持つものであり、「伝統と精神的遺産を包み込んだトータルな「歴史」としてのフランス」に対するものではないか、と述べている

(『史学雑誌』第一一五編第六号、二〇〇六年)。佐藤氏はまた、ブロックが自らのエリート的地位をどのように感じていたかという点についても二宮と違った解釈をとっており、最初の論点と併せて、今後ブロック像を考えていくうえでたいへんに有益な指摘であろう。

この「祖国愛」の問題は、ブロックがユダヤ人であったことにも関わっている。ナチスと闘って命を落としたブロックは、デーヴィスにとってそうであるように「英雄」であるから、あちこちから自説・自陣にとって都合のいいように解釈されることも少なくないが、そのさい、彼がユダヤ人であることは大きな要素となっている。二宮は、ユダヤ人という点を強調しない方がいいという見解があることは重々承知の上で、あえてその点を強調していた。だが、フランス史学史に造詣の深いペーター・シェットラーも、ブロックの現代的意義を論じた文章「さらに学びうるものは何か？――マルク・ブロック再生」(芝健介訳、『みすず』第五八五号、五八七号、二〇一〇年)において、フィンクの評伝を「他の点ではきわめて賞賛に値し裨益するところも多い」としながら、「亡きブロックが何も抗弁できないのをこれ幸い、彼を「ユダヤ人歴史家」としている」と批判している。

二宮に立ち戻ろう。史料からおのずと過去の事実が立ち現れてくると考えた実証主義歴史学や歴史を貫く客観的法則があるとしたマルクス主義歴史学――こうした近代歴史学と比較したとき、二宮が言う現代歴史学のあり方は、見方によれば不確かなものである。そこでは歴史家は、自らが絶対的な真実を体現しているとは考えることはできないのだから。しかし、と二宮は言う。「それだからと言って、単なる思いつきを並べ立ててよしというのではもちろんない。歴史記述が物語り行為だということは、自らの構築した歴史を矜持と責任をもって語ることである」。そしてこう続ける。「正当性はと言えば、それを与えるのは書き手ではない。歴史記述にはかならず読み手がいる。……史料批判の技術的側面についても、過去の表象の仕方についても、その説得力について判定をくだすのは読み手に他ならない」(「歴史の作法」)。こうして二宮の、戦後日本屈指の歴史家の最後のメッセージは、私たち読者に向けられているのである。

(はやしだ・しんいち／歴史学)

本書は二〇〇五年三月、岩波書店より刊行され、その後、『二宮宏之著作集5　歴史家のメチエ』(二〇一一年一〇月、岩波書店)に収録された。底本には著作集版を使用した。

岩波現代文庫の発足に際して

新しい世紀が目前に迫っている。しかし二〇世紀は、戦争、貧困、差別と抑圧、民族間の憎悪等に対して本質的な解決策を見いだすことができなかったばかりか、文明の名による自然破壊は人類の存続を脅かすまでに拡大した。一方、第二次大戦後より半世紀余の間、ひたすら追い求めてきた物質的豊かさが必ずしも真の幸福に直結せず、むしろ社会のありかたを歪め、人間精神の荒廃をもたらすという逆説を、われわれは人類史上はじめて痛切に体験した。

それゆえ先人たちが第二次世界大戦後の諸問題といかに取り組み、思考し、解決を模索したかの軌跡を読みとくことは、今日の緊急の課題であるにとどまらず、将来にわたって必須の知的営為となるはずである。幸いわれわれの前には、この時代の様ざまな葛藤から生まれた、人文、社会、自然諸科学をはじめ、文学作品、ヒューマン・ドキュメントにいたる広範な分野のすぐれた成果の蓄積が存在する。

岩波現代文庫は、これらの学問的、文芸的な達成を、日本人の思索に切実な影響を与えた諸外国の著作とともに、厳選して収録し、次代に手渡していこうという目的をもって発刊される。いまや、次々に生起する大小の悲喜劇に対してわれわれは傍観者であることは許されない。一人ひとりが生活と思想を再構築すべき時である。

岩波現代文庫は、戦後日本人の知的自叙伝ともいうべき書物群であり、現状に甘んずることなく困難な事態に正対して、持続的に思考し、未来を拓こうとする同時代人の糧となるであろう。

(二〇〇〇年一月)

マルク・ブロックを読む

2016年1月15日　第1刷発行

著　者　二宮宏之《にのみやひろゆき》

発行者　岡本　厚

発行所　株式会社　岩波書店
〒101-8002 東京都千代田区一ツ橋2-5-5

案内 03-5210-4000　販売部 03-5210-4111
現代文庫編集部 03-5210-4136
http://www.iwanami.co.jp/

印刷・精興社　製本・中永製本

ISBN 978-4-00-600340-1　　Printed in Japan

主要著作

L'Ile-de-France. Les pays autour de Paris, Publication de la Revue de synthèse historique (Les régions de la France, no. 9), 1913.(初出 *Revue de synthèse historique,* 1912)

Rois et Serfs—Un chapitre d'histoire capétienne, Champion, 1920. Nouvelle édition augmentée (Postface de D. Barthélemy), La Boutique de l'Histoire, 1996.

Les rois thaumaturges. Etude sur le caractère surnaturel attribué à la puissance royale, particulièrement en France et en Angleterre, Publications de la Faculté des Lettres de l'Université de Strasbourg, 1924. Nouvelles éditions: Armand Colin, 1961; Gallimard, Bibliothèque des histoires (Préface de J. Le Goff), 1983.

(渡邊昌美・井上泰男訳『王の奇跡』刀水書房, 1998)

Les caractères originaux de l'histoire rurale française, Oslo, Instituttet for Sammenlignende Kulturforskning/Paris, Les Belles Lettres, 1931; 2e éd., Armand Colin, 1952 et le supplément, 1956. 3e éd. (Préface de P. Toubert), Armand Colin, 1988.

(河野健二ほか訳『フランス農村史の基本性格』創文社, 1959)

La société féodale.

Albin Michel, Coll. L'Evolution de l'humanité, en 2 vol.

Tome I: *La formation des liens de dépendance,* 1939.

Tome II: *Les classes et le gouvernement des hommes,* 1940.

Edition de poche en 1 vol., Albin Michel, 1968.

Nouvelle édition, la Bibliothèque de L'Evolution de l'humanité (Préface de R. Fossier), 1 vol., Albin Michel, 1989.

(新村猛ほか訳『封建社会』1・2, みすず書房, 1973-1977)

(堀米庸三監訳『封建社会』岩波書店, 1995)

L'étrange défaite, témoignage écrit en 1940, Paris, Editions Atlas (éditions Franc-Tireur), 1946.(井上幸治訳『奇妙な敗北 ── フランス抵抗史家の日記』東京大学出版会, 1955); Nouvelles éditions: Albin Michel, 1957; Armand Colin, 1961; Gallimard, Coll. Folio/Histoire (Préface de Stanley Hoffmann), 1990.[平野千果子訳『奇妙な敗北 ── 1940 年の証言』岩波書店, 2007]

Apologie pour l'histoire ou Métier d'historien, Armand Colin, Cahiers des Annales, no. 3 (Appendice: Lucien Febvre, Comment se présentaient les manuscrits de Métier d'Historien), 1949.

(讃井鉄男訳『歴史のための弁明 ── 歴史家の仕事』岩波書店, 1956)

Edition critique préparée par Etienne Bloch, Armand Colin, 1993 et 1997.

(松村剛訳『新版 歴史のための弁明 ── 歴史家の仕事』岩波書店, 2004)

Aspects économiques du règne de Louis XIV, 2 fascicules, Paris, Centre de Documentation universitaire (Cours de la Sorbonne), 1939.

Esquisse d'une histoire monétaire de l'Europe, Armand Colin, Cahiers des Annales, no. 9, 1954.

La France sous les derniers Capétiens, 1223-1328, Armand Colin, Cahiers des Annales, no. 13, 1958.

Seigneurie française et manoir anglais, Armand Colin, Cahiers des Annales, no. 16, 1960.
(渡辺国広訳『領地制度論』慶応通信，1969)

Souvenirs de guerre, 1914-1915, Armand Colin, Cahiers des Annales, no. 26, 1969.

European Feudalism, in *Encyclopaedia of the Social Sciences*, T. VI, 1931.

The Rise of Dependent Cultivation and Seignorial Institutions, in *The Cambridge Economic History of Europe*, T. I, Ch. VI, Cambridge U. P., 1941.

論文集

Mélanges historiques (Recueil d'articles), 2 vol., S. E. V. P. E. N., 1963; Nouvelle édition, CNRS, 2011.
うち，次の論文が邦訳されている．
(高橋清徳訳『比較史の方法』創文社，1978)
(森本芳樹訳『西洋中世の自然経済と貨幣経済』創文社，1982)

Histoire et historiens, Textes réunis par Etienne Bloch, Armand Colin, 1995.

Ecrits de guerre, 1914-1918, Textes réunis et présentés par Etienne Bloch, Armand Colin, 1997.

La terre et le paysan. Agriculture et vie rurale aux 17e et 18e siècles, Textes réunis et présentés par Etienne Bloch, Armand Colin, 1999.

書簡集

The Birth of Annales History: the Letters of Lucien Febvre and Marc Bloch to Henri Pirenne (1921-1935), ed. by Bryce

and Mary Lyon, Bruxelles, Commission Royale d'Histoire, Académie royale de Belgique, 1991.

Marc Bloch, *Ecrire la Société féodale. Lettres à Henri Berr, 1924–1943*, Correspondance établie et présentée par Jacqueline Pluet-Despatin, Paris, Institut Mémoires de l'Edition contemporaine, 1992.

Marc Bloch/Lucien Febvre, *Correspondance*, Edition établie, présentée et annotée par Bertrand Müller, 3 vol.

Tome I: *La naissance des Annales, 1928–1933*, Fayard, 1994.

Tome II: *De Strasbourg à Paris, 1934–1937*, Fayard, 2003.

Tome III: *Les Annales en crises, 1938–1943*, Fayard, 2003.

参考文献

G. G. Iggers, *New Directions in European Historiography*, Wesleyan U. P., 1975; Revised edition, 1984.(中村幹雄ほか訳『ヨーロッパ歴史学の新潮流』晃洋書房，1986)

Id., *Geschichtswissenschaft im 20. Jahrhundert*, Vandenhoeck & Ruprecht GmbH & Co., 1993.(早島瑛訳『20 世紀の歴史学』晃洋書房，1996)

Peter Burke, *The French Historical Revolution. The Annales School, 1929-89*, Polity Press, 1990.(大津真作訳『フランス歴史学革命』岩波書店，1992)

Etienne Bloch, *Marc Bloch, 1886-1944. Une biographie impossible*, Limoges, Culture & Patrimoine en Limousin, 1997. Préface de Jacques Le Goff.

Lucien Febvre, *Combats pour l'histoire*, Armand Colin, 1953.(長谷川輝夫訳『歴史のための闘い』(部分訳)，平凡社ライブラリー，1995)．とくに同訳書所収の「歴史を生きる」「マルク・ブロックとストラスブール」を参照.

Carole Fink, *Marc Bloch. A Life in History*, Cambridge U. P., 1989.(河原温訳『マルク・ブロック ── 歴史のなかの生涯』平凡社，1994)

Ulrich Raulff, *Ein Historiker im 20. Jahrhundert: Marc Bloch*, S. Fischer, 1995.

Daniel Chirot, The Social and Historical Landscape of Marc Bloch, in Theda Skocpol, ed., *Vision and Method in Historical Sociology*, Cambridge U. P., 1984.(「マルク＝ブロックの社会的歴史的な展望」，スコチポル編著，小田中直樹訳『歴

史社会学の構想と戦略』木鐸社，1995，第2章)

Olivier Dumoulin, *Marc Bloch*, Presses de Sciences Po, 2000.

Id., *Le rôle social de l'historien. De la chaire au prétoire*, Albin Michel, 2003.

Agnès Biard, Dominique Bourel, Eric Brian (sous la direction de), *Henri Berr et la culture du XXᵉ siècle. Histoire, science et philosophie*, Albin Michel/Centre International de Synthèse, 1997.

Bertrand Müller, *Lucien Febvre, lecteur et critique*, Albin Michel, 2003.

Lucien Febvre, *De la Revue de Synthèse aux Annales. Lettres à Henri Berr, 1911-1954*, Etablissement du texte, présentation et notes par Jacqueline Pluet et Gilles Candar, Fayard, 1997.

H. Atsma et A. Burguière, éd., *Marc Bloch aujourd'hui: Histoire comparée et Sciences sociales*, Editions de l'Ecole des Hautes Etudes en Sciences Sociales, 1990.

P. Deyon et al., éd., *Marc Bloch. L'historien et la cité*, P. U. de Strasbourg, 1997.

Charles-Olivier Carbonell et Georges Livet (sous la direction de), *Au berceau des Annales*, Presses de l'Institut d'Etudes politiques de Toulouse, 1983.

Cahiers Marc Bloch, publiés par l'Association Marc Bloch (créée en 1992): No. 1, 1994-No. 5, 1997. Diffusion: La Boutique de l'Histoire.

アーロン・ヤーコブレヴィチ・グレーヴィチ，栗生沢猛夫／吉田俊則訳「マルク・ブロックと『歴史のための弁明』」(ロシア語論文初出 1973)(グレーヴィチ『歴史学の革新――「アナー

ル」学派との対話』平凡社，1990，第2章として収録．のち『マルク・ブロックの「遺言」』と改題し単行本として刊行，《リキエスタ》の会，2001）．

二宮宏之『全体を見る眼と歴史家たち』木鐸社，1986．増補版，平凡社，1995．

同上「マルク・ブロックと歴史社会学」（二宮宏之『歴史学再考』日本エディタースクール出版部，1994，所収）．

二宮宏之「歴史の作法」（上村忠男ほか編『シリーズ歴史を問う 第4巻 歴史はいかに書かれるか』岩波書店，2004，所収）．

千脇　修「マルク・ブロックの封建時代——『封建社会』を読み返す」（早稲田大学史学会編『史観』第147冊，2002）．

池上俊一「フランスの歴史家と「ドイツ」——ミシュレとマルク・ブロックをめぐって」（石井洋二郎／工藤庸子編『フランスとその〈外部〉』東京大学出版会，2004，所収）．

フレデリック・オッフェ，宇京頼三訳『アルザス文化論』みすず書房，1987．

パウル・アサール，宇京早苗訳『アルザスのユダヤ人』平凡社，1988．

Akiko Kawasaki, *Les juifs du Bas-Rhin au XIX*^{e} *siècle (1806-1870) : leur situation démographique*, Mémoire de DEA, Université Marc Bloch de Strasbourg, 2001.

有田英也『ふたつのナショナリズム——ユダヤ系フランス人の「近代」』みすず書房，2000．

Robert O. Paxton, *Vichy France. Old Guard and New Order, 1940-1944*, Columbia U. P., 1972; Revised ed., 2001.（渡辺和行／剣持久木訳『ヴィシー時代のフランス——対独協力と国民革命 1940-1944』柏書房，2004）

Renée Poznanski, *Les juifs en France pendant la Seconde Guerre mondiale*, Hachette, 1994.
Jean-Pierre Azéma et François Bédarida (sous la direction de), *La France des années noires*, 2 vol., édition revue et mise à jour, Seuil, Coll. Point-Histoire, 2000.
Philippe Burrin, *La France à l'heure allemande, 1940-1944*, Seuil, Coll. L'Univers historique, 1995.
Claude Singer, *Vichy, l'université et les juifs. Les silences et la mémoire*, Les Belles Lettres, 1992.
Les Facs sous Vichy. Etudiants, universitaires et universités de France pendant la Seconde Guerre mondiale, Textes rassemblés et présentés par André Gueslin, Publications de l'Institut d'Etudes du Massif central de l'Université Blaise-Pascal, 1994.
Gisèle Sapiro, *La guerre des écrivains, 1940-1953*, Fayard, 1999.
渡辺和行『ナチ占領下のフランス──沈黙・抵抗・協力』講談社, 1994.
同上『ホロコーストのフランス──歴史と記憶』人文書院, 1998.

図版出典一覧

図1(11頁)　「西と東を結ぶもの――ジョルジュ・ルフェーヴル／高橋幸八郎往復書簡」(『図書新聞』26号，1950年1月1日)．

図2(23頁)　ブロック家の系図(著者作成)．参考：Etienne Bloch, *Marc Bloch, 1886-1944. Une biographie impossible*, Limoges, Culture & Patrimoine en Limousin, 1997, p. 27.

図3(24頁)　ブロック家の出自．アルザス地方概略図(著者作成)．

図4(39頁)　〔上〕パリのアパルトマン(ブロック自身が描いた見取図)．出典：Etienne Bloch, *Marc Bloch, 1886-1944. Une biographie impossible*, Limoges, Culture & Patrimoine en Limousin, 1997, p. 65.
〔下〕同日本語訳(著者作成)．ブロックのアパルトマンは，フランス流に数えると6階・7階，日本流では7階・8階にあたる．

図5(41頁)　〔上〕パリ6区セーヴル街．右角の大きな建物がオテル・リュテシア．占領中ドイツ軍が防諜部を置いていた．その左やや背の低い2軒をはさんで3軒目がブロックのアパルトマンの建物(著者撮影)．
〔左〕セーヴル街17番地正面．ブロックのアパルトマンがあった階は，下の階とは区別されてテラスに囲まれていた(二宮正之撮影)．

図6(41頁)　セーヴル街17番地の入口右上部に掲げられている記念のプレート(著者撮影)．

図7(67頁)　ベールが主催していた「綜合研究国際センター」の「群衆」をテーマとする第4回国際シンポジウム(1932)の『報告集』(*La foule*, Paris, Félix Alcan, 1934)表紙．ジョルジュ・

ルフェーヴルが「革命的群衆」についての画期的な報告をおこなった．

図 8(69 頁)　現代出版資料研究所(IMEC)が置かれている，カン郊外の旧アルデンヌ修道院．撮影：Institut Mémoires de l'Edition contemporaine.

図 9(79 頁)　アンリ・ベール Henri Berr(1863-1954)．出典：Lucien Febvre, *De la Revue de Synthèse aux Annales. Lettres à Henri Berr, 1911-1954*, Paris, Fayard, 1997, frontispice.

図 10(81 頁)　リュシアン・フェーヴル Lucien Febvre(1878-1956)．出典：*Eventail de l'histoire vivante. Hommage à Lucien Febvre*, t. I, Paris, Armand Colin, 1953, p. 17 左の写真頁．

図 11(82 頁)　マルク・ブロック Marc Bloch(1886-1944)．出典：Etienne Bloch, *Marc Bloch, 1886-1944. Une biographie impossible*, Limoges, Culture & Patrimoine en Limousin, 1997, frontispice.

図 12(91 頁)　アルバン・ミシェル社の新刊広告．『封建社会』第 1 巻刊行時のもの．出典：*Bibliographie de la France*(21 juillet 1939)の広告欄．IMEC 所蔵(Fonds Henri Berr)．

図 13(95 頁)　『王の奇跡』初版本．ストラスブール大学文学部双書(1924)．

図 14(133 頁)　『フランス農村史の基本性格』第 2 版(1952)．初版(1931)は永らく版元品切れであったが，戦後になってやっと実現された待望の復刊である．

図 15(183 頁)　『封建社会』第 2 巻(1940)表紙．ブロックの生前最後の著作．

図 16(189 頁)　『封建社会』堀米庸三監訳，全 1 巻，岩波書店(1995)．

図 17(199 頁)　『歴史のための弁明』巻頭に付されている，リュシアン・フェーヴル宛の献辞(手書き原稿)．出典：Marc

Bloch, *Apologie pour l'histoire ou Métier d'historien*. Edition critique préparée par Etienne Bloch, Paris, Armand Colin, 1993, p. 66.

図 18(223 頁)　中央山地，フージェールの家．別荘として所持していたものだが，ドイツ軍占領下パリのアパルトマンを追われ，ここで避難生活を送った．出典：Carole Fink, *Marc Bloch. A Life in History*, Cambridge U. P., 1989, p. 170.

図 19(230-231 頁)　ブロックの遺書(1941 年 3 月 18 日付)．原文はエチエンヌ・ブロック氏所蔵．

図 20(262 頁)　ブロックの死の知らせにリュシアン・フェーヴルは，『社会史論叢』第 6 号(1944)に「マルク・ブロック銃殺さる」と題する悲痛な追悼文を寄せた．

図 21(263 頁)　サン・ディディエ・ド・フォルマン村に建立された追悼の石碑(上楽道子さん撮影)．

カバー写真　『フランス農村史の基本性格』河野健二・飯沼二郎訳，創文社(1959)の口絵

マルク・ブロック(1886-1944)略年譜

1886　7.6 リヨンに生まれる．父，ギュスターヴ・ブロック(リヨン大学教授)．母，サラ・エープスタン．
1888　父，エコール・ノルマル・シュペリウール(高等師範学校)教授となり，一家はパリに移る．
1896-1904　リセ・ルイ＝ル＝グランに学ぶ．1903 最終学級修了バカロレア取得．1904 グランド・ゼコール準備学級修了．
1904　エコール・ノルマル・シュペリウールに合格(18歳)．
1905-06　兵役(歩兵連隊)．1906 伍長．
1906-08　エコール・ノルマル・シュペリウールに復帰．
1908　アグレガシオン(高校・大学教授資格)取得．
1908-09　外務省奨学生としてドイツに留学．ベルリン大学・ライプチッヒ大学(カール・ビュッヒャーらに学ぶ)．
1909-12　チエール財団研究員．
1912-13　南仏モンプリエのリセ教授として赴任．
1913-14　北仏アミアンのリセに転任．
1913　最初の著書 *L'Ile-de-France*(『イール＝ド＝フランス』)刊行．
1914-18　第一次世界大戦に応召．陸軍中尉となる．
1919　ストラスブール大学文学部中世史講座講師．
シモーヌ・ヴィダルと結婚．
1920　学位論文 *Rois et Serfs*(『国王と農奴』)刊行．
1921　ストラスブール大学教授．
1924　*Les rois thaumaturges*(『奇跡をなす国王』)刊行．
1928　第六回国際歴史学会議(オスロ)にて報告「ヨーロッパ諸社会の比較史のために」．

1929 一月 リュシアン・フェーヴルとともに,『アナール』誌創刊. 共同編集者となる(-1941).
秋 オスロ比較文明研究所にて連続講義(「フランス農村史の基本性格」).

1931 *Les caractères originaux de l'histoire rurale française*(『フランス農村史の基本性格』)刊行.

1935 コレージュ・ド・フランスに立候補. 新しい講座「ヨーロッパ諸社会の比較史」を提案. 賛成1票で惨敗.

1936 コレージュ・ド・フランスの「労働史」講座にフランソワ・シミアンの後継者として立候補. 形勢不利のため断念.
パリ大学文学部(ソルボンヌ)経済史講座に立候補し選出される. 家族とともにパリのアパルトマンに移る.

1939 7.6 *La société féodale*(『封建社会』), Tome 1 刊行.
8.23 独ソ不可侵条約. 動員される.
9.3 フランス対独宣戦布告.「奇妙な戦争」.

1940 1.17 *La société féodale*, Tome 2 刊行.
5.26 北部戦線で戦闘に加わる. ダンケルクに追いつめられイギリスに脱出. シェルブールを経てフランスに戻り, ブルターニュの部隊に合流.
6.14 パリ陥落. 6.17 フランス降伏. 6.22 仏独休戦協定.
7.1 ヴィシー政権成立.
7月 クルーズ県ル・ブール・デム村フージェールの家族の許に戻る. ユダヤ人のため占領下のソルボンヌには復帰できず, クレルモン=フェランに移っていたストラスブール大学への配置がえを申請.
7-9月 *L'étrange défaite*(『奇妙な敗北』)執筆.
10.3 ヴィシー政府「ユダヤ人公職追放令」を発布(10.18官報公示). 免除措置申請.
10月 アメリカへの脱出を計画し, ニューヨークのNew

School for Social Research と交渉を進めるが実現にいたらず.

1941　1.5 公職追放免除の許可が下りクレルモン＝フェランのストラスブール大学での講義を始める.

3.18 遺書をしたためる.

4.27 母サラ歿.

4-5月　占領下のユダヤ系出版物禁止措置のため,『アナール』誌(『社会史年報』)第3巻以後,表紙から共同編集刊行人であるブロックとフェーヴルの名が消える.対応策をめぐりフェーヴルと対立.

1941-42　妻の健康上の理由から,1941年秋の年度よりモンプリエ大学に移る.この頃からレジスタンス運動("Combat")と接触.

1941-43　この間に *Apologie pour l'histoire ou Métier d'historien*(『歴史のための弁明——歴史家の仕事』)執筆.フェーヴルへの献辞(1941.5.10付).

1942　2月　ドイツ軍によりパリのアパルトマン接収.4月　蔵書持ち去られる.

11.11「自由地区」廃止.フランス全土がドイツとイタリアの占領下におかれる.三カ月間の休職へ.

1943　2.12 休職期間があけると同時にモンプリエ大学での教員資格停止され,解任.

1943-44　リヨンにて,地下組織"Franc-Tireur"(自由射手)に参加.指導部の一員となる.

1944　3.8 ゲシュタポに逮捕され,モンリュック監獄に収監.

6.6 ノルマンディ上陸作戦.ドイツ軍の南仏からの撤退始まる.

6.16 リヨン北方のサン・ディディエ・ド・フォルマンで,ブロックら28名の収監者銃殺される.

7. 2 妻のシモーヌは夫の消息を求めてリヨンにきていたが，連絡もつかぬまま，リヨンの病院で病いに倒れる．
8. 25 パリ解放．9. 3 リヨン解放．

（参考）Etienne Bloch, *Marc Bloch, 1886-1944. Une biographie impossible,* Préface de Jacques Le Goff, Limoges, 1997.
渡辺和行『ナチ占領下のフランス』講談社，1994.

ブロック関連地図

(参考) 渡辺和行『ホロコーストのフランス――歴史と記憶』人文書院, 1998, 11頁の地図「ドイツ占領時代のフランス」に拠る. 占領行政の区分は若干簡略化し, ブロック関連の地名を加えた.